KB269542

_________________________________ 님께

년   월   일

_________________________________ 드림

21세기 작명론

김종률 지음

목차

머리말

사람은 태어나서 이름을 갖고 죽어서 이름을 남긴다.

이름은 평생 불리어지고 쓰여지고 기억되고 할 것이다.

우리의 이름은 주로 한글과 한자, 두 개의 문자로 지어진다.

한글에서 음(音)을 나타내고 한자에서 뜻을 부여한다.

완전한 형태의 이름이라고 할 수 있다.

한글이름의 소리에서 나오는 어감과 한자(漢字)가 품고 있는 기운은
자신과 자신을 둘러싼 주위에 영향을 미친다.

좋은 이름은 호감을 불러일으키고 긍정적 에너지를 생성한다.

추앙받고 존경받는 사람, 범상치 않은 사람들의 이름에는 남다름이
있다.

그들의 이름엔 비범함이 서려 있는 것이다.

그들에게는 타고난 숙명(宿命)과 그에 걸맞는 필연적인 이름이 주어
지는 경우가 많다.

타고난 숙명(宿命)은 대다수의 사람들이 팔자(八字)인가 보다 하고
받아들이지만 인위적으로 지어지는 이름은 그 사람의 후천적(後天
的) 운명을 같이한다.

좋은 이름을 갖는다는 것은 자기 존재의 내외적 가치를 높히는 것
이다.

이름은 인간이 알몸으로 태어나서

이름이라는 고유적(固有的) 상징을 갖고 분별(分別)의 옷을 입는 것

이라고 할 수 있다.

자기에게 잘 맞는, 잘 어울리는

세상사 살아가기에 편안한 옷을 입어야 할 것이다.

선천적(先天的) 자신에게 옷이 너무 커서도 너무 작아서도 안 될 것

이며 흰색 옷이 어울리는 사람에게 붉은색 옷을 입혀도 어색할 것이

고 사내 대장부에게 아낙네의 옷을 입혀놔도 안 될 것이며

더운 여름날에 솜바지 저고리를 입혀도 안 될 것이다.

작명(作名)은 그 사람에게 잘 맞는 옷을 지어 입히는 것이다.

동서양을 막론하고 성명(姓名)에는 두 가지 의미가 있다.

성(姓)을 통하여 집안의 가통(家統)을 잇는 것이고

이름에는 새 생명에 대한 염원을 담는다.

새로 태어난 아이가 평생 건강하고 행복하게 지내기를 기원하고

사회에 기여할 수 있는 훌륭한 사람이 되기를 바라며

나름대로 사랑을 담고 정성을 기울여 좋은 이름을 주고자 한다.

아이의 타고난 숙명에 맞추어, 성명학(姓名學)의 큰 틀에 벗어남이

없이 신중하게 선정된 이름은 그 아이의 인생행로에 자신감을 줄 수

있을 것이다.

이름은 여러 작명논리에 다 맞추어 지었다 해서 잘 지은 이름이라고

할 수는 없다.

도리어 여러 격식을 갖추다 보면 엉뚱한 이름이 나올 수 있다.

오늘날 바람직한 이름은

성씨(姓氏)와 잘 어우러지고 발음하기 좋은 반듯한 한글 이름에

심도있는 사주분석(四柱分析)에 따른, 그에 맞는 기운이 발휘될 수

있는 한자(漢字)를 잘 선정하는 것이 관건이라고 할 수 있다.

시대의 변천에 따라 선호하는 이름에도 트랜드가 있다.

그 시대의 문화와 대중적 가치관이 반영되기 마련이다.

인기 연예인, 방송인들의 이름에도 영향을 받는다.

요즈음의 추세는 자기 아이에게 모던하고 세련된 이름을 지어 주려

는 부모의 애정이 강하다.

한글 이름은 직접 지어 주고자 하는 부모의 마음도 크다.

이제는 스스로 이름을 짓는 시대이다.

작명가가 아무리 좋은 이름을 지어 줘도

당사자들의 마음이 내키지 않으면 제 이름이라 할 수 없다.

격식에 따라 의례적으로 만들어진 이름보다는

피붙이의 본성적(本性的)인 마음이 담긴 이름이 자기 이름인 것이다.

부모, 가족들이 제안하는 이름에

성명의 기본적인 골격을 갖추어 주고

인생사 헤쳐나갈 조화(調和)의 기운을 실어 주는 것이

이 시대 작명가의 역할이다.

지은 자의 의도에 부합될 수 있는 이름

나은 자의 마음에 흡족할 수 있는 이름

그의 팔자에 따르는 그의 운명적 이름이다.

본서(本書)의 역점(力點)

세월은 흐르고 시대는 변한다.

21세기는 첨단 문명의 시기를 치닫고 있다.

성명학도 오래전의 원리를 현대에 맞게 적용할 필요가 있으며

또한 이름도 시대의 변천에 따라서 달라져야 한다.

고도의 문명시대, 글로벌 시대에 걸맞게 영문 발음도 고려해야 하며

시류(時流)에 맞게 세련되고 적절한 품격과 개성이 있어야 한다.

많은 작명법과 여러 이론 중에서 현대사회에 가장 적합하고 대다수가 인정할 수 있는

가장 핵심적인 요소만을 적용하여 최소의 논리로 의견을 모아갈 필요가 있다.

오랜 성명학의 주류(主流)와 질서는 지켜져 나가면서….

이름을 짓는 데 있어서 3대 주요 요소는

한글의 발음(發音), 한자의 수리(數理), 한자의 자원(字源)이라고 할 수 있다.

작명에서 발음은 한글의 영역이다.

음문자(音文字)인 한글로써 표현의 제약은 없어야 한다.

어떤 공식화(公式化)된 이론에 얽매일 필요는 없다고 본다.

성명학의 주류를 이어온 발음논리를 부정하는 것이 아니고

여러 발음이론의 큰 범주(範疇) 안에서 얼마든지 다양하게 이름을 지을

수 있도록 유연성을 갖자는 것이다.

한글발음에 주된 격식(格式)을 정해 놓으면 다양성을 해친다.

동명이인(同名異人)과 유사(類似)한 이름이 많아진다.

한글의 발음오행(發音五行)에서는 오행 간의 상생(相生)을 중요시한다.

한글의 자음(子音)에 오행(五行)을 붙여 성명 자간(字間)의 생극(生剋)을

따지는 발음오행의 논리를 주로 적용하는데 이 논리도 훈민정음운해

(訓民正音韻解)와 훈민정음 해례본(解例本) 두 이론에 따라 오행의 적용

이 다르게 나뉘어진다.

또한 한글 성명에서 발음오행을 주로 초성(初聲)에 적용하여 작명하지만

초성과 종성(終聲, 받침)까지 같이 봐야 한다는 의견도 있다.

필자는 아주 동떨어진 논리가 아니라면 이러한 좋은 이름을 짓기 위한

호의적 발음 논리는 모두 수용해도 좋다고 생각한다.

사실 논리가 너무 많은 것은 없는 것과 같다.

어느 것이 옳고 그르고 할 필요 없이

좋은 자(字)를 선택할 수 있는 범위를 넓혀야 한다.

발음오행의 논리에 맞추려 썩 내키지 않는 자(字)를 쓰는 것보다는

꼭 쓰고 싶은 자가 있으면 일정 논리에 벗어난다 해도

구애받을 필요 없이 쓰자는 것이다.

시중 유명 인사들의 이름에도 이 발음오행의 논리와 상관없는 이름들은 많다.

성명학에 상이한 작명법이 많아서 그러할 것이고 돌림자를 쓰느라 그런 경우처럼

이름에 쓸 한자(漢字)를 우선적으로 선정하여 한자에 한글을 맞추는 격이 되어 한글 발음은 차선으로 생각하여 그럴 수도 있을 것이다.

본서는 이름 짓는 순으로 한글명을 먼저 생각하고 그 성명에 맞는 한자를 선정하는 것을 순서로 하였다.

한글명은 자유롭게 지을 수 있도록 해야 한다.

한글 이름: 격식에 구애받지 말고
          쓰고 싶은 이름을 자유롭게 짓자

2 한자의 수리

성명에서 한자 수리의 중점은 음양(陰陽)이다.

음양은 기본적인 것이고 이왕이면 좋은 의미가 있는 숫자를 갖고자 하는 것이다.

1부터 81까지의 81영동수(靈動數)

각 숫자가 갖고 있는 길흉(吉凶)의 의미가 있다.

성과 이름자 간의 한자 획수의 조합을 원, 형, 이, 정(元, 亨, 利, 貞) 4개의 격(格)으로 나누어

그 숫자를 갖고 인생의 초년, 중년, 말년, 총년 운세를 가늠하는 수리사

격(數理四格) 이 사격을 모두 길격(吉格)으로 맞추기 위하여

맞는 획수의 한자를 찾는다.

한자 선택의 범위는 제한되게 마련이다.

써야 하는 한자가 있는데 수리격에 막혀 못 쓴다면 안타깝다.

필자의 생각은 꼭 쓰고자 하는 한자가 있는데 수리에 격이 안 맞는다면

그대로 쓰되 성명 석 자 간의 음양만은 맞추자는 얘기다.

즉 성명 석 자에 한자의 획수(劃數)가 홀수와 짝수가 섞여야 한다는 것이다.

다시 말하면 수리사격에 맞는 좋은 한자명이 나오면 좋겠지만

수리사격에는 안 맞지만 꼭 쓰고 싶은 한자가 있으면

성명 세자의 획수 음양만 맞는다면 택하자는 논리다.

음양은 원획수(原劃數)로 맞추는 것이 음양의 기운을 더욱 돋울 수 있다.

사실 81영동수는 남송(南宋)[1]의 채침(蔡沉)이 구구원수도(九九圓數圖)
에 근본을 두고 언급한 81과는 숫자만 동일하지 내용은 다른 차원이다.

81영동수는 근대 일본 성명학계의 구마사키 겐오(熊崎健翁)가 1929년
"성명의 신비"라는 책을 통하여 발표하면서 우리에게 파급되고 창씨개
명(創氏改名)[2]에 영향을 미쳤으며 그의 오격부상법(五格剖象法)도 점차
한국식으로 개량되어 지금의 수리사격이 된 것으로 고대 동양철학으로
부터 근원이 된 뿌리가 있는 수리이론은 아니다.

81수의 81이란 숫자는 하도와 낙서로부터 기인된 선천수와 후천수에서
나온 1~10의 기본수 1~9에 9의 자승수 81에서 나왔다고 본다.

각 기본수의 의미와 특성을 갖고 기본수와 기본수를 합쳐서 81개 수의

----

1) 남송: 중국의 통일왕조 송나라의 후기를 이르는 말 (1127년~1279년)
2) 창씨개명: 1940년 일제가 한국인의 성명을 일본식 성명으로 강제로 바꾸게 한 일.

의미를 해석하여 현 81영통수와 대조하여 볼 때 유사점이 전혀 없다고는 볼 수 없어 구마사키가 여기에서 착안하여 일본의 쇼군[3]들 이름을 중심으로 적용하여 만든 것이 아닌가 하는 생각이 든다.

각 숫자마다 갖고 있는 고유의 의미는 있겠지만

길흉에 너무 마음을 둘 필요는 없다.

지금이 농경사회도 아니고 첨단 과학시대에 의학의 발달, 여성의 입지 변화 등 금세기 우리의 현실에 맞는 수리개념으로 진화(進化)시키고 논리화시켜야 한다.

> **요지 간단정리**
>
> 한자의 획수: 원획수를 적용하여
> 　　　　　　 성명 석자의 획수에 음양은 맞춰야 한다.

③ 한자의 자원

성명의 한자가 어떤 자원오행(字源五行)을 갖는가가 작명의 핵심이다.

자원오행은 한자가 갖고 있는 원천적인 기운을 오행(五行)으로 분류한 것으로 이름에서 한자의 자원오행은 오행 간의 생극(生剋)을 상관하지 않는다.

작명에서는 먼저 이름을 짓고자 하는 사람의 선천운(先天運)인 사주(四柱)를 분석하여 이 사람에게 필요한 오행이 무엇인지를 파악하고 후천운(後天運)인 이름에 필요한 자원오행을 갖고 있는 한자를 적용하여

---

3) 쇼군: 일본의 역대 무신정권인 막부의 수장을 가리키는 칭호.

사주의 과부족(過不足)함을 보완하여 주는 것이 가장 중요하다.

이는 정확한 사주분석이 전제(前提)되어야 하며 무수한 변수(變數)가 있는 사주팔자 안에서 뚜렷이 필요 오행을 뽑아낸다는 것은 오랜 역학(易學) 수학(修學)이 이루어진 전문가의 영역일지도 모른다.

본서에서는 〈사주팔자 분석〉에서 '필요오행 찾기'에 접근해 보려 한다.

또한 〈한자성명의 자원〉에서는 자원오행의 생성과 적용을 알아보고 그리고 모든 인명용 한자의 자원을 부록 '인명용 자원오행 한자사전'에 망라(網羅)하였다.

요지 간단정리

필요오행 찾기: 나에게 필요한 오행이 무엇인지를 찾는 것이 중요하다.
　　　　　- 가장 중요하면서도 어려운 단계로 모색 논리의 이해에
　　　　　집중해야 한다.
　　　　　어려울 경우는 주변 전문가의 도움을 받는다.

★ 꼭 지켜야 할 작명의 요건

1. 성명 석 자에 획수의 음양 – 원획수로 적용
2. 사주분석, 필요오행을 찾아 이름자에 적용

일러두기

1. 본서(本書)는 한글 위주로 표기. 한자로 의미를 명시할 필요가 있는 한글은 한글 뒤에 괄호로 한자(漢字) 명시. 일반적인 한자 명시는 책 앞부분에 한두 번에 그침.

   문맥에 따라 꼭 한자로 뜻을 구분할 필요가 있을 시는 계속 한자 표시 단 한자로 먼저 명기하여야 할 경우는 한자 뒤에 괄호로 한글을 명시하며 오행(五行)과 10간(干), 12지(支)의 경우 한글 없이 한자만을 표시하는 경우도 있음.

2. 작명 시 한자의 획수는 한자 본래의 뜻을 중시하여 본부수(本部首)로 계산하는 원획(原劃)을 적용함. 부수(部首)를 이체자(異體字)로 쓰는 한자는 시중 한자사전에 표기되는 필획(筆劃)과는 획수에서 차이가 있을 수 있음.

3. 한자의 뜻과 음, 획수, 부수는 NAVER 한자사전의 내용을 적용하고 참고하였음.

   NAVER 사전도 수시로 업데이트되어 한자의 뜻이나 자형(字形) 등이 변경되는 경우가 있으며 극히 일부 표시가 누락 되거나 오기되기도 함.

4. 주로 성(姓) 한 자(字)와 이름 두 자로 구성된 세 글자 성명을 기준으로 작성. 외자(字) 이름이나 두 자 성(姓)은 별도 설명이 있음.

5. 성명을 통상 이름이라고 칭하는 경우도 있음.
    성(姓)은 가계(家系)의 이름. 명(名)은 개인의 이름.

6. 성(姓)은 문맥에 따라서 성씨(姓氏)라고도 표기 .

7. 한글 발음오행 논리는 "훈민정음운해"의 이론을 기준으로 상생(相生) 발음구조를 설명하고 발음오행 길흉표를 작성.

8. 설명이 필요한 주요 낱말은 해당 낱말 우하단에 작은 숫자를 우괄호로 표시하고 문단 하단의 실선 밑에 해당 숫자를 표시 주석(註釋)을 달음.

9. 본서는 사주명식(四柱命式)을 한글 표기법과 같이 좌에서 우로 읽는 방식으로 표기.

10. 사주명리학(四柱命理學)을 근원으로 하여 작명원리를 전개하지만 명리이론은 작명 과정의 용어나 이치의 이해를 돕는 연관된 필수적인 부분만을 언급.
     작명위주의 큰 흐름은 벗어나지 않음.

11. 작명 시 별도의 한자사전이 필요 없게 '인명용 자원오행 한자사전'
    을 부록으로 첨부.
    필요한 한자를 누구나 쉽게 찾아볼 수 있도록 발음별 획수순으로
    배열하였으며 한자의 뜻과 음, 원획수, 부수, 자원오행, 발음오행,
    동자이음자를 확인할 수 있음.
    한자의 뜻, 음을 갖고 컴퓨터나 모바일 한자사전에서 원하는 한자의
    정보를 찾아 볼 수 있도록 한자의 뜻음 옆에 "검색어"라고 병행 표기.

12. 성씨의 한자는 법원이 정한 인명용 한자의 제한을 받지 않아
    부록 '인명용 자원오행 한자사전'에 없을 수가 있음.
    없는 경우 시중 한자사전을 통하여 뜻과 음, 획수, 부수를 확인하여
    야 함.

13. 부록 [부수색인-자음별, 획수별]에서 부수의 뜻과 음, 원획수와 자
    원오행을 확인할 수 있음. 또한 부수의 이체자인 약자(略字), 속자
    (俗字), 동자(同字), 고자(古字)와 기타 부수를 통틀어 본부수의 "파생
    (派生)부수"라 표현하였음.

14. 인명용 한자 중 동자이음자(同字異音字)는 사전에서 먼저 표기되는
    주음(主音)의 자음순(ㄱ, ㄴ, ㄷ, 순) 자음내(內) 모음순(ㅏ, ㅑ, ㅓ 순)
    으로 한자를 배열 목록을 작성.

좋은 이름이란

우리의 성명은 주로 성씨 한자에 이름 두 자로 구성된다.

성씨는 씨족 이름이기 때문에 선택의 여지가 없지만

이름 두 자는 개인의 인위적 상징이다.

한 사람의 인생은 이름과 같이 살아지는 것이고

그 사람의 이미지는 이름과 함께 형성되어 간다.

가문을 욕 먹이지 아니하려 하고 이름을 더럽히지 않으려 한다.

잘 지어진 이름은 이름값을 하는 것이다.

이 시대를 살아가는 현대인의 이름은 과연 어떤 이름이 되어야 하는가.

- 발음이 분명하여 부르기 쉽고 듣기 편하며 기억하기 좋아야 한다.
- 이름자가 지니고 있는 뜻이 좋아야 한다.
- 품격과 개성이 있으며 시류(時流)에 맞아야 한다.
- 성씨와 잘 어울리고 세련되어야 한다.
- 사주에 필요한 기운을 이름에서 보완하여야 한다.
- 성명학의 최소한 기본이 되는 요건은 갖추어야 한다.
- 자기 이름에 자부심을 가질 수 있어야 한다.
- 글로벌 시대에 영문 발음이나 표기도 감안 해야 한다.
- 장자와 차자의 이름자는 구분하는 것이 좋다.

이름 짓는 순서

1) 작명 대상자의 출생지를 감안하여 정확한 생년, 월, 일, 시, 분을 알고 사주팔자(四柱八字)를 구성한다.

- 시중 만세력 앱이나 사이트 활용

  만세력 앱에는 '원광만세력' '운세비결' 등 다수의 앱이 있다.

  〈사주팔자 분석의〉 '사주구성' 참고

2) 일간(日干)을 기준으로 팔자를 분석하여 작명에 필요한 오행을 구한다.

- 가장 필요로 하는 오행, 그다음 도움이 되는 오행을 선정하는 것이며

  사주팔자에 없는 오행도 염두(念頭)에 둔다.

  〈사주팔자 분석〉의 '필요오행 찾기' 참고

3) 성(姓)에 잘 조화되는 한글이름을 여럿 짓는다.

- 평소에 생각해 뒀던 이름을 신중하게 여럿 적어 본다.

  작명자는 의뢰자가 원하는 이름들을 우선적으로 검토한다.

  미리 생각해 둔 이름이 없다면 작명의 발음원리를 참고하여

  반듯하고 세련된 이름으로 지어본다.

  평범한 이름보다는 개성있는 이름을 권한다.

- 신생아의 경우 부모, 조부모, 형제자매 등 가까운 친인척과

이름이 중복되거나 윗어른들과 항렬자가 같지 않도록 유의한다.

- 한글이름을 여럿 지어 놓는 이유는 자원이나 수리에 합당한 좋은 한자가 나오지 않을 경우를 대비하기 위해서이다.

〈한글성명의 발음〉의 '상생 발음구조' 참고

4) 성(姓)의 한자 획수와 자원오행을 확인한다.

- 부록 '인명용 자원오행 한자사전' 참고

- 성의 한자가 인명용 한자가 아닌 경우 일반 한자사전에서 해당 한자의 획수와 부수를 확인

부록 '부수색인-자음별, 획수별'에서 해당 부수의 자원오행을 확인하고 본부수인지 파생 부수인지를 파악 본부수의 획수로 한자 전체의 원획수를 계산한다.

* 부수의 자원오행 = 본 한자의 자원오행. 드물게 부수와 본자와 오행이 다른 경우가 있다. (한자 전체의 뜻이 부수의 오행과 다른 경우로 한자의 뜻으로 오행을 정한다.)

* 본부수의 획수+부수를 제외한 잔여 자의 획수 = 원획수

5) 성(姓)의 획수에 맞는 수리목록을 작성한다.

- 음양(陰陽)과 수리사격(數理四格)에 부합하는 획수조합

〈한자성명의 수리〉에서 '성씨별 좋은 수리배열' 참고

6) 3항에서 지어진 한글이름에 맞는 한자를 선정한다.

- 5항의 수리배열에 맞는 획수의 한자를 고른다.

- 4항의 성(姓)의 자원오행을 감안하여

2항에서 요구되는 자원오행을 갖고 있는 한자를 고른다.

성명 세자의 자원오행 간 생극(生剋)은 따지지 않는다.

- 가장 필요로 하는 오행, 도움이 되는 오행, 사주팔자에 없는 오행
  의 한자 순으로 선정한다.
  〈한자성명의 자원〉에서 '필요 오행의 적용' 참고
- 뜻이 나쁘지 않은 한자를 선택해야 한다.
- 동자이음자(同字異音字)는 가급적 피하는 것이 좋다.
  부록 '동자이음자 목록' 참고

7) 선정된 한자 중에 불용문자가 있는지 확인한다.

〈기타 작명 시 고려사항〉의 '불용문자' 항목 참고

8) 선정된 이름자 중에서 순위를 정한다.

- 좋은 오행이 잘 배치되었는지
- 획수의 음양이 조화로운지
- 발음이 거북하지는 않은지
- 한자의 뜻과 모양이 괜찮은지

9) 세 이름 정도를 발췌하여 그중 가장 마음에 드는 이름을 선정하게 한다.

- 추천이름이 많으면 고르지를 못한다.
  엄선한 세 이름 정도 제시하는 것이 좋다.
- 본인들이 제안한 한글명으로 지어진 이름을
  택하는 경우가 대부분이다.

사주팔자(四柱八字) 분석

이름을 짓는 데도 기본적인 격식과 질서는 필요하다.

이름을 짓고자 하는 사람의 무엇을 갖고 작명을 시작할 것인가.

성씨와 본관(本貫), 성별(性別)은 필수적인 사회적 구분이고

집안의 돌림자, 첫째인지 둘째인지, 가족들의 이름 등을 파악해서 참고해야 할 것이고 피작명인 개인, 고유의 기준점은 무엇으로 잡아야 하는가.

성명학을 수학한 대부분의 작명인은 우선 당사자의 태어난 년, 월, 일, 시를 묻고 어디서 태어난 지를 물어 이를 바탕으로 사주로 구성하여 이름짓기를 시작한다.

이것이 정석이다.

한 생명이 어머니 뱃속에서 나와 첫울음을 터뜨리며 이 우주의 기운을 받아들이는 순간 그는 하늘로부터 부여받은 귀한 생명의 존재로, 한 인간으로, 숙명을 갖고 태어난 것이다.

이 순간의 시각(時刻)이 그의 숙명의 숙제를 풀어가는 열쇠가 될 것이며 후천적 운명의 세상에 당당히 내걸 수 있는 좋은 이름을 갖는데 출발점이 되는 것이다.

출생의 년, 월, 일, 시를 갖고 사주를 구성하고 심도 있게 팔자를 분석하여 그 사람의 필요오행을 알아내는 것이 작명에 있어서 우선적 핵심과제이다.

본격적인 작명에 들어가기에 앞서 사주팔자에 관한 이해를 돕기 위하여

우리가 알아야 할 기본적인 명리의 용어와 의미, 논리를 간략하게 언급하고자 한다.

1 음양(陰陽), 오행(五行)

(1) 음양

동양 고대로부터 내려오는 우주의 근본원리로 천지만물을 구성하는 요소이며 만물을 두 가지로 크게 나누는 범주이기도 하다.

음양은 상반하는 성질의 두 가지 기운으로 자연현상을 설명하는 중요한 개념이 되면서 음양의 작용을 통하여 만물이 생성 및 변화한다.

음양은 상반된 개념을 보이지만, 사실 한가지 기운의 양면이라고 볼 수 있다.

즉 사물을 나누어 사물 사이의 상호관계를 규정하는 원리라는 것이다.

그러므로 서로 대립적인 상태로 드러나면서도 하나로 통일되려는 성질을 지닌다.

이것이 음양의 조화이다.

이름을 짓는 데 있어서도 음양이 한쪽으로 치우치지 않고 조화를 잘 이루도록 적절한 음양구성을 하는 것이 중요하다.

[음양의 특성]

양	남자	부	불	낮	하늘	해	더위	육체	외향	적극	능동
음	여자	모	물	밤	땅	달	추위	정신	내향	소극	수동

- 음양의 개념에 이해를 돕기 위하여 작명과 관련될 수 있는 대표적인 특성만을 표기

구분	양	음
한자의 획수	1,3,5,7,9,11,13,15,17... 홀수	2,4,6,8,10,12,14,16... 짝수
한글의 모음	ㅏ,ㅐ,ㅑ,ㅒ,ㅗ,ㅘ,ㅚ,ㅛ	ㅓ,ㅔ,ㅕ,ㅖ,ㅝ,ㅞ,ㅟ,ㅠ,ㅡ,ㅢ,ㅣ

- 작명과정의 수리에서 한자의 획수로 음양을 구분하여 적용하지만 한 글자의 모음(母音)에 음양까지 미리 따져 짓는 경우는 흔치 않다. 단 작명과정의 최종 이름 선정 단계에서 양자택일(兩字擇一)의 경우 대등한 조건이라면 양의 기운이 강한 사람은 음의 모음자를 음이 강한 사람은 양의 모음자를 쓴 이름을 택할 수 있다.

(2) 오행

오행은 우주만물을 이루는 다섯 가지 원소 목(木), 화(火), 토(土), 금(金), 수(水)를 이른다.

모든 자연현상이나 인사(人事)현상은 범주마다 5가지로 정리되고, 각각이 오행의 어딘가에 귀속한다고 보는 것이며 이 일체를 해석해서 설명하려는 사상을 오행설이라고 한다.

중국 고대의 철학 개념으로 '오(五)'는 다섯 요소인 목, 화, 토, 금, 수를 말하고 '행(行)'은 이 다섯 요소들이 어떠한 질서에 따라 서로 작용하고 순환함을 의미한다.

성명학에서 오행의 적용은 발음에서 한글 자음소리의 오행을 구분해서 오행 간의 생극(生剋)으로 길흉을 살피는 것이고 자원(字源)은 한자가 내재하고 있는 의미를 오행으로 구분하여 사주와의 조화를 꾀하는 것이며 수리는 삼원오행론(三元五行論) 외에는 오행을 직접 적용하지 않는다. 본서에서는 삼원오행 작명법은 취급하지 않는다.

이렇듯 음양과 오행의 조화와 작용이 좋은 이름을 짓는 데 중추적인 역할을 하는 것이다.

[오행의 속성]

구분	木	火	土	金	水
계절	봄	여름	환절기	가을	겨울
오방(五方)	동	남	중앙	서	북
오색(五色)	청색	적색	황색	백색	흑색
오미(五味)	신맛	쓴맛	단맛	매운맛	짠맛
오상(五常)	인(仁)	예(禮)	신(信)	의(義)	지(智)
오장(五臟)	간장(肝臟)	심장(心臟)	비장(脾臟)	폐장(肺臟)	신장(腎臟)
오관(五官)	눈	혀	입	코	귀
오음(五音) I	아(牙)	설(舌)	후(喉)	치(齒)	순(脣)
오음(五音) II	각(角)	치(徵)	궁(宮)	상(商)	우(羽)
오성(五聲)	호(呼)	소(笑)	가(歌)	곡(哭)	신(呻)
오기(五氣)	풍(風)	서(暑)	습(濕)	조(燥)	한(寒)
시간	아침	점심	오후	저녁	밤
온도	따듯함	뜨거움	변화함	서늘함	차가움
성품	착하고 어질다	예의 바르고 적극적이다	믿음직스럽고 끈기있다	의리 있고 절제력 있다	총명하고 지혜롭다
질병	두통질환 신경계통	고혈압증 순환기계통	복부질환 소화기계통	근골질환 호흡기계통	혈액질환 비뇨, 생식계

※ 오음 I은 성운학에서의 오음, 오음 II는 음률에서의 오음

[오행의 생극도(生剋圖)]

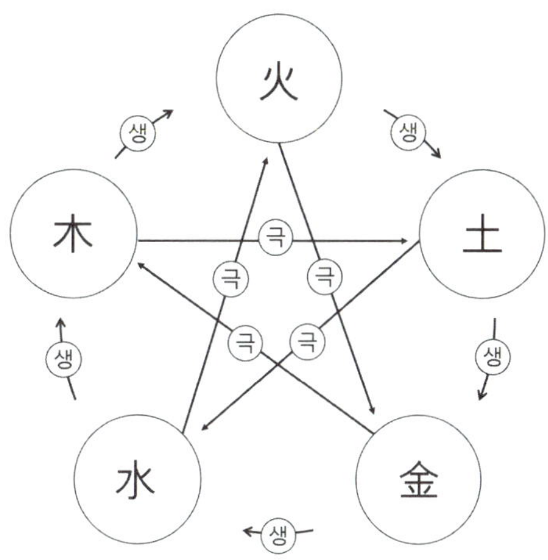

≫ 작명에서의 오행

오행의 상생: 오행의 상생은 목, 화, 토, 금, 수가 차례대로 순환되어 생
하는 구조를 말하며
성과 이름, 세자 간에 오행이 상생구조로 구성되면 최상의
길함으로 본다.

목 생 화(木 生 火): 나무를 태워 불을 살린다.
화 생 토(火 生 土): 불은 재가 되어 흙이 된다.
토 생 금(土 生 金): 흙에서 금석이 생성된다.
금 생 수(金 生 水): 바위 틈에서 물이 솟는다.
수 생 목(水 生 木): 물이 나무를 자라게 한다.

오행의 상극: 오행의 상극은 목, 화, 토, 금, 수가 하나씩 건너뛴 배열이
되어 오행 간에 극하는 현상을 말하며 성명에서 이 구조는
화합하지 못하고 견제하고
충돌하는 기운이 발생한다고 볼 수 있다.

목 극 토(木 剋 土): 나무 뿌리는 흙을 가른다.
화 극 금(火 剋 金): 불은 쇠를 녹인다.
토 극 수(土 剋 水): 흙은 물길을 막는다.
금 극 목(金 剋 木): 쇠는 나무를 자른다.
수 극 화(水 剋 火): 물은 불을 끈다.

오행의 상비: 오행의 상비(相比)는 같은 오행끼리 만나는 것으로 서로 동
화(同和)하여
좋은 작용을 하는 경우와 서로 부딪쳐서 덜 좋은 작용을 하
는 경우가 있다.

좋은 작용의 비화(比和): 토 비 토(土 比 土), 수 비 수(水 比 水)
흙과 흙, 물과 물은 서로 만나 하나로 결합할 수
가 있다.
덜 좋은 작용의 비화(比和): 목 비 목(木 比 木), 화 비 화(火 比 火),
금 비 금(金 比 金)
나무와 나무, 쇠와 쇠는 만나면 부딪히고
불과 불은 만나면 타 없어지는 성질이 있다.

좋은 상비는 상생보다는 덜하고
나쁜 상비는 상극보다는 나을 수 있다.
그러나 이름 석 자에서 상비관계는 한 오행의 편중으로 오행 간의 흐름이
자연스럽지 못할 수도 있으므로 작명에서 의도하는 바와의 경중(輕重)을
잘 따져 적용해야 한다.
작명 상황에 따라서 상비를 활용하여, 보다 다양한 이름자를 선정할 수
있다.

- 작명에서 오행의 생극은 주로 한글 성명의 발음오행에 적용된다.
- 한자 획수에 의한 수리오행은 본서의 작명과정에선 적용하지 않는다.
- 한자 성명의 자원오행에서는 오행 간의 생극을 따지지 않는다.

[작명에서의 오행 적용]

구분	木	火	土	金	水
한글 발음	ㄱ,ㄲ,ㅋ	ㄴ,ㄷ,ㄹ,ㅌ	ㅇ,ㅎ	ㅅ,ㅈ,ㅊ	ㅁ,ㅂ,ㅍ
한자 획수	1,2	3,4	5,6	7,8	9,10
한자 자원	한자의 부수나 의미에 의하여 오행 구분				

② 천간(天干), 지지(地支)

명리학에서는 하늘을 상징하는 천간 10자와 땅을 상징하는 지지 12자가 있다.

천간과 지지를 합쳐서 간지(干支)라고 하며 사람이 태어난 연월일시를 천간 4자와 지지 4자로 나타낸 것이 사주팔자이다.

(1) 천간

천간은 하늘을 뜻하며 하늘의 기의 변화를 나타내는 갑(甲) 을(乙) 병(丙) 정(丁) 무(戊) 기(己) 경(庚) 신(辛) 임(壬) 계(癸)의 10개 글자로 십간(十干) 또는 십천간(十天干)이라고도 한다.

[천간의 의미]

천간	갑	을	병	정	무	기	경	신	임	계
음양	양	음	양	음	양	음	양	음	양	음
오행	목		화		토		금		수	
방향	동		남		중앙		서		북	
색상	청색		적색		황색		백색		흑색	
형상	大林木	花草木	太陽火	燈燭火	山野土	田園土	鋼鐵金	珠玉金	江湖水	雨露水

(2) 지지

지지란 땅을 뜻하며 땅의 기의 변화를 나타내는 자(子) 축(丑) 인(寅) 묘(卯) 진(辰) 사(巳) 오(午) 미(未) 신(申) 유(酉) 술(戌) 해(亥)의 12개의 글자로 십이지(十二支) 또는 십이지지(十二地支)라고 한다.

[지지의 의미]

지지	인	묘	진	사	오	미	신	유	술	해	자	축
음양	양	음	양	음	양	음	양	음	양	음	양	음
오행	목	목	토	화	화	토	금	금	토	수	수	토
음월	1	2	3	4	5	6	7	8	9	10	11	12
띠	범	토끼	용	뱀	말	양	원숭이	닭	개	돼지	쥐	소
절기	입춘	경칩	청명	입하	망종	소서	입추	백로	한로	입동	대설	소한
방향	동	동	동남	남	남	남서	서	서	서북	북	북	북동
계절		봄			여름			가을			겨울	
시간	3~5	5~7	7~9	9~11	11~13	13~15	15~17	17~19	19~21	21~23	23~1	1~3

❸ 사주구성(四柱構成)

사람은 숙명이라는 4개의 지주(支柱)를 갖고 태어나

이름이라는 상징을 갖고 운명이라는 인생의 집을 지으며 살아간다.

이름에 좋은 기운을 잘 새기어 놓으면 약한 기운은 보완되고 과한 기운은 덜어지며 균형 잡힌 분수에 맞는 집을 짓고 살 것이다.

고래등 같은 기와집을 짓고도 시름시름 앓는 사람이 있는가 하면

고관대작에 궁궐 같은 집에 살다가 하루아침에 모든 걸 잃는 사람이 있고

아담한 작은 집이지만 평생을 오순도순 행복하게 사는 사람이 있다.

어떠한 인생을 살 것인가.

이름 석 자에도 그 역할은 있다.

(1) 사주 세우기

작명의 첫 순서는 이름 지을 사람의 태어난 년, 월, 일, 시, 분을 알아 그 사람의 사주를 작성하는 것이다.

최근에는 컴퓨터나 스마트폰의 만세력 앱을 통하여 누구나 쉽게, 정확한 출생년월일시를 알고 양력인지 음력인지, 남성인지 여성인지를 구분하여 출생한 지역을 입력하면 바로 사주팔자와 팔자의 음양, 오행, 육친(六親)[4]이 화면에 떠 사주 뽑기가 아주 용이해졌다.

요즈음은 전문가들도 노트북, 태블릿, 스마트폰 등을 이용하여 사주정보를 바로 뽑지, 만세력 책자를 뒤져서 사주를 뽑는 분들은 드물다.

그만큼 빠르고 정확하고 편리하기 때문이다.

사주는 년주(年柱), 월주(月柱), 일주(日柱), 시주(時柱)의 네 기둥을 말한다.

각각의 기둥은 천간 한 글자와 지지 한 글자, 두 글자로 이루어져 네 기둥이므로 합쳐서 여덟 글자가 되고 팔자라고 일컫는다.

이 네 기둥에는 근묘화실(根苗花實)의 근본이 함유되어 있고

그에 따른 왕쇠강약(旺衰強弱)과 생극제화(生剋制化)의 원리를 적용하여 사람의 길흉화복(吉凶禍福)을 추명(推命)[5] 하는 것이며 이를 '사주를 본다' 하는 것이다.

작명은 이 과정에서 사주에 필요한 음양과 도움이 되는 오행을 도출하여 이를 이름에 적용하는 것이다.

---

4) 육친: 가장 가까운 여섯 친족(부모, 형제, 배우자, 자녀, 나를 생하는 존재, 나를 극하는 존재)

5) 추명: 사주를 통하여 사람의 운명을 추정하는 것

[사주의 의미]

사주	연주(年柱)	월주(月柱)	일주(日柱)	시주(時柱)
근묘화실	근(根)	묘(苗)	화(花)	실(實)
육친(六親)	조상	부모, 형제	자신, 배우자	자식
연령	1~20(유소년기)	21~40(청년기)	41~60(중장년기)	60~ (노년기)
사격(四格)	원격(元格)	형격(亨格)	이격(利格)	정격(貞格)
사세(四世)	전생(前生)	금세(今世)	현세(現世)	후세(後世)
사계(四季)	봄	여름	가을	겨울

(2) 육십갑자(六十甲子)

천간 10자와 지지 12자가 갑자, 을축, 병인...순으로 짝을 이루어 마지막 계해까지 순차적으로 맞추어 가면 60개의 간지(干支)가 되는데 이것을 60갑자라 한다.

[육십갑자와 해당 연도 일람표]

갑자 1984	을축 1985	병인 1986	정묘 1987	무진 1988	기사 1989	경오 1990	신미 1991	임신 1992	계유 1993
갑술 1994	을해 1995	병자 1996	정축 1997	무인 1998	기묘 1999	경진 2000	신사 2001	임오 2002	계미 2003
갑신 2004	을유 2005	병술 2006	정해 2007	무자 2008	기축 2009	경인 2010	신묘 2011	임진 2012	계사 2013
갑오 2014	을미 2015	병신 2016	정유 2017	무술 2018	기해 2019	경자 2020	신축 2021	임인 2022	계묘 2023
갑진 2024	을사 2025	병오 2026	정미 2027	무신 2028	기유 2029	경술 2030	신해 2031	임자 2032	계축 2033
갑인 2034	을묘 2035	병진 2036	정사 2037	무오 2038	기미 2039	경신 2040	신유 2041	임술 2042	계해 2043

(3) 절기(節氣)

태양의 움직임을 계절의 변화와 관련지어 1년을 24기(氣)로 나누어 말하는 것으로 24기는 12절기와 12중기(中氣)로 구분된다.

월(月)의 앞에 있는 것을 절기, 월의 중간에 있는 것을 중기라고 한다.

명리학에서는 절기를 사용한다.

절기	입춘	경칩	청명	입하	망종	소서	입추	백로	한로	입동	대설	소한
음력 월	1	2	3	4	5	6	7	8	9	10	11	12
계절	봄			여름			가을			겨울		
지지	인	묘	진	사	오	미	신	유	술	해	자	축

(4) 연주 세우기

연주는 태어난 해의 간지를 말하는 것으로 육십갑자의 하나가 된다.

2011년에 태어났으면 그해의 60갑자는 신묘이므로 연주는 신묘

1988년에 태어났으면 그해의 60갑자는 무진이므로 연주는 무진이 되는 것이다.

단 연주를 세울 때는 음력 1월 1일을 기준으로 하지 않고 입춘일의 절입시기(節入時期)가 기준이 된다.

예를 들어 음력 2012년 1월 8일에 태어났다면 2012년의 연주는 임진이지만 그해의 입춘일 절입시기는 1월 13일 19시 22분이므로 전년의 연주인 신묘를 쓰는 것이다.

입춘시기는 만세력이나 절기표를 보면 쉽게 찾을 수 있다.

(5) 월주 세우기

월주는 연주를 세우고 나서, 태어난 달에 배당되는 간지인 월건을 만세력에서 찾아쓰면 된다.

월지는 월령(月令)이라고도 하는데 이는 사주팔자 중에서 영향력이 가장 크기 때문이다.

월주를 세울 때도 음력 1일을 기준으로 하지 않고 12절기의 절입 일시를 기준으로 한다.

예를 들어 2010년 음력 4월 26일에 태어났다면

우선 2010년은 [육십갑자와 해당년도 일람표]를 보면 연주가 경인(庚寅)이고 생월이 4월이지만 기준 절기인 망종(4월 24일)을 지났으므로 5월의 임오(壬午)월건을 월주로 써야 하고 같은 4월이라도 4월 21일에 태어났다면 망종 전이라 4월의 신사(辛巳) 월건이 월주가 된다.

[월주 조견표]

월(음력)	절기/년간	갑·기년	을·경년	병·신년	정·임년	무·계년
1	입춘	병인	무인	경인	임인	갑인
2	경칩	정묘	기묘	신묘	계묘	을묘
3	청명	무진	경진	임진	갑진	병진
4	입하	기사	신사	계사	을사	정사
5	망종	경오	임오	갑오	병오	무오
6	소서	신미	계미	을미	정미	기미
7	입추	임신	갑신	병신	무신	경신
8	백로	계유	을유	정유	기유	신유
9	한로	갑술	병술	무술	경술	임술
10	입동	을해	정해	기해	신해	계해
11	대설	병자	무자	경자	임자	갑자
12	소한	정축	기축	신축	계축	을축

(6) 일주 세우기

일주는 만세력을 보고 태어난 날의 간지인 일진(日辰)을 그대로 쓰면 된다.

일주는 연도와 절기와는 무관한 고유 일진을 가지고 있기 때문이다.

예를 들어 2013년 양력 4월 18일에 태어났다면 일진은 갑인(甲寅)으로 일주가 된다.

일주도 육십갑자 중의 하나이며 일간(日干)은 자신이고 일지(日支)는 배우자 자리이다.

일주를 중심으로 사주를 풀어나가는데 일간은 사주 당사자이므로 가장 중요하다.

일주의 기준은 자정이지만 한국시 적용으로 밤 11시 30분 지나면 다음 날로 본다.

(7) 시주 세우기

시주는 태어난 시각을 간지로 나타내는 것으로 시간(時干)은 일간에 따라 정해지며 시지(時支)는 2시간 단위로 지지의 순서대로 구분된다. 아래의 [시주 조견표]를 참조하면 된다.

[시주 조견표]

시지/일간	갑·기	을·경	병·신	정·임	무·계
자(朝子時) 00:30~01:30	갑자	병자	무자	경자	임자
축(丑) 01:30~03:30	을축	정축	기축	신축	계축
인(寅) 03:30~05:30	병인	무인	경인	임인	갑인
묘(卯) 05:30~07:30	정묘	기묘	신묘	계묘	을묘
진(辰) 07:30~09:30	무진	경진	임진	갑진	병진
사(巳) 09:30~11:30	기사	신사	계사	을사	정사
오(午) 11:30~13:30	경오	임오	갑오	병오	무오
미(未) 13:30~15:30	신미	계미	을미	정미	기미
신(申) 15:30~17:30	임신	갑신	병신	무신	경신
유(酉) 17:30~19:30	계유	을유	정유	기유	신유
술(戌) 19:30~21:30	갑술	병술	무술	경술	임술
해(亥) 21:30~23:30	을해	정해	기해	신해	계해
자(夜子時) 23:30~0:30	병자	무자	경자	임자	갑자

≫ **표준시(標準時)**

우리나라 표준시 기준은 국토 중앙을 지나는 동경 127.5°이나 표준시를 정하는 국제협약에 의하여 일본의 중간지점인 동경 135°를 표준시 기준으로 사용하고 있다.

이는 영국의 그리니치 천문대를 중심으로 동, 서로 각각 15°씩 나누어서 표준시를 정하도록 한 국제간의 협약에 의한 것이다.

135°와 127.5°는 시간으로는 30분 차이가 난다. 경도 1°에 4분 차이로 보면 서울은 32분 부산은 23분 정도 자연시(自然時)와 차이가 난다고 볼 수 있다.

작명에서는 실제의 시간을 계산하여 통상 30분을 표준시보다 늦게 적용하고 있다.

예) 자시(子時)는 23시 30분에서 명일 01시 30분. 오시(午時)는 11시 30분에서 13시 30분.

- 시지(時支)는 2시간 간격으로 변경되고 표준시는 경도 15°, 1시간 간격으로 설정됨으로 출생지 경도와 출생지역 표준시 경도와의 경도 차이를 계산하여 자연시를 산출하면 출생 시주는 바뀌는 경우가 생길 수 있다.

자연시는 표준시에서 동쪽으로 가면 빨라지고 서쪽으로 가면 늦어진다. 실제 표준시 기준선은 국가에 따라 국경이나 행정구역에 따라 불규칙하게 그어져 있는 경우가 많다. 이는 한 국가 내에서 시간을 통일하고 실용적인 이유로 조정한 것이다.

예를 들어 중국은 광활한 영토임에도 전국이 단일 시간대(베이징 시간)를 사용한다. 이렇게 표준시 기준이 복잡한 경우, 현지의 출생일시를 그대로 적용하여 사주를 구성한다.

- 최근 년 동경 127.5°(한국시)를 표준시로 사용하였던 기간,

  1954년 3월 21일 00시 30분을 0시로 조정~1961년 8월 9일 24시까지.

≫ 서머타임(summer time)

여름의 긴 낮시간을 효율적으로 이용하기 위하여 표준시보다 1시간 앞
당긴 것을 말한다.

서머타임을 실시한 기간에 출생한 사람은 출생시각을 한 시간 뒤로
계산해야 한다.

예를 들어 아침 10시에 태어났다면 아침 9시로 시지를 적용하면 된다.

현재 서머타임 제도는 폐지되었으며 가장 최근 연도의 서머타임 실시
기간은 다음과 같다.

1987년 5월 10일 02시를 03시로~10월 11일 03시를 02시로 조정.

1988년 5월 8일 02시를 03시로~10월 9일 03시를 02시로 조정.

≫ 야자시(夜子時)와 조자시(朝子時)

자시는 23시 30분부터 다음날 01시 30분까지이다. 시는 하나인데 이틀
에 걸쳐 있기 때문에 23시 30분~00시 30분은 야자시로, 이 시간 출생
자는 전일 일주를 적용하고 00시 30분~01시 30분은 조자시라 하여
출생자는 당일 일주를 적용한다는 논리이다.

다시 말하면 전일 야자시와 당일 조자시는 시주는 같지만 일주는 달라지고
당일 조자시와 당일 야자시는 일주는 같지만 시간(時干)이 달라 시주는
달라진다는 것이다.

다소 복잡하기에 야자시를 쓰려면은 정확하게 써야하고 확실하지 못하다면 쓰지 말아야 한다.

원래의 정자시(正子時)는 23시 30분이 지나면 다음 날로 들어서는 것으로 본다.

정자시의 문제는, 하루는 정오를 기준으로 오전, 오후가 나뉘고 음과 양의 분계선이 되는데 야자시를 다음날의 일진을 쓴다면 다음날은 오전이 13시간이 되고 오후가 11시간이 되어 음양이 균형을 이루지 못한다는 것이다.

- 상기의 표준시나 서머타임은 시중의 유명 사주, 만세력 사이트나 스마트폰 앱에서는 벌써부터 프로그램에 적용하여 실용화하고 있으며 야자시나 조자시도 사용자가 정자시를 쓸 것인지 야자시, 조자시를 적용할 것인지를 선택할 수 있게 되어 있다.

정확한 시지 설정에 대한 변수요인으로 알고 이해하면 되겠으며 본서는 야자시, 조자시를 적용하지만 정자시를 부정하지는 않는다.

(8) 사주구성 예시

예1) 2012년 양력 3월 18일 08시 12분 출생

연주: 2012년은 육십갑자의 해당연도를 보면 임진(壬辰)년으로 연간은 임, 연지는 진으로 연주는 임진이 된다.

월주: 만세력에 보면 2012년 양력 3월 18일은 음력 2월 26일로 해당 절기인 경칩이 음력 2월 13일로 지나 배당 월건인 계묘(癸卯)를

그대로 쓰면 되어 월간은 계, 월지는 묘, 월주는 계묘가 된다.

일주: 태어난 날의 간지인 일진을 만세력을 보고 그대로 적용하면 된다.
양력 3월 18일의 일진은 무인(戊寅)으로 일간은 무, 일지는 인,
일주는 무인이 된다.

시주: 일간은 무, 태어난 시각은 아침 8시 12분으로 진시. [시주 조견표]
를 보면 시주는 병진(丙辰)으로 시간은 병, 시지는 진이 된다.

[예시 정리]

생년,월,일,시	2012년	양력 3월 음력 2월	18일 26일	08시 12분	경칩 음력 2월 13일
사주	년주	월주	일주	시주	
팔자	임 진	계 묘	무 인	병 진	

예2) 2021년 양력 2월 3일 21시 20분 출생

연주: 2021년 입춘이 양력 2월 3일이고 절입시간이 23시 58분으로
양력 2월 3일 21시 20분은 입춘 전이므로 전년(前年) 2020년
경자년의 경자(庚子) 연주를 쓴다.

월주: 2021년 양력 2월 3일 21시 20분은 입춘 전이고 음력으로는
2020년 12월 22일로 [월주 조견표]에서 전년 경자년의 음력 12월
을 보면 기축(己丑) 월주가 된다.

일주: 태어난 날의 일진을 만세력에서 보고 그대로 적용하면 임오(壬午)
일주가 된다.

시주: 일간은 임, 태어난 시각은 21시 20분으로 술시. [시주 조견표]를
보면 경술(庚戌) 시주가 된다.

[예시 정리]

생년,월,일,시	2012년	양력 2월 음력 12월	3일 22일	21시 20분	입춘 음력 12월 22일 23시
사주	년주	월주	일주	시주	
팔자	경 자	기 축	임 오	경 술	

(9) 스마트폰 만세력 앱 활용하여 사주뽑기 – W 만세력 적용

예시1) 2012년 양력 3월 18일 08시 12분 출생 여성

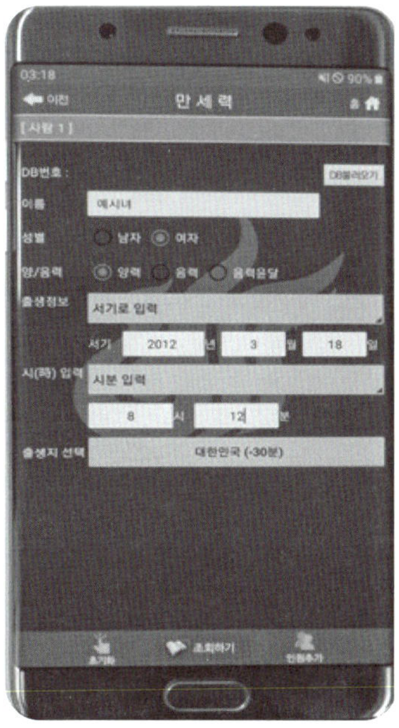

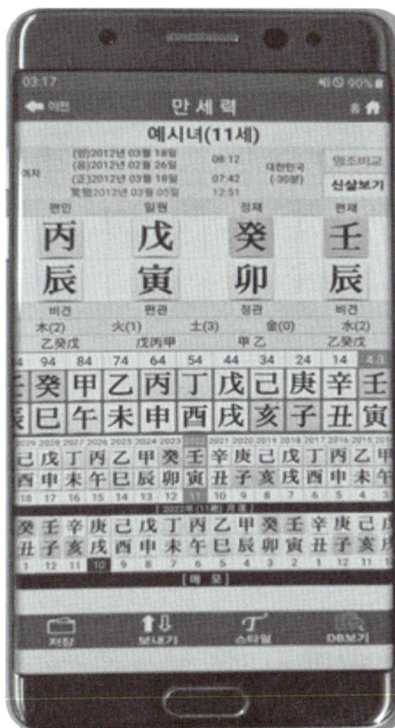

예시2) 2021년 양력 2월 3일 21시 20분 남성

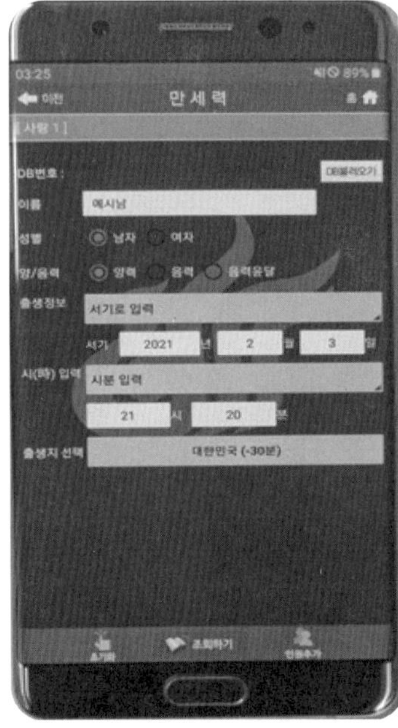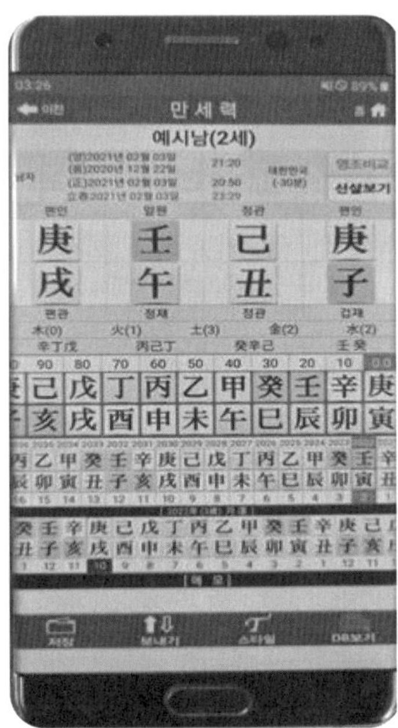

- 사주 당사자의 성별, 음, 양력구분, 출생 연, 월, 일, 시를 분단위까지 정확하게 입력한다.
- 출생일자 입력은 날자로 입력하는 방식과 간지(干支)로 입력하는 방식이 있다.
- 시 입력은 시분 입력과 간지 입력, 출생 시를 모르는 경우 출생 시 불명으로 구분된다.
- 또한 시는 조자시, 야자시 적용 아니면 그냥 자시로 입력할 수 있다.
- 출생지는 출생지 선택 칸을 터치하면 대한민국 전지도가 나오는데 정확히 출생지역을 찍으면 표준시에서 몇 분을 빼야 하는지가 명시된다. 예를 들어 출생지가 부산 해운대구일 경우 대한민국(-23분)이 나온다.

- 정보 입력 후 조회하기를 누르면 사주팔자 등이 명시된 화면이 뜬다.
- 예시 화면의 사주명식은 우측에서 좌측 편으로 읽는 방식으로 되어 있다.

통상 만세력 사이트나 앱의 사주명식은 우측에서 좌측 편으로 읽는 방식이 많다. 편의에 따라서 좌에서 우로 보는 방식으로 전환할 수 있는 만세력도 있다. 본서는 좌에서 우로 읽는 사주명식을 택하고 있다.

4 필요오행 찾기

사주팔자를 분석하여 작명에 필요한 오행을 찾는 과정에
이해를 돕는 기본적인 명리 논리를 알아본다.

[음양·오행·천간·지지 관계도]

구분/오행		목	화	토	금	수
천간	양	갑	병	무	경	임
	음	을	정	기	신(辛)	계
지지	양	인	오	진·술	신(申)	자
	음	묘	사	미·축	유	해

[오행의 생극]

상생(相生)	→ 목생화 → 화생토 → 토생금 → 금생수 → 수생목 →
	- 생하는 오행은 기운이 쇠해지고 생을 받는 오행은 기운이 성해진다. - 상생은 두 오행간 상호 생하는 것이 아니고 다섯오행이 차례로 일방으로 생하면서 순환하는 것을 의미한다.
상극(相剋)	→ 목극토 → 토극수 → 수극화 → 화극금 → 금극목 →
	- 극하는 오행은 기운이 소모되고 극을 받는 오행은 기운이 약해진다. - 상극은 두 오행간 상호 극하는 것이 아니고 다섯오행이 하나씩 건너뛰며 일방으로 극하면서 순환하는 것을 의미한다.
상비(相比)	목비목 · 화비화 · 토비토 · 금비금 · 수비수
	같은 오행 간인 상비는 서로 힘을 합하여 기운을 돋운다.

(1) 사주의 신강(身強), 신약(身弱)

사주팔자 중에서 일간(日干)은 사주의 당사자이고 주인공이다.

신강: 신강은 일간이 강하다는 뜻이고 강하다는 것은 일간을 도와주는
오행이 많다는 것이다.
도와주는 오행은 일간과 같은 오행이나 일간을 생하는 오행을 말
한다.
신강은 강도에 따라서 신강, 태강(太强), 극왕(極旺)으로 나눌 수 있다.

신약: 신약은 일간이 약하다는 뜻으로 일간을 도와주는 오행이 적다는
것이다.
일간에 도움이 못 되거나 일간을 극하는 오행이 많다는 것이다.
신약도 약함에 따라서 단계별로 신약, 태약(太弱), 극쇠(極衰) 순으
로 나눠 볼 수 있다.

중화: 일간이 그렇게 강하지도 않고 약하지도 않으며 중간쯤에서 균형
을 이루는 것을 중화(中和)라고 한다.

사주명리학에서 추구하는 논리 중의 하나가 중화론(中和論)이며
성명학은 이름을 통하여 사주의 음양오행 부조화 현상을 보완하
는 것이다.

[일간을 도와주는 오행]

오행	일간	일간 외 간(干)·지(支)	
		일간과 같은 오행의 간, 지	일간을 생하는 오행의 간, 지
목	갑	을 · 인, 묘	임, 계 · 해, 자
	을	갑 · 인, 묘	임, 계 · 해, 자
화	병	정 · 사, 오	갑, 을 · 인, 묘
	정	병 · 사, 오	갑, 을 · 인, 묘
토	무	기 · 진, 술, 축, 미	병, 정 · 사, 오
	기	무 · 진, 술, 축, 미	병, 정 · 사, 오
금	경	신 · 신, 유	무, 기 · 진, 술, 축, 미
	신	경 · 신, 유	무, 기 · 진, 술, 축, 미
수	임	계 · 해, 자	경, 신 · 신, 유
	계	임 · 해, 자	경, 신 · 신, 유

[일간의 강약 구분]

구분	극왕	태강	신강	중화	신약	태약	극쇠
백분율	90%이상	75~89%	55~74%	45~54%	25~44%	10~24%	10%미만

- 가장 신약한 경우 0, 가장 신강한 경우를 100으로 설정.

- 남성은 55% 이상, 여성은 45% 이상을 신강으로 봄.

[사주팔자 내(內) 일간에 대한 타(他) 간지의 영향력]

사주	년주	월주	일주	시주
천간	년간	월간	일간	시간
	0.8	1.0	1.0	1.0
지지	년지	월지	일지	시지
	1.0	2.8	1.2	1.2

- 일간에 대한 다른 간지의 영향력을 추정하여 수리화한 것으로

  명리학자나 학회의 주관에 따라 이견이 있을수 있고 혹은 간, 지의 합,

  충(合, 沖) 등

상황에 따라 변수의 요인이 있으나 이들을 감안하여 평균화한 것이다. 비전문가가 사주 간명(看命)[6]을 생각할 수 없는 일반 작명 상황에서 대략적으로 일간의 강약을 따져 볼 수 있는 간편한 방편으로 쓸 수 있다. 일간을 1로 기준하고 팔자 전체 수치를 10으로 하여 일간 포함, 일간을 도와주는 해당 간지의 수치를 합한 숫자는 [일간의 강약 구분]의 백분율 수치에 대입하여 일간의 강약도를 판단할 수 있다.

예 1) 사주의 강약 판단
2016년 양력 5월 15일 05시 50분생

년	월	일	시
丙	癸	丁	癸
申	巳	酉	卯

일간: 丁-火
일간을 도와주는 오행: 木, 火
사주구성: 목1 화3 토0 금2 수2
[영향력 수치]: 년간 丙-화 0.8 + 월지 巳-화 2.8 + 일간 丁-화 1 + 시지 卯-목 1.2 = 5.8
[일간의 강약]: 5.8 × 10 = 58% = 신강

예 2) 사주의 강약 판단
2008년 양력 8월 2일 13시 20분생

6) 간명: 사주를 통해 사람의 운명을 살펴보는 것.

년	월	일	시
戊	己	甲	庚
子	未	戌	午

일간: 甲-木

일간을 도와주는 오행: 水, 木

사주구성: 목1 화1 토4 금1 수1

[영향력 수치]: 년지 子-수 1.0 + 일간 甲-목 1.0 = 2.0

[일간의 강약]: 2.0 × 10 = 20% = 태약

(2) 길신(吉神)과 흉신(凶神)

길신	용신(用神)	좋은 사주는 음양과 오행의 기운이 서로 균형과 조화를 이루는 사주구성 형태를 말하는데 음양이 조화롭지 못하고, 한두 개 오행에 기운이 너무 치우쳐 균형을 이루지 못하는 경우, 사주의 주체인 일간이 필요로 하는 오행, 일간을 도와주는 오행이 용신이다
	희신(喜神)	용신을 생하여 주거나 일간과 용신을 도와주는 오행
흉신	기신(忌神))	용신을 극하는 오행
	구신(仇神)	기신을 생하여 주거나 희신을 극하는 오행
한신(閑神)		일간에 별 상관이 없는 오행 길신도 되었다 흉신도 되었다 하는 오행

(3) 필요한 오행(용신) 찾는 법

억부(抑扶)용신 법	사주에서 강한 오행은 억압해 주고 약한 오행은 도와주는 오행
조후(調候)용신 법	사주에서 추우면 따듯하게, 더우면 서늘하게, 건조하면 윤택하게 습하면 밝게 조정해 줄 수 있는 오행
전왕(專旺)용신 법	사주에서 특정 오행의 기운이 지나치게 강해 도저히 다스릴 수 없는 경우 그대로 그 기운을 따르는 그 오행
통관(通關)용신 법	사주에서 두 오행이 부딪치는 경우 이를 소통시켜 줄 수 있는 오행
병약(病藥)용신 법	사주에서 불필요하게 태왕하거나 또는 용신을 극하는 오행. 이를 병이라 하는데 이러한 병을 다스릴 수 있는 약이 되는 오행

사주에 필요한 오행이 곧 용신이며 용신은 사주를 판단하는 기준이 될 수 있다.

일간이 사주의 당사자이고 본인이기 때문에 일간에게 가장 필요한 오행이 작명시에도 가장 중요한 오행으로 이름에 적용되어야 하는 것이다.

사주에서 용신을 구하는 방식으로는 일간의 강약이 분명한 경우는 대부분 억부용신법이 적용되며 병약용신법과는 접근하는 방식은 틀려도 결과는 겹치는 경우가 있다.

겨울에 태어나고 팔자에 수(水)가 성한 경우는 대부분 조후용신법을 적용하여 화(火)가 용신이 되며 한여름에 태어났으며 팔자에도 화(火)가 있는 경우는 조후용신법을 적용하여 용신이 수(水)가 된다.

예) 억부용신의 예

[2009년 8월 13일 13시 생. 양력]

년	월	일	시
己	壬	庚	壬
丑	申	寅	午

일간: 庚-金

일간을 도와주는 오행: 土, 金

사주구성: 목1 화1 토2 금2 수2

영향력 수치: 년간 己-토 0.8 + 년지 丑-토 1.0 + 월지 申-금 2.8 +
   일간 庚-금 1.0 = 5.6

일간의 강약: 5.6 × 10 = 56% = 신강

∴ 용신: 용신은 일간을 극하는 '火' 희신은 용신을 생하는 木
  작명 시에는 자원오행이 火와 木인 한자를 선정하여야 한다.

예) 조후용신의 예

[2021년 12월 20일 22시 생. 양력]

년	월	일	시
辛	庚	壬	辛
丑	子	寅	亥

일간: 壬-水

일간을 도와주는 오행: 金, 水

사주구성: 목1 화0 토1 금3 수3

영향력 수치: 년간 신-금 0.8 + 월간 경-금 1.0 + 월지 자-수 2.8 +

　　　　　　일간 임-수 1.0 +

시간 신-금 1.0 + 시지 해-수 1.2 = 7.8

일간의 강약: 7.8 × 10 = 78% 태강

∴ 용신: 水 일간에 태강 사주이며 추운 子월(음력11월) 생으로 용신은

　　　　무조건 '火'를 써야 하고 희신은 木. 사주에 없는 오행도 火이므

　　　　로 성명에는 필히 火가 들어가야 함.

예) 전왕용신의 예

[2018년 4월 27일 14시 생. 양력]

년	월	일	시
戊	丙	己	辛
戌	辰	丑	未

일간: 己-土

일간을 도와주는 오행: 火, 土

사주구성: 목0 화1 토6 금1 수0

영향력수치: 년간 戊-토 0.8 + 년지 戌-토 1.0 + 월지 辰-토 2.8 + 일간

己-토 1.0 + 일지 丑-토 1.2 + 시지 未-토 1.2 = 8.0

일간의 강약: 8.0 × 10 = 80% = 태강

∴ 용신: 土 오행의 전횡(專橫)으로 종용신(從用神)을 적용, 용신은 '土'
이다.

용신 외 오행의 작용력은 미미하다. 작명 시 용신운을 따르는
것이 순리이다.

예) 통관용신의 예

년	월	일	시
丁	丙	癸	壬
酉	午	亥	戌

일간: 癸-水

일간을 도와주는 오행: 金, 水

오행구성: 목0 화3 토1 금1 수3

영향력수치: 4.2

일간의 강약: 42% 신약

火氣와 水氣가 다투고 있는 형상

∴ 용신: 사주 내에서 火와 水가 비슷한 세력으로 대립할 때 이 두 세력
을 중간에서 화해 시키고 연결 시키는 오행이 용신이다.

이 사주는 '木'이 용신이다.

사주에 필요한 오행도 木. 없는 오행도 木. 작명 시 木이 필히
들어가야 한다.

예) 병약용신의 예

년	월	일	시
戊	戊	戊	庚
戌	午	子	申

일간: 戊-土

일간을 도와주는 오행: 火, 土

오행구성: 목0 화1 토4 금2 수1

영향력수치: 6.6

일간의 강약: 66% 신강

∴ 용신: 土 일간의 신강 사주로 金을 용신으로 볼수 있으나 월지의 午火
　　　가 용신인 金을 극 하므로 火가 病이다.

　　　일지의 '子 水'가 火를 극하므로 약신(藥神)이요 병약 용신이 된다.

　　　작명 시에는 水가 용신이고 金이 희신이 된다. 사주에 없는
　　　오행은 木이다.

필요한 오행 즉 용신을 찾는 것이 그렇게 쉬운 것만은 아니다.

일간의 강약이 중화인 경우 더욱 그럴 수 있다.

일간의 강약이 중화인 경우는 간지의 합, 충과 지장간(支藏干)[7] 등 여러
요소를 더 봐야 한다.

용신을 확정 짓기가 어려운 경우 시중에 나와 있는, 그중 신뢰할 수 있
는 유수(有數)의 만세력 사이트나 앱을 통하여 도움을 얻는 방법도 있다.

---

7) 지장간: 지지 속에 들어있는 천간이라는 뜻이며 암장(暗藏)이라고도 한다.

몇 군데를 알아보아 가장 많이 일치되는 용신을 본인이 생각하는 바와 대조하여 납득이 가면 이를 용신으로 삼는다.

용신과 희신을 명확히 구분할 수 없는 경우도 있다. 희신이 꼭 용신을 생하는 위치에 안 있을 수도 있기 때문이다.

이러한 경우, 둘을 길신으로 삼으면 되고

이 길신의 오행을 자원으로 하고있는 한자를 작명 시 이름자에 적용하여야 한다.

한글성명의 발음(發音)

작명에 있어서 발음은 한글의 영역이다.

한글 이름이 먼저 지어지고 그 자(字)에 맞는 한자(漢字)를 선정하는 것이 순리다.

우리말로 지어지는 발음은 한글 내에서 자유로워야 한다.

일정 논리에 맞추어 이름을 짓다 보면 같은 이름이 많아질 수밖에 없다.

선조들의 오랜 발음논리를 부정하는 것이 아니고 어떠한 획일화된 틀에 얽매일 필요는 없다고 보는 것이다.

현 발음오행의 논리를 고려하지 않는 작명법이 적지 않고 시중에는 발음오행의 논리에 맞지 않는 이름을 흔히 볼 수 있다.

성명학의 근간을 이루는 음양오행론은 동양철학의 주요 개념으로 고대 중국의 한자 문화권에서 생성되었다.

중국 송대의 성리학은 훈민정음 창제에 많은 영향을 끼쳤으며 그중 성운학(聲韻學)에서는 한자 초성(初聲)의 자음을 오음으로 구분하는 방식이 언급되어 오늘날 한글의 발음오행에 많은 영향을 끼친 것으로 사료된다.

그로 인하여 한글의 자음에 오행을 붙여 생극(生剋)을 가리고 길흉(吉凶)을 논하지만 한자 문화권에서 만들어진 오행을 글자 형태가 다른 한글에 적용하는 것이니 이론적인 영향력이지 실제 작용력이 한자만큼 미칠

지는 의문을 가질 수밖에 없다.

그 영향 때문인지 성명학 전체에서 차지하는 한글 발음의 중요성에 대한 인식은 크지만 발음오행의 수용적(受容的)인 비중은 생각보다 크지 않다.

음양오행 논리는 한글보다는 상형문자(象形文字)에 기원을 둔 표의문자(表意文字)인 한자에서 더 큰 영향력을 발휘한다.

한글은 표음문자(表音文字)로서 이름은 발음이 분명하며 부르기 쉽고 듣기 편해야 한다는 음성학(音聲學)적인 것이 더 중요하고 우선시 되어야 한다.

그러나 여기에 발음오행의 논리까지 갖추면 더 좋지 않겠느냐는 차원에서 성명학의 발음오행 논리를 알아본다.

1 한글의 발음오행

한글의 자음을 오행으로 구분하여 성명에서 오행 간의 생극으로 길흉을 따지는 논리로 자음을 오행으로 나누는 단계에서 훈민정음운해와 훈민정음해례본이 관점의 차이를 보이고 있다.

[훈민정음운해와 훈민정음해례본의 상이점]

자음	음성	오행 적용	
		훈민정음운해	훈민정음 해례본
ㄱ, ㅋ	아음(牙音.어금닛소리)	木	木
ㄴ, ㄷ, ㄹ, ㅌ	설음(舌音.혓소리)	火	火
ㅇ, ㅎ	후음(喉音.목구멍소리)	土	水
ㅅ, ㅈ, ㅊ	치음(齒音.잇소리)	金	金
ㅁ, ㅂ, ㅍ	순음(脣音.입술소리)	水	土

현재 다수가 일반적으로 사용하고 있는 훈민정음운해는 ㅇ, ㅎ은 土, ㅁ,

ㅂ, ㅍ을 水로 보고 훈민정음 해례본의 발음오행 구분은 ㅇ, ㅎ을 水, ㅁ, ㅂ, ㅍ을 土로 보아 土와 水를 다르게 보고 있다.

필자는 인체에서 소리는 목 안에 있는 성대의 울림에 의하여 생성되고 목을 통해 나와 이나 입술, 혀에 의하여 소리가 달라져 각기 다른 자음으로 구분되는 바 구강 내 소리 형성의 시작점에 있는 목구멍의 형상에 따라 만들어진 후음(목구멍소리) ㅇ, ㅎ은 자음 중 유일한 곡선자(曲線子)이기도 하며 중화적 성향을 갖고 있고 오행의 중심 역할을 하는 土로 보는 것이 더 일리가 있다고 보아 훈민정음운해의 논리를 지지한다.

본서는 사전을 비롯하여 본문 발음오행 부문은 훈민정음운해의 논리로 작성되었다.

어느 논리가 맞고 틀리기를 따지기보다는 두 논리를 다 존중하며 구애받음 없이 작명 시 한글 자 선택에 있어서는 발음에 제약을 받지 않으려는 논지를 갖고 있다.

[발음오행에 따른 적용 자음]

발음오행	木	火	土	金	水
훈민정음운해	ㄱ, ㅋ	ㄴ, ㄷ, ㄹ, ㅌ	ㅇ, ㅎ	ㅅ, ㅈ, ㅊ	ㅁ, ㅂ, ㅍ

2 상생(相生) 발음 구조

[발음오행의 상생(相生), 상극(相剋), 상비(相比) 관계]

발음오행	상생하는 발음오행	상극하는 발음오행	상비하는 발음오행
목(ㄱ, ㅋ)	화(ㄴ, ㄷ, ㄹ, ㅌ)	토(ㅇ, ㅎ)	목(ㄱ, ㅋ)
화(ㄴ, ㄷ, ㄹ, ㅌ)	토(ㅇ, ㅎ)	금(ㅅ, ㅈ, ㅊ)	화(ㄴ, ㄷ, ㄹ, ㅌ)
토(ㅇ, ㅎ)	금(ㅅ, ㅈ, ㅊ)	수(ㅁ, ㅂ, ㅍ)	토(ㅇ, ㅎ)
금(ㅅ, ㅈ, ㅊ)	수(ㅁ, ㅂ, ㅍ)	목(ㄱ, ㅋ)	금(ㅅ, ㅈ, ㅊ)
수(ㅁ, ㅂ, ㅍ)	목(ㄱ, ㅋ)	화(ㄴ, ㄷ, ㄹ, ㅌ)	수(ㅁ, ㅂ, ㅍ)

[발음오행의 상생 배합] = 상생 + 상생 상생 + 상비 상비 + 상생

오행	상생 배합 구조							
목	목화토	목수금	목목화	목화화	목수수	목목수	목화목	목수목
화	화토금	화목수	화화토	화토토	화목목	화화목	화토화	화목화
토	토금수	토화목	토토금	토금금	토화화	토토화	토금토	토화토
금	금수목	금토화	금금수	금수수	금토토	금금토	금수금	금토금
수	수목화	수금토	수수목	수목목	수금금	수수금	수목수	수금수

[발음오행의 상극 배합] = 상극 + 상극 상극 + 상비 상비 + 상극

오행	상극 배합 구조							
목	목토수	목금화	목목토	목토토	목금금	목목금	목토목	목금목
화	화금목	화수토	화화금	화금금	화수수	화화수	화금화	화수화
토	토수화	토목금	토토수	토수수	토목목	토토목	토수토	토목토
금	금목토	금화수	금금목	금목목	금화화	금금화	금목금	금화금
수	수화금	수토목	수수화	수화화	수토토	수수토	수화수	수토수

[발음오행의 상비 배합] = 상비 + 상비

오행	상비 배합 구조
목	목목목
화	화화화
토	토토토
금	금금금
수	수수수

[발음오행의 생극 혼합 조합] – 상극 + 상생 상생 + 상극

오행	생극 혼합 구조						
목	목토화	목화수	목금수	목수화	목화금	목토금	목금토	목수토
화	화금토	화토목	화수목	화목토	화토수	화금수	화수금	화목금
토	토수금	토금화	토목화	토화금	토금목	토수목	토목수	토화수
금	금목수	금수토	금화토	금토수	금수화	금목화	금화목	금토목
수	수화목	수목금	수토금	수금목	수목토	수화토	수토화	수금화

(1) 발음오행의 적용

발음오행을 성명에 적용하는 방법은 두 가지가 있다.

① 성과 이름자의 초성 자음만을 적용하는 방법과

② 성과 이름자의 초성 자음과 종성(終聲)인 받침 자음까지 적용하는
　방법이다.

한글은 자음(子音)과 모음(母音)의 결합으로 이루어진다.

[한글의 자음과 모음]

자음(子音)		ㄱ ㄴ ㄷ ㄹ ㅁ ㅂ ㅅ ㅇ ㅈ ㅊ ㅋ ㅌ ㅍ ㅎ
		ㄲ ㄸ ㅃ ㅆ ㅉ
모음(母音)	양	ㅏ ㅐ ㅑ ㅒ ㅗ ㅘ ㅙ ㅚ ㅛ
	음	ㅓ ㅔ ㅕ ㅖ ㅜ ㅝ ㅞ ㅟ ㅠ ㅡ ㅣ ㅢ

현대 성명학에서는 한글 자음으로 발음오행을 따지고

한글 모음의 음양은 특별한 경우가 아니면 적용하지 않는다.

[한글 자(字)의 구성]

			예) 김	예) 이	예) 박
자음	첫소리(초성)		ㄱ	ㅇ	ㅂ
모음	가운데 소리(중성)		ㅣ	ㅣ	ㅏ
자음	끝소리,받침(종성)		ㅁ		ㄱ

(2) 초성만을 적용하는 방법

한글의 발음오행을 성명 세자의 첫소리인 초성(初聲)에만 적용시키는

방법으로 대부분 이 방법을 많이 쓰고 있으며 본서의 자료도 초성 적용

법으로 작성되어 있다.

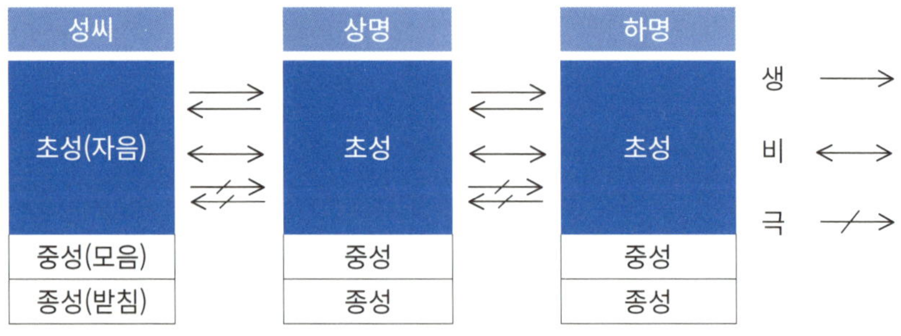

예 1) **김명진**은 성씨(姓氏)인 '김'의 초성 자음은 'ㄱ' 발음오행은 '木'이 된다.

상명(上名)인 '명'의 초성 자음은 'ㅁ' 발음오행은 '水'가 된다.

하명(下名)인 '진'의 초성 자음은 'ㅈ' 발음오행은 '金'이 된다.

하명부터 성씨까지 금생수 수생목이 되어 '木水金' 상생 배합 구조의 이름이 된다.

생이라고해서 꼭 좋은 것만은 아니다. 생중유극(生中有剋)이요 극중유생(剋中有生)이라는 말이 있다.

예 2) **윤병도**는 성씨인 '윤'의 초성 자음은 'ㅇ' 발음오행은 '土'가 된다.

상명인 '병'의 초성 자음은 'ㅂ' 발음오행은 '水'가 된다.

하명인 '도'의 초성 자음은 'ㄷ' 발음오행은 '火'가 된다.

성씨부터 하명까지 토극수 수극화가 되어 '土水火' 상극 배합 구조의 이름이 된다.

상극이라고 꼭 흉한 이름이라고 할 수 없다. 사주에 따라서는 반전(反轉)이 될 수도 있다.

예 3) **한혜원**은 성씨인 '한'의 초성 자음은 'ㅎ' 발음오행은 '土'가 된다.

　　　　　　상명인 '혜'의 초성 자음은 'ㅎ' 발음오행은 '土'가 된다.

　　　　　　하명인 '원'의 초성 자음은 'ㅇ' 발음오행은 '土'가 된다.

성씨부터 하명까지 토비토 토비토가 되어 '土土土' 상비 배합 구조로 발음오행이 한 오행으로 편중되어 오행의 조화를 이루지 못한 이름이라고 할 수 있지만 土土土, 水水水 흙이나 물은 합쳐질 수 있는 오행으로 보아 그리 피하지는 않는다.

발음 원활하고 사주를 보아 한자명만 잘 선정한다면 괜찮은 이름이라 할 수 있다.

예 4) **박경희**는 성씨인 '박'의 초성 자음은 'ㅂ' 발음오행은 '水'가 된다.

　　　　　　상명인 '경'의 초성 자음은 'ㄱ' 발음오행은 '木'이 된다.

　　　　　　하명인 '희'의 초성 자음은 'ㅎ' 발음오행은 '土'가 된다.

성씨부터 하명까지 수생목 목극토가 되어 '水木土' 상생 상극 혼합 구조지만 발음하기 좋고 사주에 따라 한자명을 잘 선정한다면 무난한 이름이 될 수 있다.

(3) 초성과 종성(받침)을 같이 적용하는 방법

한글의 발음오행을 성명 3자의 초성 자음과 받침인 종성 자음까지 글자 내(內)와 글자 간(間)에 연결하여 적용하는 방법이다.

성명의 각자(各字)에 초성과 종성만을 상생시키고 자간(字間)에 연계는 안 따지는 방식은 의미가 없다.

받침이 없는 성이나 이름자는 초성만 적용하여 넘어간다.

성씨의 초성과 종성이 상극으로 나오는 경우는 초성만을 적용하는 방식으로 가는 것이 좋다.

초성, 종성 모두 상생구조로 가면 좋겠지만 글자가 많이 제한되어 엉뚱한 이름이 나오는 경우가 있어 보통 상생과 상비 또는 종성이 없는 자(字)를 혼합하여 적용한다.

[3자 성명 초성과 종성 적용 구성도Ⅰ] – 초성이 종성을 생하는 방향

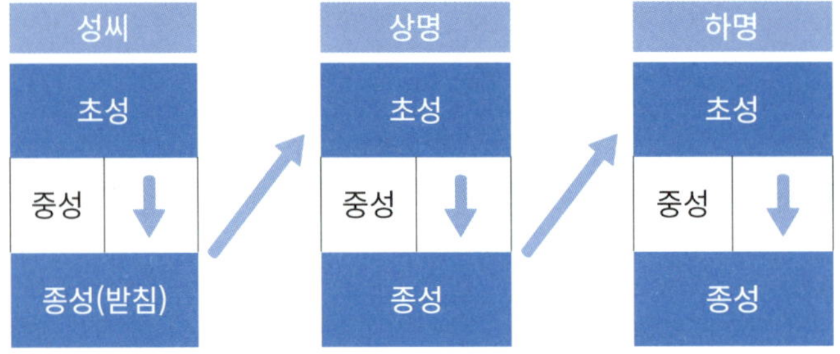

[3자 성명 초성과 종성 적용 구성도Ⅱ] – 종성이 초성을 생하는 방향.

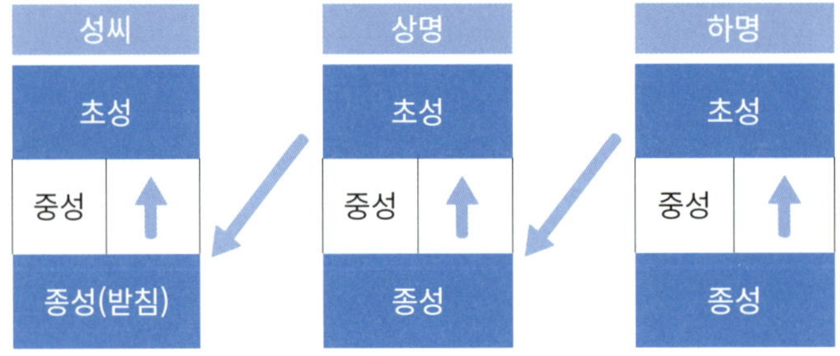

예 1) **김종덕**은 성씨인 김의 초성 자음은 'ㄱ'으로 발음오행은 '木'

종성 자음은 'ㅁ'으로 발음오행은 '水'

종성에서 초성 쪽 방향으로 '水生木' 하여 상생

상명인 종의 초성 자음은 'ㅈ'으로 오행은 '金'

종성 자음은 'ㅇ'으로 오행은 '土'

종성에서 초성 쪽으로 '土生金' 하여 상생

하명인 덕의 초성 자음은 'ㄷ'으로 오행은 '火'

종성 자음은 'ㄱ'으로 오행은 '木'

종성에서 초성 쪽으로 '木生火' 하여 상생

김종덕의 초성과 종성까지 적용한 발음오행은 하명의 종성부터 성씨의 초성까지 모두 상생 구조가 된다. ㄱ(목) → ㄷ(화) → ㅇ(토) → ㅈ(금) → ㅁ(수) → ㄱ(목)

예 2) **박동섭**은 성씨인 박의 초성 자음은 'ㅂ'으로 오행은 '水'

종성 자음은 'ㄱ'으로 오행은 '木'

초성에서 종성으로 '水生木' 하여 상생

상명인 동의 초성 자음은 'ㄷ'으로 오행은 '火'

종성 자음은 'ㅇ'으로 오행은 '土'

초성에서 종성으로 '火生土' 하여 상생

하명인 섭의 초성 자음은 'ㅅ'으로 오행은 '金'

종성 자음은 'ㅂ'으로 오행은 '水'

초성에서 종성으로 '金生水' 하여 상생

박동섭의 초성과 종성까지 적용한 발음오행은 성씨의 초성부터 하명의 종성까지 모두 상생 구조가 된다. ㅂ(수) → ㄱ(목) → ㄷ(화) → ㅇ(토) → ㅅ(금) → ㅂ(수)

예 3) **정덕모**는 성씨인 정의 초성 자음은 'ㅈ'으로 오행은 '金'

종성 자음은 'ㅇ'으로 오행은 '土'

종성에서 초성으로 '土生金'하여 상생

상명인 덕의 초성 자음은 'ㄷ'으로 오행은 '火'

종성 자음은 'ㄱ'으로 오행은 '木'

종성에서 초성으로 '木生火' 하여 상생

하명인 모의 초성 자음은 'ㅁ'으로 오행은 '水'

종성은 없음

정덕모의 초성부터 종성까지 적용한 발음오행은 하명의 초성부터 성씨의 초성까지 모두 상생 구조가 된다. ㅁ(수) → ㄱ(목) → ㄷ(화) → ㅇ(토) → ㅈ(금)

예 4) **강민석**은 성씨인 강의 초성 자음은 'ㄱ'으로 오행은 '木'

종성 자음은 'ㅇ'으로 오행은 '土'

초성에서 종성으로 목극토 하여 상극

상명인 민의 초성 자음은 'ㅁ'으로 오행은 '水'

종성 자음은 'ㄴ'으로 오행은 '火'

초성에서 종성으로 수극화 하여 상극

하명인 석의 초성 자음은 'ㅅ'으로 오행은 '金'

종성 자음은 'ㄱ'으로 오행은 '木'

초성에서 종성으로 금극목 하여 상극

강민석의 초성부터 종성까지 적용한 발음오행은 성씨의 초성부터 하명의 종성까지 모두 상극 구조가 된다. ㄱ(목) ↛ ㅇ(토) ↛ ㅁ(수) ↛ ㄴ(화) ↛ ㅅ(금) ↛ ㄱ(목)

초성과 종성이 상생이 되는 성씨: 정, 복, 윤, 원, 인, 목, 금, 백, 현, 박, 안, 송, 성, 연, 김, 심, 장, 은, 견, 한, 권, 탁씨 등

초성, 종성이 상생 구조로 가는 데 유
리하다.

초성과 종성이 상극이 되는 성씨: 천, 문, 공, 방, 변, 천, 편, 신, 전, 석,
옥, 임, 선, 강, 명, 석, 맹, 경, 봉, 남,
함, 손, 진, 반, 육, 담, 설씨 등
초성만 적용하여 상생 구조로 가는 것
이 좋다.

- 성명 세자의 발음오행의 생하는 방향이 하명에서부터 성씨 쪽으로 가
는 것이 성씨부터 이름쪽으로 가는 것보다는 낮게 본다.
성명에서 발음오행이 극이 된다 해서 무조건 안 좋은 이름이라 할 수
는 없다.

③ 발음오행 길흉표(吉凶表)

본 조견표는 성씨 한자, 이름 두 자인 세자 성명을 기준으로 작성하였으
며 '훈민정음운해'의 한글 소리오행 논리를 적용하였다.

발음오행	목	화	토	금	수
적용자음	ㄱ, ㄲ, ㅋ	ㄴ, ㄷ, ㄹ, ㅌ	ㅇ, ㅎ	ㅅ, ㅈ, ㅊ	ㅁ, ㅂ, ㅍ

길(吉)은 ○, 흉(凶)은 ×, 중(中)은 △로 표시

※ 성명의 발음에 오행의 생극을 놓고 사람 운명의 희비를 설한다는 것은 21세기 작금
의 현실과는 많은 괴리가 있다.
꼭 돌림자를 써야 하거나 특별히 짓고자 하는 이름이 있을 경우
발음오행의 상생논리에 반하더라도 개의치 말고 쓰면 되고
길흉을 마음에 둘 필요는 없다.
다만 아무런 전제없이 한글이름을 짓고자 할 때는
발음오행의 상생논리에 준하여 작명을 하는 것이 무난하다.

성	성·상명	성·상명·하명	길·흉	요 지
목	목목	목목목	○	입신출세격(立身出世格)
		목목화	○	성공출세격(成功出世格)
		목목토	×	고난신고격(苦難辛苦格)
		목목금	×	고난풍파격(苦難風波格)
		목목수	○	성공발전격(成功發展格)
	목화	목화목	○	춘산개화격(春山開花格)
		목화화	○	고목봉춘격(古木逢春格)
		목화토	○	대지대업격(大志大業格)
		목화금	×	평지풍파격(平地風波格)
		목화수	×	선부후빈격(先富後貧格)
	목토	목토목	×	사고무친격(四顧無親格)
		목토화	×	골육상쟁격(骨肉相爭格)
		목토토	×	고독빈곤격(孤獨貧困格)
		목토금	×	패가망신격(敗家亡身格)
		목토수	×	고목낙엽격(古木落葉格)
	목금	목금목	×	골육상쟁격(骨肉相爭格)
		목금화	×	독좌탄식격(獨坐歎息格)
		목금토	○	초패후성격(初敗後成格)
		목금금	×	불화쟁론격(不和爭論格)
		목금수	×	만사불성격(萬事不成格)
	목수	목수목	○	부귀쌍전격(富貴雙全格)
		목수화	×	속성속패격(速成速敗格)
		목수토	×	조기만패격(早期晚敗格)
		목수금	○	어변용성격(魚變龍性格)
		목수수	○	대부대귀격(大富大貴格)

성	성·상명	성·상명·하명	길.흉	요 지
화	화목	화목목	○	부귀안태격(富貴安泰格)
		화목화	○	용득봉운격(龍得峯雲格)
		화목토	△	반길반흉격(半吉半凶格)
		화목금	×	선고후파격(先苦後破格)
		화목수	○	자수성가격(自手成家格)
	화화	화화목	○	성공발전격(成功發展格)
		화화화	×	조기만패격(早期晩敗格)
		화화토	○	만화방창격(萬化方暢格)
		화화금	×	백모불성격(百謨不成格)
		화화수	×	평지풍파격(平地風波格)
	화토	화토목	×	강상풍파격(江上風波格)
		화토화	○	춘일방창격(春日方暢格)
		화토토	○	부귀공명격(富貴功名格)
		화토금	○	입신대길격(立身大吉格)
		화토수	×	심신파란격(心身波瀾格)
	화금	화금목	×	개화풍란격(開花風蘭格)
		화금화	×	무주공산격(無主空山格)
		화금토	×	선길후흉격(先吉後凶格)
		화금금	×	사고무친격(四顧無親格)
		화금수	×	개화무실격(開花無實格)
	화수	화수목	×	의외재난격(意外災難格)
		화수화	×	유아독존격(唯我獨尊格)
		화수토	×	선고후파격(先苦後破格)
		화수금	×	무주공산격(無主空山格)
		화수수	×	불의재난격(不意災難格)

성	성·상명	성·상명·하명	길·흉	요 지
토	토목	토목목	×	허명무실격(虛名無實格)
		토목화	○	점진성공격(漸進成功格)
		토목토	×	고목낙엽격(古木落葉格)
		토목금	×	선빈후고격(先貧後苦格)
		토목수	×	유두무미격(有頭無尾格)
	토화	토화목	○	일광춘성격(日光春城格)
		토화화	○	춘일방창격(春日方暢格)
		토화토	○	입신출세격(立身出世格)
		토화금	×	고난자성격(苦難自城格)
		토화수	×	진퇴양난격(進退兩難格)
	토토	토토목	×	선고후패격(先苦後敗格)
		토토화	○	부귀영화격(富貴榮華格)
		토토토	△	일경일고격(一慶一苦格)
		토토금	○	고원회춘격(古園回春格)
		토토수	×	사고무친격(四顧無親格)
	토금	토금목	×	봉학상익격(鳳鶴傷翼格)
		토금화	×	골육상쟁격(骨肉相爭格)
		토금토	○	일광춘풍격(日光春風格)
		토금금	○	유곡회춘격(幽谷回春格)
		토금수	○	금상유문격(錦上有紋格)
	토수	토수목	×	노이무공격(勞而無功格)
		토수화	×	풍파절목격(風波折木格)
		토수토	×	패가망신격(敗家亡身格)
		토수금	×	사고무친격(四顧無親格)
		토수수	×	일장춘몽격(一場春夢格)

성	성·상명	성·상명·하명	길.흉	요 지
금	금목	금목목	×	추풍낙엽격(秋風落葉格)
		금목화	×	한산공가격(寒山空家格)
		금목토	×	심신피로격(心身疲勞格)
		금목금	×	유전실패격(流轉失敗格)
		금목수	×	고통난면격(苦痛難免格)
	금화	금화목	×	욕구불만격(欲求不滿格)
		금화화	×	병고신음격(病苦呻吟格)
		금화토	×	파란중첩격(波瀾重疊格)
		금화금	×	조기만패격(早期晚敗格)
		금화수	×	무주공산격(無主空山格)
	금토	금토목	×	평지풍파격(平地風波格)
		금토화	○	고목봉춘격(枯木逢春格)
		금토토	○	입신출세격(立身出世格)
		금토금	○	의외득재격(意外得財格)
		금토수	×	재변재난격(災變災難格)
	금금	금금목	×	평생병고격(平生病苦格)
		금금화	×	패가망신격(敗家亡身格)
		금금토	○	대지대업격(大志大業格)
		금금금	×	고독재난격(孤獨災難格)
		금금수	○	발전향상격(發展向上格)
	금수	금수목	○	발전성공격(發展成功格)
		금수화	×	선무공덕격(善無功德格)
		금수토	×	불의재난격(不意災難格)
		금수금	○	부귀공명격(富貴功名格)
		금수수	○	발전평안격(發展平安格)

성	성·상명	성·상명·하명	길·흉	요 지
수	수목	수목목	○	만화방창격(萬化方暢格)
		수목화	○	입신출세격(立身出世格)
		수목토	×	망망대해격(茫茫大海格)
		수목금	×	파란곡절격(波瀾曲折格)
		수목수	○	청풍명월격(淸風明月格)
	수화	수화목	×	곤궁신고격(困窮辛苦格)
		수화화	×	일엽편주격(一葉片舟格)
		수화토	×	선빈후곤격(先貧後困格)
		수화금	×	심신파란격(心身波亂格)
		수화수	×	선무공덕격(善無功德格)
	수토	수토목	×	풍전등화격(風前燈火格)
		수토화	×	낙마실족격(落馬失足格)
		수토토	×	강상풍파격(江上風波格)
		수토금	△	근근평강격(僅僅平康格)
		수토수	×	병난신고격(病難辛苦格)
	수금	수금목	×	암야행인격(暗夜行人格)
		수금화	×	개화광풍격(開花狂風格)
		수금토	○	발전성공격(發展成功格)
		수금금	○	순풍순성격(順風順成格)
		수금수	○	어변용성격(魚變龍成格)
	수수	수수목	○	만경창화격(萬景暢花格)
		수수화	×	고독단명격(孤獨短命格)
		수수토	×	백모불성격(百謨不城格)
		수수금	○	춘일방창격(春日芳暢格)
		수수수	×	평지풍파격(平地風波格)

한자성명의 수리(數理)

우주 만물의 진리와 이치를 함축하고 있는 숫자는 각 숫자마다 특유의 깊은 의미를 가지고 있다.

이러한 숫자의 특성과 이치를 성명학에 응용하여 길흉을 논하는 것이 수리이론이다.

성명학에서의 수리는

성명의 한자 획수와 획수의 조합에 따라 음양과 길흉의 기운이 달리 존재한다는 것으로 길한 숫자를 택함으로 음양의 조화를 이루고 좋은 기운을 취하자는 논리이다.

1 한자의 획수(劃數)

한자의 획수를 계산하는 방법은 크게 세 가지로 구분할 수 있다.

작명에서는 거의 원획법을 사용하고 있다.

필획법: 한자를 구성하는 점과 획을, 보이고 쓰여지는 순서에 따른 횟수로 계산하는 법으로 일반 한자사전에 표기되는 획수이다.

원획법: 한자가 지니고 있는 부수(部首)가 약자(略字) 등 이체자(異體字)[8]
　　　로 되어있어 본래의 부수와 획수가 다른 경우 본부수(本部首)의
　　　획수를 적용하여 계산하는 법으로 대부분의 성명학자들은 작명
　　　시 원획법을 적용한다.

곡획법: 붓이 구부러질 때마다 획수가 추가되는 계산방식으로, 작명에
　　　서 소수의 경우 외에는 거의 사용하지 않고 있다.

예) [필획과 원획이 다른 경우]

부수	부수 명	필획수	본부수	뜻,음	원획수	원획적용(예)
氵	삼수변	3	水	물 수	4	수(洙) 10획
忄	심방변	3	心	마음 심	4	정(情) 12획
王	구슬옥변	4	玉	구슬 옥	5	주(珠) 11획
艹	초두머리	4	艸	풀 초	6	화(花) 10획
阝	우부방	3	邑	고을 읍	7	부(部) 15획
阝	좌부변	3	阜	언덕 부	8	방(防) 12획

- 위의 예와 같이 본부수와 모양과 획수가 다른 부수의 한자 외에 이체
  부수(異體部首)가 없는 한자나, 이체부수와 본부수의 획수가 같은
  한자는 필획과 원획이 같다.
- 한자의 부수는 214자의 본부수와 43자의 이체부수로 되어있다.

[숫자(數字)를 나타내는 한자의 획수]

수	一	二	三	四	五	六	七	八	九	十
필획	1	2	3	5	4	4	2	2	2	2
원획	1	2	3	4	5	6	7	8	9	10

---

8) 이체자(異體字): 음과 뜻은 같으나 모양이 다른 한자. 주로 동자(同字), 속자(俗
字), 약자(略字), 고자(古字)가 있다.

- 작명에서 수를 나타내는 한자의 획수는 한자가 갖고 있는 숫자의 의
  미대로 획수를 적용 한다. 단 백(百), 천(千), 만(萬), 억(億) 등의 단위가
  큰 숫자는 필획 그대로 적용한다.

2 획수의 음양

작명의 수리 분야에서 가장 중점이 되는 것은 음양이다.

한자 성명 세자의 획수에 음양을 맞추는 것이다.

수리사격도 음양이 안 맞는 조합은 없다.

자가작명(自家作名) 시 놓치기 쉬운 것은 필획수가 아니고 원획수라는
점이다.

부록1.【인명용 자원오행 한자사전】은 모든 한자가 원획수로 표시되어
있다.

[한자 획수의 음양]

양	홀수	1, 3, 5, 7, 9 획
음	짝수	2, 4, 6, 8, 10 획

- 10을 넘는 숫자는 끝자리 숫자로 음양을 정한다.

  예) 21은 1로 양. 32는 2로 음. 49는 9로 양. 50은 10으로 음.

(1) 한자성명 획수의 음양구성

성명 3자의 획수가 홀수와 짝수가 섞이면 길한 구성,

3자 모두 홀수이거나 짝수이면 흉한 구성으로 본다.

[1자성(一字姓)의 2자명(二字名) / 2자성(二字姓)의 2자명(二字名)의 경우]

구분	성/상명/하명					
좋은 구성	양/양/음	양/음/양	양/음/음	음/양/양	음/양/음	음/음/양
안좋은 구성	양/양/양 음/음/음					

- 2자성의 경우 성 2자의 획수를 합하여 한 획수로 본다.

[1자성(一字姓)의 1자명(一字名) / 2자성(二字姓)의 1자명(一字名)의 경우]

구분	성/명	
좋은 구성	양/음	음/양
안좋은 구성	양/양	음/음

- 1자성의 3자명인 경우도 4자가 모두 양이거나 음이면 좋지 않은 구성
  이다.

예 1) 1자성의 2자명:　　金(김)　　憨(민)　　哲(철)

　　　　　　　　　　　　8획　　　15획　　10획

　　　　　　　　　　　　음　　　양　　　음　　=　　길

예 2) 2자성의 2자명:　　皇甫(황보)　　　承(승)　　希(희)

　　　　　　　　　　　　9+7=16획　　　8획　　7획

　　　　　　　　　　　　음　　　　　　음　　　양　=　길

예 3) 1자성의 1자명:　　李(이)　　哲(철)

　　　　　　　　　　　　7획　　　10획

　　　　　　　　　　　　양　　　음　　=　　길

예 4). 2자성의 1자명: 鮮于(선우)   輝(휘)

　　　　　　　　　　　17+3=20획   15획

　　　　　　　　　　　음   양   =   길

3 수리사격(數理四格)

수리사격은 한자성명에서 성과 이름자의 획수를 네 개의 각기 다른 조합으로 구성

각 조합의 합친 획수를 원격(元格), 형격(亨格), 이격(利格), 정격(貞格)이라는 네 개의 격으로 나누어 부름을 말하며 각격(各格)이 갖고 있는 획수의 숫자에 의하여 운명의 길흉을 따지는 수리 이론이다.

[수리사격의 구성 방법] 성 1자 + 이름 2자인 한자 성명의 경우

원격	상명자의 획수 + 하명자의 획수
형격	성의 획수 + 상명자의 획수
이격	성의 획수 + 하명자의 획수
정격	성의 획수 + 상명자의 획수 + 하명자의 획수

 - 원격: 성을 제외한 이름의 앞 글자와 뒷 글자의 획수를 합한 수

　　　　유년과 초년(1~20세)운을 지배하며 평생운의 기초가 된다.

- 형격: 성과 이름의 첫 글자의 획수를 합한 수

　　　　청년(20~40세)운을 지배하며 일생의 중심동력이 되어 주운(主運)이라고도 한다.

　　　　사격 중에 영향력이 가장 강하게 작용을 하고 일생 동안 광범위하게 영향을 준다.

- 이격: 성과 이름의 뒷글자의 획수를 합한 수

중장년(40~60세)운을 지배하며 형격을 도와주는 역할도 하므로 부운(扶運)이라고도 한다.

자신의 건강과 가정의 안위를 의미한다.

- 정격: 성과 이름자의 획수를 모두 합한 수

60세 이후의 말년운을 지배하며 인생의 후반운에 해당하나 일생 전반을 아우르는 총운으로 보기도 한다.

* 사격은 자기의 해당 시기에만 영향력을 미치는 것이 아니고 인생 전반에 걸쳐 서로 연계성을 갖고 포괄적으로 영향력을 행사한다고 보아야 한다.

예 1) 1자성(一字姓)에 1자명(一字名)

金(김)　　　택(澤)

8획　　+　　17획　　=　　25획(정격)

25획(형격)

17획(원격)

25획(이격)

예 2) 1자성(一字姓)에 2자명(二字名)

安(안)　　　挑(도)　　　玄(현)

6획　　+　　10획　　+　　5획　　=　　21획(정격)

16획(형격)　　15획(원격)

11획(이격)

예 3) 2자성(二字姓)에 1자명(一字名)

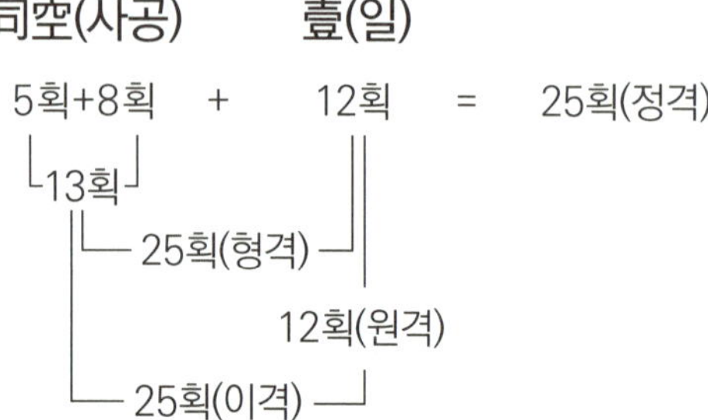

예 4) 2자성(二字姓)에 2자명(二字名)

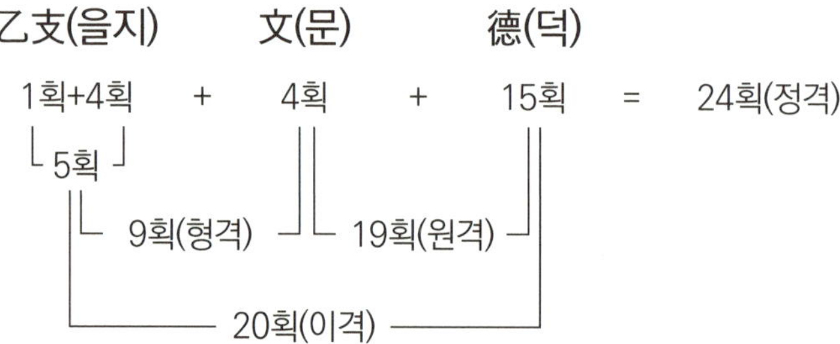

4 81수리 길흉 조견표(早見表)

- 초년은 힘들어도 말년이 괜찮은 운은 길(吉)
- 전반은 무난하나 후반운이 안 좋은 경우는 흉(凶)
- 길흉이 반복되는 운은 중(中)으로 표기함

수리	길흉	해설 요지
1	길	두수격(頭首格) - 시두운(始頭運) - 군왕옥좌지상(君王玉座之象)
2	흉	분산격(分散格) - 고독운(孤獨運) - 제사분리지상(諸事分離之象)
3	길	명예격(名譽格) - 복록운(福祿運) - 만물시왕지상(萬物始旺之象)
4	흉	부정격(否定格) - 파괴운(破壞運) - 동서각비지상(東西各飛之象)
5	길	정성격(定成格) - 성공운(成功運) - 능성만물지상(能成萬物之象)
6	길	계성격(繼成格) - 후덕운(厚德運) - 음덕시태지상(蔭德始胎之象)
7	길	독립격(獨立格) - 영달운(榮達運) - 강건발달지상(剛健發達之象)
8	길	개척격(開拓格) - 자성운(自成運) - 자력자성지상(自力自成之象)
9	흉	궁박격(窮迫格) - 불행운(不幸運) - 대재무용지상(大材無用之象)
10	흉	공허격(空虛格) - 단명운(短命運) - 만사허망지상(萬事虛妄之象)
11	길	신성격(新成格) - 가흥운(家興運) - 자력갱생지상(自力更生之象)
12	흉	박약격(薄弱格) - 고독운(孤獨運) - 유약고독지상(柔弱孤獨之象)
13	길	지모격(智謀格) - 지달운(智達運) - 총명지달지상(聰明智達之象)
14	흉	파산격(破散格) - 방랑운(放浪運) - 이산파멸지상(離散破滅之象)
15	길	통솔격(統率格) - 수복운(壽福運) - 재부수복지상(財富壽福之象)
16	길	덕망격(德望格) - 재부운(財富運) - 온후유덕지상(溫厚有德之象)
17	길	건창격(健暢格) - 용진운(勇進運) - 강건창달지상(剛健暢達之象)
18	길	발전격(發展格) - 창달운(暢達運) - 진취왕성지상(進取旺盛之象)
19	흉	고난격(苦難格) - 병약운(病弱運) - 봉학상익지상(鳳鶴傷翼之象)
20	흉	허망격(虛妄格) - 공허운(空虛運) - 만사공허지상(萬事空虛之象)
21	길	자립격(自立格) - 두령운(頭領運) - 광풍명월지상(光風明月之象)
22	흉	중절격(中折格) - 박약운(薄弱運) - 추초봉상지상(秋草逢霜之象)
23	길	공명격(功名格) - 융성운(隆盛運) - 공명융창지상(功名隆昌之象)
24	길	입신격(立身格) - 축재운(蓄財運) - 우후개화지상(雨後開花之象)
25	길	안강격(安康格) - 재복운(財福運) - 안강발전지상(安康發展之象)
26	흉	시비격(是非格) - 조난운(遭難運) - 영웅시비지상(平地風波之象)
27	흉	대인격(大人格) - 중절운(中絶運) - 중도좌절지상(中途挫折之象)

수리	길흉	해설 요지
28	흉	풍파격(風波格) - 조난운(遭難運) - 대해편주지상(大海片舟之象)
29	길	성공격(成功格) - 향복운(享福運) - 성공수복지상(成功壽福之象)
30	흉	부침격(浮沈格) - 불측운(不測運) - 유랑부침지상(流浪浮沈之象)
31	길	융창격(隆昌格) - 흥가운(興家運) - 자립흥가지상(自立興家之象)
32	길	순풍격(順風格) - 왕성운(旺盛運) - 의외향복지상(意外享福之象)
33	길	융성격(隆盛格) - 등룡운(登龍運) - 욱일승천지상(旭日昇天之象)
34	흉	변란격(變亂格) - 파멸운(破滅運) - 재난풍파지상(災難風波之象)
35	길	평안격(平安格) - 평은운(平隱運) - 평안태평지상(平安泰平之象)
36	흉	영웅격(英雄格) - 파란운(波瀾運) - 영웅파란지상(英雄波瀾之象)
37	길	태공격(泰功格) - 출세운(出世運) - 주공천하지상(奏功天下之象)
38	길	문예격(文藝格) - 학사운(學士運) - 문리고봉지상(文理高峯之象)
39	길	장성격(將星格) - 부명운(富名運) - 영화부귀지상(榮華富貴之象)
40	흉	무상격(無常格) - 공허운(空虛運) - 노고무공지상(勞苦無功之象)
41	길	명예격(名譽格) - 고명운(高名運) - 건곤중심지상(乾坤中心之象)
42	흉	고행격(苦行格) - 수난운(受難運) - 진퇴고고지상(進退孤苦之象)
43	흉	성쇠격(盛衰格) - 산재운(散財運) - 화개화락지상(花開花落之象)
44	흉	난파격(難破格) - 파멸운(破滅運) - 백귀주출지상(百鬼晝出之象)
45	길	지혜격(智慧格) - 현달운(顯達運) - 대지대귀지상(大智大貴之象)
46	흉	비애격(悲哀格) - 비수운(悲愁運) - 곤란신고지상(困難辛苦之象)
47	길	출세격(出世格) - 전개운(展開運) - 장부득시지상(丈夫得時之象)
48	길	유덕격(有德格) - 영달운(榮達運) - 월인천강지상(月印天江之象)
49	흉	은퇴격(隱退格) - 변화운(變化運) - 명암성패지상(明暗成敗之象)
50	흉	성패격(成敗格) - 상반운(相半運) - 미래혼미지상(未來昏迷之象)
51	중	성쇠격(盛衰格) - 성패운(成敗運) - 흥망불측지상(興亡不測之象)
52	길	약진격(躍進格) - 공명운(功名運) - 만사통달지상(萬事通達之象)
53	흉	내허격(內虛格) - 반길운(半吉運) - 외화내곤지상(外華內困之象)
54	흉	신고격(辛苦格) - 패가운(敗家運) - 패가망신지상(敗家亡身之象)

수리	길 흉	해설 요지
55	흉	불안격(不安格) - 미달운(未達運) - 만사불성지상(萬事不成之象)
56	흉	빈한격(貧寒格) - 한탄운(恨歎運) - 부족부진지상(不足不振之象)
57	길	영달격(榮達格) - 강성운(剛盛運) - 성공형복지상(成功亨福之象)
58	길	후영격(後榮格) - 만성운(晩成運) - 선고후감지상(先苦後甘之象)
59	흉	재화격(災禍格) - 불성운(不成運) - 밀운불우지상(密雲不遇之象)
60	흉	암흑격(暗黑格) - 재난운(災難運) - 상하요동지상(上下動搖之象)
61	길	영화격(榮華格) - 재리운(財利運) - 단계가절지상(丹桂可折之象)
62	흉	고독격(孤獨格) - 쇠퇴운(衰退運) - 계화개락지상(桂花開落之象)
63	길	길상격(吉祥格) - 순성운(順成運) - 효광부해지상(曉光浮海之象)
64	흉	침체격(受難格) - 쇠멸운(衰滅運) - 천리만운지상(千里滿雲之象)
65	길	휘양격(輝陽格) - 흥가운(興家運) - 순풍거범지상(順風擧帆之象)
66	흉	우매격(愚妹格) - 흉화운(凶禍運) - 진퇴양난지상(進退兩難之象)
67	길	천복격(天福格) - 영달운(榮達運) - 해천일벽지상(海天一碧之象)
68	길	명지격(明智格) - 발명운(發明運) - 정관자득지상(靜觀自得之象)
69	흉	정체격(停滯格) - 불안운(不安運) - 궁박비운지상(窮迫悲運之象)
70	흉	적막격(寂寞格) - 공허운(空虛運) - 흑해암야지상(黑海暗夜之象)
71	중	견실격(堅實格) - 만달운(晩達運) - 선고후락지상(先苦後樂之象)
72	흉	상반격(相半格) - 후곤운(後困運) - 고락상반지상(苦樂相半之象)
73	길	평길격(平吉格) - 평복운(平福運) - 평생무난지상(平生無難之象)
74	흉	우매격(愚昧格) - 불우운(不遇運) - 곤궁역경지상(困窮逆境之象)
75	길	안태격(安泰格) - 평화운(平和運) - 개문복래지상(開門福來之象)
76	중	선곤격(先困格) - 후성운(後盛運) - 평지난행지상(平地難行之象)
77	중	전후격(前後格) - 길흉운(吉凶運) - 전길후흉지상(前吉後凶之象)
78	중	선길격(先吉格) - 평복운(平福運) - 일경서산지상(日傾西山之象)
79	흉	종극격(終極格) - 종말운(終末運) - 궁극쇠멸지상(窮極衰滅之象)
80	흉	종결격(終結格) - 종지운(終止運) - 망동다패지상(妄動多敗之象)
81	길	환원격(還元格) - 성대운(盛大運) - 청룡등천지상(靑龍登天之象)

- 같은 획수의 성씨별로, 길한 수리사격이 될 수 있는 성명의 자(字)별
  획수 조합.

- 성 한 글자와 이름 두 글자로 구성된 세 글자 성명을 기준.

- 성의 한자 획수, 상명자(上名字)의 한자 획수, 하명자(下名字)의
  한자 획수, 순으로 표기.

- 한자 획수는 성명학에서 쓰는 한자의 원획수 적용.

- 성이 두 글자, 이름이 두 글자로 된 네 글자 성명의 경우
  성의 두자 획수를 합한 수를 한 자의 획수로 계산.

- 성의 한자는 인명용 한자가 아닌 경우가 있음.

1획 성씨								
乙(을)								

성	이름		성	이름	
1	2	4	1	14	10
1	2	5	1	14	17
1	2	14	1	14	23
1	2	15	1	15	2
1	2	22	1	15	16
1	4	2	1	15	22
1	4	12	1	16	7
1	4	20	1	16	15
1	5	2	1	16	16
1	5	10	1	16	22
1	5	12	1	17	6
1	6	10	1	17	14
1	6	17	1	17	20
1	7	10	1	20	4
1	7	16	1	20	12
1	7	24	1	20	17
1	10	5	1	22	2
1	10	6	1	22	10
1	10	7	1	22	15
1	10	14	1	22	16
1	10	22	1	23	14
1	12	4	1	23	24
1	12	5	1	24	7
1	12	12	1	24	23
1	12	20			
1	14	2			

乃(내)	卜(복)	乂(예)	又(우)	丁(정)			

성	이름		성	이름		성	이름	
2	1	4	2	13	3	2	23	16
2	1	5	2	13	16			
2	1	14	2	13	22			
2	1	15	2	14	1			
2	1	22	2	14	9			
2	3	3	2	14	15			
2	3	13	2	14	19			
2	4	1	2	14	21			
2	4	9	2	15	1			
2	4	11	2	15	6			
2	4	19	2	15	14			
2	5	1	2	15	16			
2	5	6	2	16	5			
2	5	11	2	16	13			
2	5	16	2	16	15			
2	6	5	2	16	19			
2	6	9	2	16	23			
2	6	15	2	19	4			
2	6	23	2	19	14			
2	9	4	2	19	16			
2	9	6	2	21	14			
2	9	14	2	22	1			
2	9	22	2	22	9			
2	11	4	2	22	11			
2	11	5	2	22	13			
2	11	22	2	23	6			

3획 성씨								
干(간)	弓(궁)	大(대)	凡(범)	山(산)	也(야)	于(우)	子(자)	千(천)

성	이름		성	이름	
3	2	3	3	14	15
3	2	13	3	14	18
3	3	2	3	14	21
3	3	10	3	15	14
3	3	12	3	15	20
3	3	18	3	18	3
3	4	4	3	18	14
3	4	14	3	18	20
3	5	8	3	20	12
3	5	10	3	20	15
3	5	13	3	20	18
3	8	5	3	21	8
3	8	10	3	21	14
3	8	13	3	22	10
3	8	21	3	22	13
3	10	3			
3	10	5			
3	10	8			
3	10	22			
3	12	3			
3	12	20			
3	13	2			
3	13	5			
3	13	8			
3	13	22			
3	14	4			

4획 성씨								
介(개)	孔(공)	公(공)	仇(구)	斤(근)	今(금)	毛(모)	木(목)	文(문)
方(방)	卞(변)	夫(부)	水(수)	午(오)	牛(우)	元(원)	尹(윤)	允(윤)
仁(인)	日(일)	才(재)	井(정)	天(천)	太(태)	巴(파)	片(편)	化(화)

성	이름		성	이름		성	이름	
4	1	2	4	12	13	4	21	4
4	1	12	4	12	17	4	21	12
4	1	20	4	12	19	4	21	14
4	2	1	4	12	21	4	21	20
4	2	9	4	13	4			
4	2	11	4	13	12			
4	2	19	4	13	20			
4	3	4	4	14	3			
4	3	14	4	14	7			
4	4	3	4	14	11			
4	4	7	4	14	17			
4	4	9	4	14	19			
4	4	13	4	14	21			
4	4	17	4	17	4			
4	4	21	4	17	12			
4	7	4	4	17	14			
4	7	14	4	17	20			
4	9	2	4	19	2			
4	9	4	4	19	12			
4	9	12	4	19	14			
4	9	20	4	20	1			
4	11	2	4	20	9			
4	11	14	4	20	11			
4	11	20	4	20	13			
4	12	1	4	20	17			
4	12	9	4	20	21			

<table>
<tr><td colspan="10">5획 성씨</td></tr>
<tr><td>甘(감)</td><td>功(공)</td><td>瓜(과)</td><td>丘(구)</td><td>仝(동)</td><td>白(백)</td><td>北(북)</td><td>丕(비)</td><td colspan="2">氷(빙)</td></tr>
<tr><td>史(사)</td><td>石(석)</td><td>召(소)</td><td>申(신)</td><td>永(영)</td><td>玉(옥)</td><td>王(왕)</td><td colspan="3">乙支(을지)</td></tr>
<tr><td>田(전)</td><td>占(점)</td><td>左(좌)</td><td>冊(책)</td><td>台(태)</td><td>平(평)</td><td>包(포)</td><td>皮(피)</td><td>玄(현)</td></tr>
<tr><td>弘(홍)</td><td></td><td></td><td></td><td></td><td></td><td></td><td></td><td></td></tr>
<tr><td></td><td></td><td></td><td></td><td></td><td></td><td></td><td></td><td></td></tr>
<tr><td></td><td></td><td></td><td></td><td></td><td></td><td></td><td></td><td></td></tr>
</table>

성	이름	
5	1	2
5	1	10
5	1	12
5	2	6
5	2	11
5	2	16
5	3	8
5	3	10
5	6	2
5	6	10
5	6	12
5	6	18
5	8	3
5	8	8
5	8	10
5	8	16
5	8	24
5	10	1
5	10	3
5	10	6
5	10	8
5	11	2
5	12	1
5	12	6
5	12	12
5	12	20

성	이름	
5	13	20
5	16	2
5	16	8
5	16	16
5	18	6
5	20	12
5	20	13
5	24	8

6획 성씨								
곡(曲)	光(광)	圭(규)	吉(길)	老(노)	牟(모)	米(미)	朴(박)	百(백)
西(서)	先(선)	守(수)	安(안)	仰(앙)	伍(오)	羽(우)	有(유)	六(육)
伊(이)	印(인)	任(임)	在(재)	全(전)	朱(주)	汁(즙)	充(충)	宅(택)
合(합)	刑(형)	好(호)	后(후)					

성	이름		성	이름		성	이름	
6	1	10	6	11	7	6	23	12
6	1	17	6	11	12	6	25	7
6	2	5	6	11	18	6	25	10
6	2	9	6	12	5	6	26	5
6	2	15	6	12	11	6	26	9
6	2	23	6	12	17			
6	5	2	6	12	19			
6	5	10	6	12	23			
6	5	12	6	15	2			
6	5	18	6	15	10			
6	5	26	6	15	17			
6	7	10	6	15	18			
6	7	11	6	17	1			
6	7	18	6	17	12			
6	7	25	6	17	15			
6	9	2	6	17	18			
6	9	9	6	18	5			
6	9	23	6	18	7			
6	9	26	6	18	11			
6	10	1	6	18	15			
6	10	5	6	18	17			
6	10	7	6	19	10			
6	10	15	6	19	12			
6	10	19	6	23	2			
6	10	23	6	23	9			
6	10	25	6	23	10			

7획 성씨								
江(강)	谷(곡)	君(군)	克(극)	杜(두)	甫(보)	別(별)	成(성)	宋(송)
辛(신)	良(양)	呂(여,려)	余(여)	汝(여)	延(연)	吳(오)	吾(오)	位(위)
李(리,이)	廷(정)	佐(좌)	池(지)	車(차)	初(초)	呑(탄)	判(판)	何(하)
孝(효)								

성	이름		성	이름	
7	1	10	7	14	11
7	1	16	7	14	17
7	1	24	7	14	18
7	4	4	7	16	1
7	4	14	7	16	8
7	6	10	7	16	9
7	6	11	7	16	16
7	6	18	7	16	22
7	8	8	7	17	8
7	8	9	7	17	14
7	8	10	7	17	24
7	8	16	7	18	6
7	8	17	7	18	14
7	8	24	7	22	9
7	9	8	7	22	10
7	9	16	7	22	16
7	9	22	7	24	1
7	10	1	7	24	8
7	10	6	7	24	17
7	10	8			
7	10	14			
7	10	22			
7	11	6			
7	11	14			
7	14	4			
7	14	10			

성	이름		성	이름		성	이름	
8	3	5	8	10	3	8	21	3
8	3	10	8	10	5	8	21	8
8	3	13	8	10	7	8	21	10
8	3	21	8	10	13	8	21	16
8	5	3	8	10	15	8	23	10
8	5	8	8	10	21	8	24	5
8	5	10	8	10	23	8	24	7
8	5	16	8	10	27	8	27	10
8	5	24	8	13	3			
8	7	8	8	13	8			
8	7	9	8	13	10			
8	7	10	8	13	16			
8	7	16	8	15	8			
8	7	17	8	15	9			
8	7	24	8	15	10			
8	8	5	8	15	16			
8	8	7	8	16	5			
8	8	9	8	16	7			
8	8	13	8	16	9			
8	8	15	8	16	13			
8	8	17	8	16	15			
8	8	21	8	16	17			
8	9	7	8	16	21			
8	9	8	8	17	7			
8획	9	15	8	17	8			
8	9	16	8	17	16			

성	이름		성	이름	
9	2	4	9	14	15
9	2	6	9	15	8
9	2	14	9	15	14
9	2	22	9	15	24
9	4	2	9	16	7
9	4	4	9	16	8
9	4	12	9	16	16
9	4	20	9	16	22
9	6	2	9	20	4
9	6	9	9	20	9
9	6	23	9	20	12
9	7	8	9	22	2
9	7	16	9	22	7
9	7	22	9	22	16
9	8	7	9	23	6
9	8	8	9	24	15
9	8	15			
9	8	16			
9	9	6			
9	9	14			
9	9	20			
9	12	4			
9	12	12			
9	12	20			
9	14	2			
9	14	9			

剛(강)	耿(경)	桂(계)	高(고)	骨(골)	貢(공)	俱(구)	宮(궁)	起(기)
唐(당)	馬(마)	芳(방)	桑(상)	索(색)	徐(서)	書(서)	席(석)	素(소)
孫(손)	洙(수)	乘(승)	時(시)	晏(안)	芮(예)	倪(예)	邕(옹)	翁(옹)
祐(우)	芸(운)	員(원)	原(원)	袁(원)	殷(은)	益(익)	曺(조)	眞(진)
晉(진)	秦(진)	倉(창)	夏(하)	洪(홍)	花(화)	桓(환)	候(후)	

성	이름		성	이름		성	이름	
10	1	5	10	8	7	10	22	15
10	1	6	10	8	13	10	23	6
10	1	7	10	8	15	10	23	8
10	1	14	10	8	21	10	23	15
10	1	22	10	8	23			
10	3	3	10	11	14			
10	3	5	10	13	8			
10	3	8	10	13	22			
10	3	22	10	14	1			
10	5	1	10	14	7			
10	5	3	10	14	11			
10	5	6	10	14	15			
10	5	8	10	14	21			
10	6	1	10	15	6			
10	6	5	10	15	8			
10	6	7	10	15	14			
10	6	15	10	15	22			
10	6	19	10	15	23			
10	6	23	10	19	6			
10	7	1	10	19	19			
10	7	6	10	21	8			
10	7	8	10	21	14			
10	7	14	10	22	1			
10	7	22	10	22	3			
10	8	3	10	22	7			
10	8	5	10	22	13			

<table>
<tr><td colspan="9">11획 성씨</td></tr>
<tr><td>康(강)</td><td>乾(건)</td><td>堅(견)</td><td>袷(겹)</td><td>啓(계)</td><td>國(국)</td><td>那(나)</td><td>浪(낭)</td><td>豚(돈)</td></tr>
<tr><td>麻(마)</td><td>梅(매)</td><td>苗(묘)</td><td>班(반)</td><td>邦(방)</td><td>范(범)</td><td>彬(빈)</td><td>常(상)</td><td>卨(설)</td></tr>
<tr><td>梁(양)</td><td>魚(어)</td><td>御(어)</td><td>尉(위)</td><td>異(이)</td><td>翊(익)</td><td>章(장)</td><td>張(장)</td><td>將(장)</td></tr>
<tr><td>珠(주)</td><td>崔(최)</td><td>票(표)</td><td>畢(필)</td><td>海(해)</td><td>許(허)</td><td>邢(형)</td><td>胡(호)</td><td>扈(호)</td></tr>
<tr><td></td><td></td><td></td><td></td><td></td><td></td><td></td><td></td><td></td></tr>
<tr><td></td><td></td><td></td><td></td><td></td><td></td><td></td><td></td><td></td></tr>
</table>

성	이름		성	이름	
11	2	4	11	27	20
11	2	5			
11	2	22			
11	4	2			
11	4	14			
11	4	20			
11	5	2			
11	6	7			
11	6	12			
11	6	18			
11	7	6			
11	7	14			
11	10	14			
11	12	6			
11	12	12			
11	13	24			
11	14	4			
11	14	7			
11	14	10			
11	18	6			
11	20	4			
11	20	21			
11	20	27			
11	21	20			
11	22	2			
11	24	13			

12획 성씨							
强(강)	景(경)	邱(구)	能(능)	單(단)	敦(돈)	東方(동방)	童(동)
登(등)	閔(민)	傅(부)	森(삼)	象(상)	善(선)	邵(소) 淳(순)	舜(순)
順(순)	筍(순)	勝(승)	尋(심)	雁(안)	堯(요)	雲(운) 庾(유)	壹(일)
以先(이선)	邸(저)	程(정)	堤(제)	曾(증)	智(지) 彭(팽)	馮(풍)
弼(필)	賀(하)	荊(형)	黃(황)	喜(희)			

성	이름		성	이름		성	이름	
12	1	4	12	11	12	12	26	9
12	1	5	12	12	1			
12	1	12	12	12	5			
12	1	20	12	12	9			
12	3	3	12	12	11			
12	3	20	12	12	13			
12	4	1	12	12	17			
12	4	9	12	12	21			
12	4	13	12	12	23			
12	4	17	12	13	4			
12	4	19	12	13	12			
12	4	21	12	13	20			
12	5	1	12	17	4			
12	5	6	12	17	6			
12	5	12	12	17	12			
12	5	20	12	19	4			
12	6	5	12	19	6			
12	6	11	12	20	1			
12	6	17	12	20	3			
12	6	19	12	20	5			
12	6	23	12	20	9			
12	9	4	12	20	13			
12	9	12	12	21	4			
12	9	20	12	21	12			
12	9	26	12	23	6			
12	11	6	12	23	12			

13획 성씨								
賈(가)	岡田(강전)		敬(경)	裘(구)	琴(금)	路(노)	雷(뇌)	頓(돈)
睦(목)	附(부)	司空(사공)		楔(설)	小峰(소봉)		新(신)	阿(아)
楊(양)	廉(염)	審(영)	令孤(영고)		雍(옹)	郁(욱)	陸(육)	慈(자)
莊(장)	楚(초)	追(추)	椿(춘)	解(해)				

성	이름		성	이름	
13	2	3	13	20	4
13	2	16	13	20	5
13	2	22	13	20	12
13	3	2	13	20	19
13	3	8	13	22	2
13	3	22	13	22	3
13	4	4	13	22	10
13	4	12	13	22	26
13	4	20	13	24	8
13	5	20	13	26	22
13	8	3			
13	8	8			
13	8	10			
13	8	16			
13	8	24			
13	10	8			
13	10	22			
13	12	4			
13	12	12			
13	12	20			
13	16	2			
13	16	8			
13	16	16			
13	16	19			
13	19	16			
13	19	20			

碣(갈)	甄(견)	溪(계)	公孫(공손)		槐(괴)	菊(국)	箕(기)	綠(녹)
端(단)	對(대)	裵(배)	鳳(봉)	賓(빈)	嘗(상)	西門(서문)		碩(석)
逍(소)	壽(수)	僧(승)	愼(신)	實(실)	連(연)	榮(영)	溫(온)	齊(제)
趙(조)	種(종)	菜(채)	郝(학)	華(화)	赫(혁)			

성	이름		성	이름		성	이름	
14	1	2	14	9	2	14	21	2
14	1	10	14	9	9	14	21	3
14	1	17	14	9	15	14	21	4
14	1	23	14	9	24	14	21	10
14	2	1	14	10	1	14	21	17
14	2	9	14	10	7	14	23	1
14	2	15	14	10	11	14	23	2
14	2	19	14	10	15	14	23	10
14	2	21	14	10	21	14	24	7
14	2	23	14	10	23	14	24	9
14	3	4	14	11	4			
14	3	15	14	11	7			
14	3	18	14	11	10			
14	3	21	14	15	2			
14	4	3	14	15	3			
14	4	7	14	15	9			
14	4	11	14	15	10			
14	4	17	14	15	18			
14	4	19	14	17	1			
14	4	21	14	17	4			
14	7	4	14	17	7			
14	7	10	14	18	3			
14	7	11	14	18	7			
14	7	17	14	18	15			
14	7	18	14	19	2			
14	7	24	14	19	4			

<table>
<tr><td colspan="9">15획 성씨</td></tr>
<tr><td>價(가)</td><td>葛(갈)</td><td>慶(경)</td><td>郭(곽)</td><td>寬(관)</td><td>廣(광)</td><td>歐(구)</td><td>喬(궉)</td><td>魯(노)</td></tr>
<tr><td>樓(누)</td><td>德(덕)</td><td>董(동)</td><td>滿(만)</td><td>萬(만)</td><td>墨(묵)</td><td>部(부)</td><td colspan="2">司馬(사마)</td></tr>
<tr><td>葉(섭)</td><td>樑(양)</td><td>葉(엽)</td><td>影(영)</td><td>劉(유)</td><td colspan="2">長谷(장곡)</td><td colspan="2">仲室(중실)</td></tr>
<tr><td>增(증)</td><td>彈(탄)</td><td>標(표)</td><td>漢(한)</td><td>興(흥)</td><td></td><td></td><td></td><td></td></tr>
<tr><td></td><td></td><td></td><td></td><td></td><td></td><td></td><td></td><td></td></tr>
<tr><td></td><td></td><td></td><td></td><td></td><td></td><td></td><td></td><td></td></tr>
</table>

성	이름		성	이름	
15	1	2	15	14	2
15	1	16	15	14	3
15	1	22	15	14	9
15	2	1	15	14	10
15	2	6	15	14	18
15	2	14	15	14	23
15	2	16	15	16	1
15	2	22	15	16	2
15	3	14	15	16	8
15	3	20	15	16	16
15	6	2	15	16	17
15	6	10	15	17	6
15	6	17	15	17	16
15	6	18	15	17	20
15	8	8	15	18	6
15	8	9	15	18	14
15	8	10	15	20	3
15	8	16	15	20	17
15	8	24	15	22	1
15	9	8	15	22	2
15	9	14	15	22	10
15	10	6	15	23	10
15	10	8	15	23	14
15	10	14	15	24	8
15	10	22			
15	10	23			

彊(강)	蓋(개)	霍(곽)	橋(교)	盧(노)	賴(뇌)	潭(담)	陶(도)	都(도)
道(도)	頭(두)	蒙(몽)	潘(반)	憑(빙)	輸(수)	燕(연)	豫(예)	龍(용)
陸(육)	陰(음)	錢(전)	諸(제)	陳(진)	皇甫(황보)			

성	이름	
16	1	7
16	1	15
16	1	16
16	1	22
16	2	5
16	2	13
16	2	15
16	2	19
16	2	21
16	2	23
16	5	2
16	5	8
16	5	16
16	7	1
16	7	8
16	7	9
16	7	16
16	7	22
16	8	5
16	8	7
16	8	9
16	8	13
16	8	15
16	8	17
16	8	21
16	8	23

성	이름	
16	9	7
16	9	8
16	9	16
16	9	22
16	9	23
16	13	2
16	13	8
16	13	16
16	13	19
16	15	1
16	15	2
16	15	8
16	15	16
16	15	17
16	16	1
16	16	5
16	16	7
16	16	9
16	16	13
16	16	15
16	17	8
16	17	15
16	19	2
16	19	13
16	19	22
16	21	2

성	이름	
16	21	8
16	22	1
16	22	7
16	22	9
16	22	19
16	23	2
16	23	8
16	23	9

17획 성씨								
鞠(국)	獨(독)	彌(미)	謝(사)	鮮(선)	遜(손)	襄(양)	陽(양)	蓮(연)
蔣(장)	鍾(종)	蔡(채)	燭(촉)	鄒(추)	澤(택)	韓(한)	鄕(향)	

성	이름	
17	1	6
17	1	14
17	1	20
17	4	4
17	4	12
17	4	14
17	4	20
17	6	1
17	6	12
17	6	15
17	6	18
17	7	8
17	7	14
17	7	24
17	8	7
17	8	8
17	8	16
17	12	4
17	12	6
17	12	12
17	14	1
17	14	4
17	14	7
17	14	21
17	15	6
17	15	16

성	이름	
17	15	20
17	16	8
17	16	15
17	18	6
17	20	1
17	20	4
17	20	15
17	21	14
17	24	7

<table>
<tr><td colspan="9">18획 성씨</td></tr>
<tr><td>簡(간)</td><td>瞿(구)</td><td>歸(귀)</td><td>戴(대)</td><td colspan="2">網切(망절)</td><td>雙(쌍)</td><td>顔(안)</td><td>魏(위)</td></tr>
<tr><td>濯(탁)</td><td>鞦(추)</td><td>鎬(호)</td><td></td><td></td><td></td><td></td><td></td><td></td></tr>
<tr><td></td><td></td><td></td><td></td><td></td><td></td><td></td><td></td><td></td></tr>
<tr><td></td><td></td><td></td><td></td><td></td><td></td><td></td><td></td><td></td></tr>
<tr><td></td><td></td><td></td><td></td><td></td><td></td><td></td><td></td><td></td></tr>
<tr><td></td><td></td><td></td><td></td><td></td><td></td><td></td><td></td><td></td></tr>
</table>

성	이름	
18	3	3
18	3	14
18	3	20
18	5	6
18	6	5
18	6	7
18	6	11
18	6	15
18	6	17
18	7	6
18	7	14
18	11	6
18	14	3
18	14	7
18	14	15
18	15	6
18	15	14
18	17	6
18	20	3

<table>
<tr><td colspan="8">19획 성씨</td></tr>
<tr><td>關(관)</td><td colspan="2">南宮(남궁)</td><td>譚(담)</td><td>龐(방)</td><td>薛(설)</td><td>薀(온)</td><td>再會(재회)</td></tr>
<tr><td>鄭(정)</td><td>遷(천)</td><td></td><td></td><td></td><td></td><td></td><td></td></tr>
<tr><td></td><td></td><td></td><td></td><td></td><td></td><td></td><td></td></tr>
<tr><td></td><td></td><td></td><td></td><td></td><td></td><td></td><td></td></tr>
<tr><td></td><td></td><td></td><td></td><td></td><td></td><td></td><td></td></tr>
</table>

성	이름	
19	2	4
19	2	14
19	2	16
19	4	2
19	4	12
19	4	14
19	6	10
19	6	12
19	10	6
19	10	19
19	12	4
19	12	6
19	13	16
19	13	20
19	14	2
19	14	4
19	14	19
19	16	2
19	16	13
19	16	22
19	18	20
19	19	10
19	19	14
19	19	20
19	20	13
19	20	18

성	이름	
19	20	19
19	22	16

羅(나)	釋(석)	鮮于(선우)	嚴(엄)			

성	이름		성	이름	
20	1	4	20	13	12
20	1	12	20	13	19
20	1	17	20	15	3
20	3	12	20	15	17
20	3	15	20	17	1
20	3	18	20	17	4
20	4	1	20	17	15
20	4	9	20	17	21
20	4	11	20	18	3
20	4	13	20	19	13
20	4	17	20	19	19
20	4	21	20	21	4
20	5	12	20	21	11
20	5	13	20	21	17
20	9	4			
20	9	9			
20	9	12			
20	11	4			
20	11	21			
20	12	1			
20	12	3			
20	12	5			
20	12	9			
20	12	13			
20	13	4			
20	13	5			

21획 성씨								
顧(고)	藤(등)	隨(수)	鶴(학)					

성	이름		성	이름	
21	2	14	21	20	4
21	2	16	21	20	11
21	3	8	21	20	17
21	3	14			
21	4	4			
21	4	12			
21	4	14			
21	4	20			
21	8	3			
21	8	8			
21	8	10			
21	8	16			
21	10	8			
21	10	14			
21	11	20			
21	12	4			
21	12	12			
21	14	2			
21	14	3			
21	14	4			
21	14	10			
21	14	17			
21	16	2			
21	16	8			
21	17	14			
21	17	20			

<table>
<tr><td colspan="9">22획 성씨</td></tr>
<tr><td>鑑(감)</td><td>藿(곽)</td><td>權(권)</td><td>邊(변)</td><td colspan="2">負鼎(부정)</td><td>攝(섭)</td><td>蘇(소)</td><td>襲(습)</td></tr>
<tr><td>隱(은)</td><td></td><td></td><td></td><td colspan="2"></td><td></td><td></td><td></td></tr>
<tr><td></td><td></td><td></td><td></td><td colspan="2"></td><td></td><td></td><td></td></tr>
<tr><td></td><td></td><td></td><td></td><td colspan="2"></td><td></td><td></td><td></td></tr>
<tr><td></td><td></td><td></td><td></td><td colspan="2"></td><td></td><td></td><td></td></tr>
</table>

성	이름		성	이름	
22	1	2	22	13	10
22	1	10	22	15	1
22	1	15	22	15	2
22	1	16	22	15	10
22	2	1	22	16	1
22	2	9	22	16	7
22	2	11	22	16	9
22	2	13	22	16	19
22	2	15	22	19	16
22	2	23	22	23	2
22	3	10			
22	3	13			
22	7	9			
22	7	10			
22	7	16			
22	9	2			
22	9	7			
22	9	16			
22	10	1			
22	10	3			
22	10	7			
22	10	13			
22	10	15			
22	11	2			
22	13	2			
22	13	3			

欒(난)								

성	이름	
23	1	14
23	1	24
23	2	6
23	2	14
23	2	16
23	2	22
23	6	2
23	6	9
23	6	10
23	8	10
23	8	16
23	9	6
23	9	16
23	10	6
23	10	8
23	14	1
23	14	2
23	16	2
23	16	8
23	16	9
23	22	2
23	24	1
欒(난)		

靈(영)								

성	이름	
24	1	7
24	1	23
24	5	8
24	7	1
24	7	8
24	7	14
24	7	17
24	8	5
24	8	7
24	8	13
24	8	15
24	9	14
24	9	15
24	11	13
24	13	8
24	13	11
24	14	7
24	14	9
24	15	8
24	15	9
24	17	7
24	23	1
靈(영)		

獨孤(독고)	明臨(명임)					

성	이름	
25	4	4
25	4	12
25	6	7
25	6	10
25	7	6
25	7	16
25	8	8
25	10	6
25	10	13
25	10	22
25	12	4
25	12	20
25	13	10
25	13	20
25	16	7
25	16	16
25	20	12
25	20	13
25	22	10

諸葛(제갈)							

성	이름	
31	1	6
31	1	16
31	2	4
31	2	6
31	2	14
31	4	2
31	4	4
31	4	17
31	6	1
31	6	2
31	6	10
31	7	10
31	7	14
31	8	8
31	10	6
31	10	7
31	14	2
31	14	7
31	16	1
31	16	16
31	16	21
31	17	4
31	21	16
諸葛(제갈)		

한자성명의 자원(字源)

작명의 핵심은 자원오행(字源五行)에 있다.

자원오행은 한자의 한 자 한 자가 내포하고 있는 고유의 기운이 오행으로 구분되는 것으로 주로 한자의 부수(部首)나 자의(字意)에 의하여 그 한자의 오행이 정해진다.

작명에서 자원오행의 역할은 타고난 사주에 필요로 하는 오행을 후천운인 이름에서 보완하는 것이다.

우선 성씨가 갖고 있는 오행부터 확인하고 이를 감안하여

이름 두 자에 사주에 가장 긴요한 오행-용신(用神)

용신을 생(生)하거나 길한 작용을 하는 오행-희신(喜神)

사주팔자에 없는 오행-공신(空神)[9]을 파악하여

해당 오행을 갖고 있는 적합한 한자를 필요 순으로 선정 배치하는 것이다.

사주에서 필요한 오행을 뽑아낸다는 것이 그리 단순하지만은 않다.

사주 해석이 명료해야 하겠지만 전문가도 견해가 다른 어려운 경우도 있다.

본서에서는 〈사주팔자 분석의〉 '필요오행 찾기' 항목에서

나에게 필요한 오행은 무엇인가를

일반인도 근접할 수 있도록 최대한 접근해 본다.

---

9) 공신(空神): 사주팔자에 없는 오행을 말하며 필자가 임의로 정하여 칭하는 용어임.

[부수에 의한 오행 분류]

오행	부수
木	목(木),간(干),뢰(耒),문(門),수(手),사(糸),의(衣),죽(竹),초(艸),편(片),화(禾) 등
火	화(火),견(見),두(斗),마(馬),복(卜),심(心),인(人),적(赤),차(車),표(彡),행(行) 등
土	토(土),기(己),녀(女),력(力),리(里),부(阜),산(山),우(牛),전(田),착(辵),황(黃) 등
金	금(金),과(戈),도(刀),립(立),모(矛),백(白),석(石),옥(玉),조(爪),치(齒),패(貝) 등
水	수(水),곡(谷),구(口),녁(广),빙(冫),석(夕),식(食),월(月),자(子),천(巛),흑(黑) 등

한자는 214자의 부수(部首)가 있으며 이 부수 중에서 파생된 43자의
이체자(異體字) [동자(同字), 약자(略字), 속자(俗字), 고자(古字)]가 있다.

한자의 부수도 독립된 글자로 뜻과 음이 있으며 자신의 자원오행을 갖
고 있다.

본서의 부록 [부수색인 –자음별, 획수별]에서 부수의 뜻, 음과 획수,
자원오행을 찾아볼 수 있다.

[자의에 의한 오행 분류]

오행	부수와 오행이 다른 한자
木	갑(甲),개(盖),나(拏),도(弢),리(履),면(冕),몽(夢),묘(卯),방(旂),사(寺),옥(屋) 등
火	각(却),개(開),단(丹),량(量),로(勞),모(耗),발(發),병(丙),삼(三),선(宣),성(成) 등
土	간(間),곡(曲),룡(竜),루(耬),맹(盟),묘(貓),무(戊),변(卞),부(府),서(耡),설(卨) 등
金	가(耞),건(乾),노(弩),려(戾),롱(弄),륵(勒),미(弥),별(彆),보(宝),상(尙),세(勢) 등
水	강(缸),고(皋),동(動),망(亡),모(冒),북(北),백(百),부(不),북(北),수(壽),야(也) 등

한자의 자원오행은 한자가 갖고 있는 부수나 의미에 의하여 구분된다.

木, 火, 土, 金, 水가 부수인 경우는 오행이 명확히 구분되지만

그 외의 부수는 부수가 갖고 있는 본질적인 의미에 의하여 오행이 정해

진다.

부수의 오행과 본자(本字)의 오행이 같은 경우가 대부분이나

다른 경우는 본자의 뜻에 의하여 오행이 정해진다.

부수보다는 글자의 뜻에 의한 오행이 우선한다고 볼 수 있다.

부수나 본자의 오행은 성명학자들의 주관적인 해석에 따라 견해가 다른 경우가 있다.

한자의 주 뜻이 여럿이거나, 뜻이 무형적이며 추상적이고 자형(字形)도 단순한 경우 의미를 유추하기가 난해하여 학자들 간의 오행 의견이 나뉜다.

광대한 의미를 갖고 있는 한자를 한 오행으로 단정 짓기도 어려울 수 있다.

'누가 맞고 누가 틀리다'를 가를 수 없으며 정답이 있다고 하기도 어렵다.

본서는 주로 '최신국한 자원오행 수암대자전'(채수암 편저)을 존중하여 참조하였으나 이 또한 완벽하다고 확신할 수는 없다.

작명에서 자원오행의 의견이 나누어지는 애매한 한자를 쓰는 경우는 많지 않지만 꼭 써야하는 경우에는 그중에서 자의적(自意的)으로 판단하여 가장 가깝다고 생각하는 오행을 쓰면 된다.

한자의 자의(字意)를 해석하여 오행을 부여하는 학자들의 주관적 해석을 존중해야 한다.

2 필요오행의 적용

작명에서 이름 두 자에 어떤 자원오행의 한자를 택할 것인가를 묻는 것이다.

우선 한글 이름이 먼저 여럿 정해져야 한다.

성씨의 자원오행을 감안하여 한글 이름에 사주에 도움이 되는 오행(吉

神)과 사주에 없는 오행(空神)을 갖은 뜻과 모양이 좋은 한자를 선정하여 그중 우선 순위를 정해서 적용한다.

성명에 용신만 있다고 더 좋은 건 아니니 가능한 오행을 고루 갖추는 것이 좋다.

한글명에 두 자에 자원, 획수, 뜻, 모양 등 의도에 맞는 적합한 한자가 딱 떨어지는 경우는 흔치 않다. 그래서 여러 한글명이 필요한 것이다.

이름에서 발음, 수리, 뜻 모두 중요하겠지만 자기에 맞는 자원오행의 적용을 최우선시해야 하고 자원오행을 간과해서는 절대 잘 지은 이름이라 할 수 없다.

(1) 성1자 이름2자 성명에 필요오행 한자 적용하기

이름자에 어떤 오행의 한자를 배치할 것인가를

성씨가 길신(吉神)인 경우, 흉신(凶神)인 경우, 공신인 경우

공신이 없는 경우와 공신이 하나인 경우, 공신이 둘인 경우

공신이 길신인지 흉신인지로 구분하여

이름 첫 자, 상명(上名)과 둘째 자, 하명(下名)에 들어갈

오행을 배치하여 보았다.

① 사주팔자에 공신이 없는 경우.

길신: 용신, 희신

성	상명	하명
길신	길신	길신
흉신	길신	길신

② 사주팔자에 공신이 하나인 경우.

성	길공신인 경우		흉공신인 경우	
	상명	하명	상명	하명
길신	길신	길공신	길신	길신
	길공신	길신		
흉신	길신	길신	길신	길신
	길신	길공신		
	길공신	길신		
공신	길신	길신	길신	길신

③ 사주팔자에 공신이 둘인 경우

성	길공신이 둘인 경우		길공신1, 흉공신1인 경우		흉공신이 둘인 경우	
	상명	하명	상명	하명	상명	하명
길신	길신	길공신	길신	길공신	길신	길신
	길공신	길신	길공신	길신		
	길공신	길공신				
흉신	길신	길신	길신	길신	길신	길신
	길신	길공신	길신	길공신		
	길공신	길신	길공신	길신		
공신	길신	길신	길신	길신	길신	길신
	길신	길공신	길신	길공신		
	길공신	길신	길공신	길신		

(2) 3자 성명 외 이름에 필요오행 한자 적용하기

① 성씨가 두 자인 경우는 성씨 각 한자의 오행이 길신인지 흉신인지 공신인지를 봐야 한다.

② 성씨가 두 자이고 이름이 한자인 경우, 성씨가 두 자이고 이름이 두 자인 경우

성씨가 한자이고 이름도 한자인 경우, 성씨가 한자이고 이름이 세자인 경우 모두 오행 적용원리는 1)항과 같다.

③ 이름에서 용신이나 희신을 꼭 나눌 필요는 없으나 가급적 오행은 고루 있는 것이 좋다.

④ 꼭 쓰고 싶은 자(字)가 있으면 용신이나 희신이 둘이 있어도 상관없다.

⑤ 공신이 길신인 경우는 상명이나 하명이나 상관없이 끼워 넣는 것이 좋으나 공신이 흉신인 경우는 굳이 이름에 넣지 않아도 된다.

⑥ 공신이 둘 이상인 경우는 그중 길한 공신을 우선적으로 고려한다.

요지 간단 정리

도식은 복잡하지만 요지는 간단하다.
이름에서 자원오행의 적용은 성씨의 자원오행을 감안하여 길신(용신, 희신)을 우선적으로 적용하되 가능한 오행을 고루 갖추라는 것이다.

기타 작명 시 고려 사항

1 불용(不用) 문자

불용문자는 문자의 음이나 뜻이 나쁘고 흉하여 사회 통념상 이름에 사용하기에는 부적합한 한글이나 한자를 말한다.

한글은 한 글자나, 성명으로 형성되는 두세 글자의 단어가 발음이나 의미가 나쁘고 흉한 경우에 해당 된다.

한자는 뜻글자이므로 한 자 한 자가 의미를 갖고 있어 이름으로 쓰기에 뜻이 나쁜 한자와 뜻은 나쁘지 않으나 이름에 사용하면 흉한 작용이 생길 수 있다는 속칭 불길한자로 나눠볼 수 있다.

(1) 자의가 너무 원대하고 거창하거나 정신세계의 높은 경지를 의미하는 글자는 피한다.

예) 존(尊), 불(佛), 신(神), 황(皇), 건(乾), 곤(坤) 등

(2) 곤충이나 금수(禽獸)를 뜻하는 글자와 사람 신체의 일부를 지칭하는 글자는 가급적 안 쓰는 것이 좋다.

예) 견(犬), 계(鷄), 돈(豚), 사(蛇), 구(口), 이(耳), 족(足) 등

(3) 음과 뜻이 흉하거나 불길한 의미를 연상시키는 금자는 피한다.

예) 간(姦), 고(苦), 곡(哭), 공(恐), 괴(怪), 귀(鬼), 기(飢), 기(忌), 노(奴),
뇌(惱), 도(盜), 독(毒), 로(露), 료(了), 망(亡), 명(鳴), 범(犯), 병(病),
부(腐), 분(糞), 비(卑), 빈(貧), 사(死), 상(傷), 상(喪), 상(霜), 쇠(衰),
수(愁), 아(餓), 애(哀), 악(惡), 앙(殃), 액(厄), 약(弱), 역(疫), 오(汚),
요(妖), 욕(慾), 원(怨), 음(淫), 절(折), 탐(貪), 탈(奪), 투(鬪), 통(痛),
패(敗), 화(禍), 환(患), 혼(魂), 흉(凶), 혈(血) 등

(4) 10수로 이루어진 숫자의 글자는 이름에 적합하지 않다.

예) 십(十), 백(百), 천(千), 만(萬), 억(億), 조(兆) 등

(5) 10천간 12지지에 해당하는 글자는 잘 안 쓰지만 예외는 있다.

갑(甲), 을(乙), 병(丙), 정(丁), 무(戊), 기(己), 경(庚), 신(辛), 임(壬),
계(癸), 자(子), 축(丑), 인(寅), 묘(卯), 진(辰), 사(巳), 오(午), 미(未),
신(申), 유(酉), 술(戌), 해(亥)

(6) 본인 사주의 일지(日支)와 충극(冲剋)이 되는 글자는 피하는 것이 좋다.

子일 생 - 午의 "오" 발음 한자   午일 생 - 子의 "자" 발음 한자

丑일 생 - 未의 "미" 발음 한자   未일 생 - 丑의 "축" 발음 한자

寅일 생 - 申의 "신" 발음 한자   申일 생 - 寅의 "인" 발음 한자

卯일 생 - 酉의 "유" 발음 한자   酉일 생 - 卯의 "묘" 발음 한자

辰일 생 - 戌의 "술" 발음 한자   戌일 생 - 辰의 "진" 발음 한자

巳일 생 - 亥의 "해" 발음 한자   亥일 생 - 巳의 "사" 발음 한자

2 항렬자(行列字)

항렬자는 돌림자라고도 하며 문중의 항렬을 나타내기 위해 이름에 넣어 쓰는 글자를 말하며 성씨의 본관(本貫), 파(派)에 따라서 일정한 규율을 유지한다.

그러나 이러한 항렬자를 적용하다 보면 작명 시에 고려하여야 할 발음이나 수리 등의 원리와 맞지 않아 많은 부분을 무시해야 하는 경우가 발생한다.

이렇듯 항렬자 때문에 기본적인 작명논리를 적용시키지 못하는 경우에는 성과 항렬자 외 나머지 이름자에 성과 항렬자의 오행을 감안하여 사주상에 필요한 오행을 갖은 한자를 써야 한다.

아니면 항렬자와 같은 음의 다른 한자를 써서 가능한 수리와 자원오행 부분만이라도 맞춰나가는 것도 한 방법이다.

이러한 제약 문제와 자식에게 근사하고 좋은 이름을 지어 주고 싶은 부모들의 마음 때문에 최근에는 항렬자를 많이 쓰지 않고 잘 권하지를 않는다. 전통 있고 보수적인 큰 문중(門中)의 자손들이 항렬자의 명맥을 유지하고 있다.

이러한 항렬자의 적용원리는 주로 오행이나 10천간, 12지지 등을 문중에 따라서 기준을 두고 정하는데 木, 火, 土, 金, 水 다섯 오행을 순서에 따라 항렬자의 변(邊)으로 사용하는 경우가 가장 많다.

예를 들어 자신의 할아버지 대(代)가 '木' 오행의 한자를 항렬자로 사용했다면 아버지 대의 항렬자는 '木'과 상생이 되는 '火' 오행의 한자를 쓰고 자신 대에는 '火'와 상생이 되는 '土' 오행의 한자를 항렬자로 쓰는 것이다.

또한 할아버지 때에 상명(上名)에 항렬자를 적용했다면 아버지 대에는 하명(下名)에, 본인 때에는 다시 상명에 항렬자를 오가며 적용한다.

사례) [김해 김씨 경파 문중에서 사용하는 항렬자]

代孫	姓	上名	下名	字源五行
67대	金	O	鉉	金
68대	金	濟	O	水
69대	金	O	植	木
70대	金	顯	O	火
71대	金	O	培	土
72대	金	鍾	O	金
73대	金	O	洙	水
74대	金	榮	O	木
75대	金	O	變	火
76대	金	圭	O	土
77대	金	O	鎭	金
78대	金	浩	O	水

③ 장자(長子)와 차자(次子)의 이름

이름에서 자녀 간의 서열을 나타내는 글자가 있다.

첫째 아이(長子)와 둘째 아이(次子)의 이름은 구별을 하는 것이 좋다.

이는 첫째에게 사용해야 할 글자를 둘째에게 사용하면 장자의 기운을 막는다 하여 나온 말로 장자를 중시하고 서열을 구분하는 유교 사회적 관습에서 나온 것으로 보인다.

장자에게 주로 사용하는 글자는 차자에게는 안 쓰는 것이 좋고 작다, 적다, 낮다, 아래다, 뒤다, 아우다를 뜻하는 글자는 장자에게는 안 쓰는 것이 좋다.

• 첫째 자녀에게 주로 쓸 수 있는 글자

갑(甲), 고(高), 곤(昆), 대(大), 덕(德), 동(東), 맹(孟), 백(伯), 보(甫),

상(上), 석(碩), 석(奭), 선(先), 수(首), 승(承), 시(始), 신(新), 원(元),

윤(允), 윤(胤), 일(一), 일(壹), 장(長), 전(前), 종(宗), 주(柱), 천(天),

초(初), 춘(春), 태(太), 태(泰), 홍(弘) 등

• 둘째 자녀와 그 밑에 자녀에게 쓸 수 있는 글자

계(季), 소(小), 소(少), 숙(叔), 재(再), 제(弟), 중(中), 중(仲), 차(次) 등

4 동자이음자(同字異音字)

동자이음자는 하나의 한자가 두세 개의 음으로 발음되는 것을 말한다.

동자이음자는 뜻은 같고 음만 다른 경우와 뜻과 음이 다 다른 경우가 있다.

한자명으로만 적혀 있을 때 발음상의 혼돈을 초래할 수 있으므로 이름

자에 사용은 꼭 써야 할 경우 외에는 피하는 것이 좋다.

인명용 한자 중 동자이음자는 대법원에서 인정한 발음으로만 신고할 수

있다.

인명용 한자 중 허용된 동자이음자는 총 242자에 491음으로 7자는

세 개의 음이 있는 자다.

부록 4. 【동자이음자 목록】에서 확인할 수 있다.

다음은 우리 생활 속에서 자주 접할 수 있는 주요 동자이음자를 열거해

본다.

[주요 동자이음자]

賈	값 가/장사 고	樂	즐길 락/노래 악	禔	복 시/복 제/복 지
忓	방해할 간/아름다울 한	率	비율 률/거느릴 솔	識	알 식/적을 지
邯	땅이름 감/조나라서울 한	北	달아날 배/북녘 북	惡	악할 악/미워할 오
降	내릴 강/항복할 항	貝	성씨 배/조개 패	若	반야 야/같을 약
更	다시 갱/고칠 경	便	똥오줌 변/편할 편	約	맺을 약/부절 요
車	수레 거/수레 차	復	회복할 복/다시 부	易	바꿀 역/쉬울 이
見	볼 견/뵈올 현	不	아닐 부/아닐 불	瑩	밝을 영/의혹할 형
杲	밝을 고/밝을 호	泌	분비할 비/스며흐를 필	医	동개 예/의원 의
滑	익살스럴 골/미끄러울 활	參	석 삼/참여할 참	芸	재주 예/심을 예/평지 운
句	글귀 구/글귀 귀	狀	형상 상/문서 장	睿	밝을 예/준설할 준
龜	땅이름 구/거북 귀	省	덜 생/살필 성	宛	완연할 완/맺힐 울
均	고를 균/나눌 윤	豫	펼 서/미리 예	阮	나라이름 완/나라이름 원
金	쇠 금/성씨 김	洗	깨끗할 선/씻을세	員	더할 운/인원 원
圻	정기 기/지경 은	說	말씀 설/기뻐할 열/달랠 세	刺	찌를 자/찌를 척
奈	어찌 나/어찌 내	彗	살별 세/살별 혜	晢	밝을 절/별반짝반짝할 제
喇	나팔 나/나팔 라	昭	밝을 소/비출 조	祭	제사 제/나라이름 채
茶	차 다/차 차	帥	거느릴 솔/장수 수	責	빚 채/구짖을 책
炎	아름다울 담/불꽃 염	宿	별자리 수/잘 숙	脫	벗을 탈/기뻐할 태
糖	엿 당/엿 탕	純	순수할 순/가선 준	暴	사나울 포/사나울 폭
宅	댁 댁/집 택	拾	주울 습/열 십	行	항렬 항/다닐 행

최근 들어 가족관계등록법이나 주민등록법 등의 관공문서에는 거의 한글명과 한자명이 같이 표시되지, 한자명만 기재되어 있는 경우는 거의 없고 비즈니스 명함도 한글과 영문 위주로 새기지 한자만 적는 경우는 드물어 동자이음자로 발음상에 혼돈을 일으켜 곤란을 겪는 경우는 실제로는 거의 없다고 볼 수 있다.

작명 과정에서 요건을 갖추다 불가피하게 동자이음자를 써야 할 때는 부담 없이 동자이음어를 사용해도 큰 문제는 안 된다.

5 인명용(人名用) 한자

인명용 한자는 대법원이 이름자로 사용할 수 있도록 인정한 한자이다. 이름에 사용되는 한자의 범위는 대법원 규칙으로 정해져 있다. 1991년 4월 1일부터 호적법(현 가족관계등록법)에 의거 총 2,731자를 시작으로 현재는 가족관계등록법상의 시행규칙으로 인명용 한자는 9,389자로 늘어났다.

- 한문교육용 기초한자: 1,800자 – 교육부 지정
- 인명용 추가한자: 7,272자 – 동자이음자 포함
- 인명용 허용한자: 317자 - 동자(同字), 속자(俗字), 약자(略字)
- 합계: 9,389자

▶ 성씨와 본은 인명용 한자의 적용을 받지 않는다.

▶ 인명용 한자의 적용은 1991년 4월 1일 이후 출생신고를 하는 이름부터 해당 된다.

　1991년 4월 1일 전에 출생하여도 동년 4월 1일 이후에 출생신고를 하거나 1991년 4월 1일 전에 출생신고를 한 사람이 동년 4월 1일 이후 개명하는 경우에도 인명용 한자의 적용을 받는다.

▶ 1991년 4월 1일 이후 출생신고서나 개명허가신청서의 이름에 사용된 한자 중 인명용 한자가 아닌 한자가 포함된 경우에는 가족관계등록부에 이름을 한글로 기록한다.

▶ 인명용 한자는 인명용 한자표에 지정된 발음으로만 사용할 수 있다.

　그러나 이름자의 첫소리(初聲)가 'ㄴ'또는 'ㄹ'인 한자는 각각 소리나는 바에 따라 'ㅇ' 또는 'ㄴ'으로 사용할 수 있다.

예) 女(녀, 여), 年(년, 연), 來(래, 내), 論(론, 논), 良(량, 양), 麗(려, 여),

　　列(렬, 열), 里(리, 이)

▸ 인명용 한자 중 동자(同字), 속자(俗字), 약자(略字)는 인명용 한자표에 기재된 것에 한하여 사용할 수 있다.

▸ '示' 변과 'ネ' 변, '﬩' 변과 '﬩'변은 서로 바꾸어 쓸 수 있다.

예) 福=福, 蘭=蘭

개명(改名)

성명권은 헌법상 행복추구권과 인격권

- 2005년 11월 대법원이 개명을 개인의 자기결정권 영역으로 인정

  특별한 자격이나 횟수 제한없이 개명 가능

  단 범죄를 은폐하거나 법령에 따른 각종 제한을 피하려는 불순한 의도

  를 걸러내기 위해 법원의 허가절차 필요

1 개명을 고려해야 하는 이름

▶ 이름이 촌스럽다고 생각하면 창피함을 갖고 이름 밝히기를 꺼리며 매사 소극적이 된다.

▶ 천하고 흉한 느낌이 들거나 어감이 놀림감이 될 수 있는 이름은 안 쓰는 것이 좋다.

▶ 마냥 아기 같은 이름은 성숙한 어른이 되어서는 어색하고 사회생활을 위축시킨다.

▶ 너무 흔한 이름은 이름에 애착을 갖지 못하고 이름에 싫증을 느끼게 된다.

▶ 사주와 전혀 맞지 않는 이름 – 여러 곳에서 자신의 이름이 안 좋다는 얘기를 들은 경우

▶ 부모나 조부모. 가까운 웃어른들의 돌림자나 같은 음의 이름자는 피해야 한다.

▶ 호적에 이름이 잘못 기재되어 본의 아니게 다른 이름을 쓰고 있는 경우

▶ 남자가 완연한 여자 이름이거나 반대여서 이름만 갖고는 성별을 착오할 수 있는 경우

▶ 성명 한자의 원획수가 세 자 모두 홀수이거나 짝수인 경우 – 음양의 조화가 안 된 이름
단 사주 여덟 자가 모두 양이거나 음인 경우는 예외로 할 수 있다.

▶ 유명 범죄자와 이름이 같은 경우

▶ 하는 일마다 불운하거나 병치레가 잦은 경우 – 사주를 파악하고 이름을 점검할 필요가 있다.

▶ 뜻이 너무 거창하거나 원대한 한자를 쓴 경우 – 역설적으로 비천하게 보일 수 있다.

▶ 자신의 이미지를 쇄신하고 새 출발을 하고 싶은 경우

2 개명도 작명의 원리는 초명(初名)과 같다

왜 이름을 바꾸고 싶은지, 그 의도에 부합되는 쪽으로 중점을 두어 작명한다.

(1) 이름의 한자만 바꾸는 경우

성인의 경우 웬만하면 한글이름은 그대로 두고 한자만을 바꾸는 것을 권한다.

한글이름이 무난하고 큰 문제가 없을 시는 이름의 한자만 바꾸는 것이 바람직하다.

특히 사회생활을 하는 성인의 경우 이름의 한자만 바꾸었을 때 대인관계에 아무런 지장이 없으며 관공서, 여권, 은행, 통신사, 보험사 등에 이름을 모두 교체해야 하는 번거로움을 피할 수 있다.

한글명과 영문명까지 이름을 모두 바꾸는 경우 기 출입했던 외국의 비자 신청 시 나라에 따라서 까다로울 수가 있다.

(2) 한글이름까지 바꾸고 싶을 경우

어린아이의 경우는 초등학교 입학 전에 가급적 일찍 개명하여 주는 것이 좋으며 성인의 경우는 학업을 마치고 사회에 진출하는 시점과 같이 인생의 전환점에서 바꿔 주는 것이 혼돈을 줄일 수 있겠으나 딱히 정해진 시기가 있는 것은 아니다.

개명하여 가족관계등록이 완료된 후에는 전 이름이 걸려 있는 모든 사회적 관련 조직에 새 이름을 통보하고 교체하여 개명으로 인한 불이익을 받지 않도록 조치하여야 한다.

① 기존 성명의 감정

성명 감정서 구비 – 개명 사유 기재

② 새 이름 작명

작명증서 구비

③ 개명허가 신청

신청서류 작성 개명허가 신청서

구비서류 준비 – 본인 기본증명서, 가족관계증명서, 주민등록등본

개명허가 신청서 접수 – 주소지 관할 가정법원

④ 개명허가 결정

개명허가 심사 – 신청서 접수 후 1~3개월 정도 소요

개명 허가/ 기각(불허가)

⑤ 개명신고 – 본적지 또는 주소지 시, 군, 구청에 신고

⑥ 가족관계등록부 정리 – 접수 후 일주일 정도 소요

변경 사항 확인

⑦ 후속조치

주민등록변경 – 동사무소에서 확인

인감 변경 – 동사무소

개명은 하면 인감도장도 새 이름의 도장으로 바꿔 주는 것이 좋다.

인감도장을 새길 시는 본인의 용신에 따라 도장의 색깔이나 소재를 선정하는 것이 좋다.

예를 들면 木 용신이면 나무 소재의 도장이나 청색 계통의 빛깔이 나는 도장
　　　　　 金 용신이면 돌이나 금속 소재의 도장이나 흰색 계통의 빛깔이
　　　　　 나는 도장을 새기는 것이 좋다.

운전면허증 변경: 면허시험장, 경찰청 – 기본증명서, 구 면허증, 사진 2매

자동차등록증 변경: 구청, 차량등록사업소 – 기본증명서, 구 차량등록증

보험, 신용카드, 은행, 통신사 등 변경: 기본증명서

여권, 비자 갱신

4 인터넷 법원 개명 허가 및 신고 절차

[검색 순서]

① 대한민국 법원 소송 안내마당 (구 전자민원센타)

② 사건유형별 절차안내 – 가족관계등록비송 – 개명

③ 인명용한자조회: 전자가족관계등록시스템 〉고객센터 〉인명용 한자
　　조회

④ 개명허가 신청서 – 로그인 필요. 로그인 후 절차에 따라 진행
　　허가신청 안내 – 관할법원, 신청인 자격, 신청서 기재사항, 첨부서류

⑤ 개명신고
　　개명신고 안내: 법원에서 개명허가를 받은 후 신고방법, 신고자격, 신
　　　　　　　　 고기간, 신고장소, 신고서, 첨부서류

인터넷에 '개명 변호사' '개명 법무사'라는 단어 검색

관할법원 근처나 편리한 위치의 개명 전문 변호사나 법무사 사무실을
선정

요청하는 개인 구비서류를 보내 주면 개명 허가와 신고 업무까지 해준다.

비용과 시간은 난이도에 따라 다소 차이는 있으나 일반적인 경우 과거
에 비하여 많이 저렴해졌으며 소요 시간은 1달 이상으로 보면 된다.

20대까지는 부모님이 만들어준 얼굴,

50부터는 스스로 만드는 얼굴이라는 말이 있듯이

태어나서의 초명은 부모님이 지어주신 이름이고

성년이 되어서 자기의 이름과 살아온 인생을 돌이켜 볼 때

개명을 생각할 수도 있다.

이름 때문인가 하는 개연성(蓋然性)[10]에 휩싸일 수도 있다.

이때는 일단 이름을 몇 군데 감정해 보고 결과에 따라 개명을 고려해야
한다.

이름만 갖고 감정하는 곳은 신빙성이 없다.

반듯이 정확한 사주(생년월일시)가 이름과 같이 들어가야 한다.

한글이름에는 큰 문제가 없다면 한자만 바꾸는 것이 바람직하다.

----

10) 개연성: 절대적으로 확실하지 않으나 아마 그럴 것이라고 생각되는 성질

호는 사람이 본이름 외에 허물없이 부를 수 있도록 지은 칭호(稱號)로서
크게 나누어 아호(雅號)와 당호(堂號)로 나눌 수 있다.
아호는 고상하고 품위 있게 부르는 별칭을 말하며
주로 시(詩), 문(文), 서(書), 화(畵)의 작가들이 사용하는 우아한 호라는
뜻으로 일컬으나
오늘날은 정치가, 사업가 등 사회 저명인사들도 많이 사용하고 있다.
당호는 원래 집에 특정한 의미를 담아 부여한 명칭이지만
그 집에 사는 주인이 집의 이름을 따서 자신의 아호로 쓰기도 한다.
주로 재(齋), 헌(軒), 당(堂), 정(亭), 암(庵), 사(舍) 등을 사용한다.
오늘날은 호, 아호, 당호 등이 거의 같은 의미로 쓰이고 있다.
호는 자신이 짓고(自號) 쓰기도 하며 남이 지어 주고 부르기도 한다.
호는 한 사람을 한자(漢字) 두 세자에 함축시켜 표현하는 것으로
호는 이름처럼 짓는다는 창작적인 표현보다는
'찾아내다', '알아내다'라는 모색적인 표현이 더 맞을지 모른다.
얼마만큼 그 사람에게 근접한, 한자 두 세자의 조합을 도출해내느냐 하
는 것이다.
한글로 호를 쓰는 경우도 있지만 뜻을 품고 있는 표의문자인 한자가 유
리할 수밖에 없다.

1 작호(作號)의 유형

[고려시대부터 현대에 이르기까지 호를 짓는 기준 8가지]
이규보 「백운거사어록」~신용호 「선현들의 자와 호」~한정주 「조선선비의 자존심」

① **소거, 소처이호(所居, 所處以號):** 자신과 인연이 있거나 거처하는 곳의 지명 및 산천명을 연으로 하여 호를 삼는 것.

- 태어나서 자란 고향이나 오랫동안 거처하였던 곳, 특별히 인연이 있었던 지역의 이름, 지역의 자연산천(산, 강, 계곡, 숲 등)을 호의 소재로 삼는 것.

옛사람들의 호 중에서 가장 많은 비율을 차지하고 있다.

예) 석봉(石峰, 한호) 경기도 금천 석봉산 아래 거처

　　서애(西厓, 유성룡) 고향 안동 하회마을의 서쪽 강가 언덕

　　우남(雩南, 이승만) 서울 남산아래 도동 우수현 남쪽

　　아산(峨山, 정주영) 고향 강원도 통천군 송전면 아산리

　　후광(後廣, 김대중) 고향 전남 신안군 하의면 후광리

　　거산(巨山, 김영삼) 고향 거제와 제2의 고향 부산에서 두 글자를 따옴.

② **소축이호(所蓄以號):** 자신이 간직하고 있거나 특히 좋아하는 사물을 빌어 호를 삼는 것.

- 자신의 기호나 취향을 좇아 호를 짓는 것(사군자, 가야금, 거문고, 시, 술 등).

좋아하는 자연현상(계절, 달, 구름, 노을, 안개 등)을 호에 담는 것.

예) 매월당(梅月堂, 김시습) 달빛 어린 매화로 고고한 선비정신 표현.

　삼혹호(三酷好, 이규보) 거문고와 술과 시 세 가지를 몹시 좋아함.

　매죽헌(梅竹軒, 성삼문) 매화나 대나무 같은 은은하고 강직한 군자의 기질을 흠모.

　취금헌(醉琴軒, 박팽년) 가야금 타는 것을 즐김.

　석치(石痴, 정철조) 돌로 벼루 만들기를 좋아해 '돌에 미친 바보'라는 뜻.

③ 소지, 소득이호(所志, 所得以號): 살면서 터득한 깨달음이나 자신이 지향하는 뜻과 의지를 호로 드러내는 것.

　예) 목은(牧隱, 이색) 세상을 피하여 숨음을 뜻하는 은일(隱逸)의 은자로 호를 지음.

　학역재(學易齋, 정인지) 주역의 이치를 깨달아 세상을 밝히겠다는 뜻.

　삼우거사(三憂居士, 문익점) 나라의 국운과 공자의 학문, 자신의 도가 바로 서지 못함.

　이 세 가지를 항시 근심한다 해서 호로 지음.

　일두(一蠹, 정여창), 퇴계(退溪, 이황), 순암(順菴, 안정복), 초정(楚亭, 박제가) 등 여기 속함.

④ 소우이호(所遇以號): 자신이 처한 상황이나 처지를 호로 삼는 것.

- 유배, 투옥 중이거나 타향살이, 낙향, 농촌, 산촌살이 등의 생활이나 처지를 호로 취함.

　예) 망우당(忘憂堂, 곽재우) 낙동강가 망우정(忘憂亭)을 짓고 근심을 잊고 살겠다는 의미.

농암(聾巖, 이현보) 시끄러운 세상 귀를 닫고 은자(隱者)로 살겠다는 의미.

만취당(晩翠堂, 권율) 만년(晩年)까지 푸르름을 발산하겠다는 의지의 뜻.

벽옹(躄翁, 김창숙) 일본 경찰의 고문에 앉은뱅이가 된 신세를 호탕하게 일컬음.

사암(俟菴, 정약용), 취명거사(醉暝居士, 장승업), 토정(土亭, 이지함), 해옹(海翁, 윤선도) 등이 여기에 속함.

⑤ **소용이호(所容以號)**: 자신의 용모나 신체적 특징을 호의 소재로 삼는 것.

예) 표암(豹菴, 강세황) 표범처럼 등에 흰 얼룩무늬가 있다.

미수(眉叟, 허목) 늙은이의 눈썹이 길어서 눈을 덮었다.

소오자(小烏子, 권근) 자신의 얼굴이 검다고 사람들이 놀린다.

동두(童頭, 김진양) 대머리.

⑥ **소인이호(所人以號)**: 자신이 존경하거나 본받고자 하는 인물에서 호를 찾음.

예) 사임당(師任堂, 신사임당) 주나라 문왕의 어머니 태임(太任)을 본받는다는 뜻.

윤지당(允摯堂, 임윤지당) 태임이 태어난 고향마을인 '지(摯)'를 취해 당호를 씀.

회헌(晦軒, 안향) 주자(朱子)의 호인 회암(晦庵)에서 회를 따와 자신의 호에 씀.

청암(靑巖, 박태준) 이병철은 박태준에게 자신의 호인 호암(湖巖)

에 암을 써서 청암이라 지어 줌.

⑦ **소직이호(所職以號):** 자신이 하는 일이나 직업을 빗대어 호로 삼음.

예) 추사(秋史, 김정호) 금석역사가라는 뜻의 호.

호생자(毫生子, 최북) 붓으로 먹고사는 사람이라는 뜻.

주경(朱耕, 안견) 인주(印朱)농사, 곧 그림을 그리고 도장을 찍어서 먹고산다는 뜻.

고산자(古山子, 김정호) 옛 산을 돌아다니는 사람이라는 뜻.

⑧ **소전이호(所典以號):** 옛 서적이나 문헌 혹은 고전(古典)에서 호를 취함.

예) 여유당(與猶堂, 정약용) 노자(老子)를 취함.

면앙정(俛仰亭, 송순) 맹자(孟子)를 취함.

남명(南冥, 조식) 장자(莊子)에게서 취함.

공재(恭齋, 윤두서) 중용(中庸)에서 취함.

어우당(於于堂, 유몽인)『장자』「천지」편의 '어우이개중'(於于而蓋衆)에서 취함.

눌재(訥齋, 양성지)『논어』「자로」편의 '강의목눌근인'(剛毅木訥近仁)에서 취함.

탁영(濯纓, 김일손) 굴원의『어부사』(漁父詞)「창랑가」(滄浪歌) 구절에서 따옴.

신독재(愼獨齋, 김집)『대학』(大學)의 '군자는 필신기독야(必愼基獨也)'라는 구절에서 신독을 취함.

호를 짓는 데 어떠한 기준이 있어야 하는 것은 아니다.

대강 몇 가지로 구분하여 본 것이다.

이 밖에도 개명의 대안(代案)으로 또는 개운(開運)을 목적으로 호를 사용하는 경우가 있다.

과거 개명이 어려웠던 시절 법원의 개명허가가 여의치 않아

아호를 지어 이름처럼 부름으로써 흉운을 보완할 수 있고 새 일을 시작하거나 큰일을 앞두고 자신에게 필요한 기운을 더하기 위하여 호를 취해 보강하는 경우가 있었다.

이 경우 사주에 필요한 오행의 한자로 원하는 뜻을 맞추어 작명논리로 지으면 된다.

2 호 창작시 고려사항

- 호는 한자사용의 제약을 받지 않는다.

- 호는 작명논리로부터 자유롭다.

- 호는 음양을 따지지 않아도 된다. 허나 음양이 조화로우면 더욱 좋다.

- 획수가 너무 많고 어려운 한자는 피하고 가능한 적은 획수의 쉬운 한자를 쓰는 것이 좋다.

- 호의 뜻과 연상되는 이미지에 중점을 두어야 한다.

- 놀림감이 될 수 있거나 어감이 좋지 않은 글자는 피한다.

- 개성이 없이 진부한 자(字)는 쉽게 싫증이 나고 기억하기 어렵다.

- 너무 의미가 높거나 낮지 않고 자신의 신분에 맞는 것이 좋다.

- 항렬이 위인 선인(先人)이 사용했던 호의 주자(主字)[11]는 같이 쓰지 않

---

11) 주자(主字): 호의 두세 한자 중 의미의 비중이 크고 돌림자가 될 수 있는 자(字)

는 것이 원칙이다.

- 작호 시간의 한정을 두지마라 한 달이 걸릴 수도 일 년이 걸릴 수도 있다.
- 호가 작명의 기초 원리와 맞아떨어지면 더욱 좋다.

[다른 사람의 호를 지어주는 경우]

- 가능하면 잘 아는 사람의 호를 지어 주는 것이 좋다.
- 잘 모르는 경우 잠시라도 직접 만나 성품이나 용모를 보고 면담을 하는 것이 좋다.
  - 면담 시 파악사항: 사주, 고향, 오랜 거주지, 직업, 취미, 희망, 기호, 신조 등.
- 직접 보기가 힘들면 신상(身上)을 파악하고 사진이라도 보아 인상(人相)을 보는 게 낫다.
- 일면식도 없는데 호를 의뢰 받은 경우에는 그 사람의 기본적인 사항과 사주를 갖고 이름 짓듯이 짓는다.
  한자는 인명용 한자에 구애받을 필요는 없다.
- 호는 당사자의 마음에 들어야 한다. 마음에 썩 내키지 않으면 안 쓰게 된다.
  이럴 때는 다른 각도에서 봐야 하고 호의 이미지가 일정 부문에 편중되서는 안 된다.

[자신의 호를 짓는 경우]

- 자신의 사주를 분석하여 용, 희신을 파악한다.
- 출생하여 지금까지 오래 살아온 주변의 자연산천과 마을, 도시 등의 명칭을 옛 이름까지 면밀히 살핀다.

- 호감이나 친밀감이 있는 명칭이 있으면 자신의 용신과 연관시켜 본다.

    土가 용신이면 산, 봉우리, 언덕, 성, 탑 등 水가 용신이면 주변의 강,
    내, 천, 호수, 포구 등

    木이 용신이면 숲, 나무, 암자, 절 등을 예로 들 수 있다.

- 머리를 짜낸다고 나오는 것이 아니다. 자신 주변의 많은 유, 무형적인
  사물에 대해서 검색하고 답사하고 자료를 들추고 사고하라.

- 고전이나 한시 등 한자로 된 문헌을 많이 접하여 마음에 닿는 한자나
  문구는 메모하라.

- 옛 선인들의 호를 보고 각 호에서 풍겨나오는 분위기나 이미지를 유추
  해 보며 자신이 추구하는 그림에 맞는 자(字)를 한 자 한 자 찾아 나가
  는 것도 방법이다.

- 필자의 호. 취운(翠雲)도 자호로서 어린 시절의 초등학교 교가의 첫 구절
  '취운정 활터에서~'에 나오는 취운정(翠雲亭) 정자명에서 발췌하였다.
  현재 취운정은 창덕궁안 낙선재 동편에 옮겨져 있다.

맺음말

이제는 사람 이름도

AI가 사주팔자를 분석하고 필요오행도 뽑아

근사한 이름을 만들어 줄 것이다.

기기(機器)가 사람의 이름을 만든다.

그래도 내 아이가 평생 같이할 이름은

부모의 생각으로 지어 주자.

무한한 애정과 가호(加護)의 기운을 실어서….

부모나 조부모가 한자명까지 지어 주면 더할 나위 없겠지만

그렇지 못할 경우에는

한글이름은 부모가 짓고 한자명만 주변의 전문가에게 부탁하자.

서양에서는 아이 이름은 의례히 부모가 짓는다.

작명시장이 없다.

부모의 염원으로 지어진 이름.

저잣거리 작명소에서 즉석에서 지어온 이름에

비할 수 있겠는가.

팔자가 다 다른 사람들에게는

다양한 이름이 나오는 게 맞다.

작명이 격식에 묶이다 보면

같은 이름, 유사한 이름이 많아진다.

최소의 논리로 누구나 이름을 지을 수 있게

이 책 한 권으로 손수 지어 볼 수 있도록

필요한 사전을 붙여 놓았다.

그리고 명색이 작명서인지라

격식을 갖추고 싶은 분들을 위하여

작명의 일반적인 논리도 수록하였다.

지난해 초판이 나오고

늘어난 인명용 한자를 담고자

증보판을 준비하였다.

AI 전성시대

종이책으로서는 마지막이 될 수도 있다는 생각으로

작명서는 이것으로 매듭을 지으려 한다.

그동안 원고 작성에 도움을 준 손주희 씨에게 감사한다.

을사년 가을날

취운(翠雲) 김종률(金宗律)

참고문헌(參考文獻)

성명학 상, 하권	권세준	교재
성명학	공성윤	미래학회 2004
우리이름 교과서	전광	동학사 2007
한국성명학 신해	김만태	좋은땅 2016
쉽게풀어쓴 작명법	방우영	라온북 2015
자원오행 성명학	김기승	다산글방 2014
정통 작명법	박운호	도서출판 한솜 2019
정통 성명학	서소옥	이담북스 2017
행복을주는 이름짓기 사전	이형석	북랩 2017
작명의 명인	지평	문원북 2020
한국인명자호사전	임종욱 편	이회문화사 2010
호책	임삼업	삼한 2010
호, 조선 선비의 자존심	한정주	다산북스 2015

자字원源오五행行

인명용 한자사전

[대법원 선정 인명용 한자 9,389자 수록]

부록 목차

서문

인명용 한자. 이름에 사용되는 한자의 범위는 대법원 규칙으로 정해져 있다.

1991년 4월 1일부터 호적법(현 가족관계등록법)개정으로 최초 2,731자 지정을 시작으로 2025년 현재는 가족관계등록법상의 시행규칙으로 인명용 한자는 9,389자로 늘어났다.

- 한문교육용 기초한자: 1,800자 – 교육부 지정
- 인명용 추가한자: 7,272자 – 동자이음자(同字異音字) 포함
- 인명용 허용한자: 317자 　– 동자(同字), 속자(俗字), 약자(略字)
- 합하여: 9,389자

사전의 필요성. 인명용 한자사전이 별도로 필요한 주요 요인은 한자는 각 한자의 근원이 내포하고 있는 기운이 오행(五行) 중의 하나로 구분된다는 것이며 한 사람의 이름을 지을 때, 그 사람에 맞는 오행의 한자를 적용하는 것이 작명의 가장 중요한 요건 중의 하나라는 것이다.

본 사전은 9,389자 모두의 자원오행(字原五行)을 기재하여 전문가는 물론 일반인의 자가작명 시에도 쉽게 활용할 수 있게 하였다.

– 일반 한자사전이나 NAVER 한자사전에는 자원오행이 표기되어 있지 않다.

다음은 작명 시에 적용되는 한자의 획수는

한자 부수(部首)의 본자(本字) 획수를 적용한다는 것이다.

일반 한자사전의 한자 획수는 보이고 쓰이는 순서에 따른 획수 즉

필획수(筆劃數)인 반면에 인명용 한자사전에 표시된 획수는 한자 부수

의 본자 획수를 적용한 원획수(原劃數)이다.

이를 알면 작명 시, 성명의 획수에 따른 음양(陰陽)과 수리(數理)의 격

(格)을 맞출 수 있다.

예)

부수	뜻, 음	필획수	본부수	뜻, 음	원획수
氵	삼수변 수	3	水	물 수	4
玉	구슬옥변 옥	4	玉	구슬 옥	5
艹	초두머리 초	4	艸	풀 초	6
阝	우부방 읍	3	邑	고을 읍	7
阝	좌부변 부	3	阜	언덕 부	8

사전의 편리성. 작명 전용 사전이 없을 시, 한글 이름에 맞는 한자를

선정하려면 일일이 한자사전을 찾아, 뜻은 어떠한가, 인명용 한자인지,

필획수와 원획수가 다르지는 않은지, 별도로 한자의 발음오행과

자원오행은 무엇인지를 알아봐야 하는데 여러 전문 자료를 찾아봐야

하고 시간이 걸린다.

본 사전은 인명용 한자를 한글발음 가나다순으로, 원획수가 적은 순

부터 배열하였으며 각 한자가 갖고 있는 주요 뜻과 부수, 발음오행과

자원오행을 표시, 원하는 한자를 쉽고 빠르게 선정할 수 있도록 하였다.

또한 컴퓨터나 모바일 앱의 한자사전을 통하여 해당 한자의 제반 정보

를 바로 찾아볼 수 있도록 주요 뜻, 음에 [검색어]라는 표현을 더하였다.
이 검색어는 NAVER 한자사전의 한자 뜻, 음의 표기와 일치시켰다.

작명을 전문으로 하시는 분들, 작명을 공부하시는 분들, 가족들의 이름
을 손수 지으시려는 분들, 개명을 생각하시는 분들에게 유용함을 드리
고자 본 사전을 편찬하였다.

乙巳年 盛夏 金宗律 謹製

인명용 한자 관련 법규

가족관계의 등록 등에 관한 규칙

제37조 [2024. 5. 23. 일부개정, 2024. 6/11. 시행]

제 37조 (인명용 한자의 범위)

1. 법 제44조 제3항에 따른 한자의 범위는 다음과 같이 한다.

    (1) 교육부가 정한 한문교육용 기초한자.

    (2) 별표1에 기재된 추가 한자.

2. 제1항의 한자에 대한 동자(同字)·속자(俗字)·약자(略字)는 별표2에 기재된 허용 한자를 사용할 수 있다.

3. 출생자의 이름에 사용된 한자 중 제1항과 제2항의 범위에 속하지 않는 한자가 포함된 경우에는 등록부에 출생자의 이름을 한글로 기록한다.

주: 1. 위 한자는 이 표에 지정된 발음으로만 사용할 수 있다.

   그러나 첫소리(初聲)가 'ㄴ' 또는 'ㄹ'인 한자는 각각 소리나는 바에 따라 'ㅇ' 또는 'ㄴ'으로 사용할 수 있다.

   2. 동자(同字)·속자(俗字)·약자(略字)는 별표 2의 ( )내에 기재된 것에 한하여 사용할 수 있다.

3. '示' 변과 '礻' 변, '艹' 변과 '卄' 변은 서로 바꾸어 쓸 수 있다.

　예: 福 = 福, 蘭 = 蘭

※ 인명용 한자 (2024년 6월 11일 시행 ~)
　- 교육부가 정한 한문교육용 기초한자 1,800자.
　- 인명용 추가한자 7,272자.
　- 인명용 허용한자 317자.
　- 총 9,389자.

※ 대법원 인명용 한자는 1991년 4월 1일 이후 출생자부터 적용
　이전 출생자가 개명을 할 경우 인명용 한자의 범위 내에서 가능

일러두기

1. 인명용 한자 9,389자, 485음을 한글음을 통해 바로 찾을 수 있도록
발음별, 획수순으로 배열. 한자의 뜻, 음, 획수, 부수, 자원오행 표기.

2. 본 사전의 한자 획수는 일반 한자사전에 나와 있는 필획수가
아니고 본부수(本部首)의 획수를 적용하는 원획수이다.

3. 일(一)부터 십(十)까지 숫자의 한자 획수는 사전의 획수와 상관없이
한자숫자의 의미를 그대로 획수로 적용한다.
단 백(百), 천(千), 만(萬)은 그냥 필획으로 적용한다.

4. 한자의 뜻, 음만 갖고 컴퓨터나 모바일 한자사전에서 원하는 한자의
정보를 찾아볼 수 있도록 한자의 뜻,음 옆에 [검색어]라고 병행 표기.

5. 한자의 뜻, 한글표기는 공간제한상 띄어쓰기를 하지 않고 뜻과 음은
간격을 두었다.

6. 한자의 모든 부수(본부수: 214자, 파생부수: 43자)의 뜻, 음, 획수,
자원오행 표기. 부수의 이체자(약자, 속자, 동자, 고자)와 기타 부수를
통틀어 '파생부수'라고 칭하였다.

7, 본 사전의 검은색 바탕 한글 발음란(가, 나, 다 순) 옆 공간에
해당 발음자(字)의 발음오행과 총 몇 자인지 숫자를 명기하였다.
발음오행은 '훈민정음 운해'에 따른 논리를 적용하였다.

8. 동자이음자는 한자 우측편에 별표 * 표시를 하고 뜻음난에 2~3가지
다른 뜻, 음을 표기하였다.

9. 동자이음자는 사전에서 먼저 표기되는 주음(主音)의 자음순(ㄱ, ㄴ,
ㄷ 순) 자음 내 모음순(ㅏ, ㅑ, ㅓ 순)에 따라 한자를 배열 목록을 작성
하였다.

10. 부수의 자원오행과 한자의 자원오행이 다른 경우 한자의 자원오행
우측에 별표 * 표시를 하여 상이함을 표시하였다.

11. 부수색인은 부수의 음에 따른 자음별과 획수에 따른 획수별로 나누
어 첨부하였으며 획수별 부수색인에서 본부수 외 파생부수는 괄호
( )로 본부수 하단에 표기하였다.

12. 한자와 부수의 자원오행은 주로 '최신국한 자원오행 수암대사전'
(채수암 편저, 역리대학사 발행)을 참고하고 존중하였으며 일부 한
자의 자원오행은 학자들의 주관적인 인식에 따라 이견이 있을 수
있다.

13. 본 사전의 한자는 누구나 쉽게 찾아볼 수 있도록 NAVER 한자사전
의 뜻, 음, 부수, 획수를 적용하고 참고하였음.

그중 한자의 뜻은 NAVER 한자사전의 주(主)뜻, 대표 뜻을 그대로
명시.

참고문헌

인명용 한자표 (가족관계의 등록 등에 관한 규칙 제37조) – 기준 자료

NAVER 한자사전

수암대자전　　　　　채수암 편저　　　　　역리대학사 발간

한한대자전　　　　　편집국　　　　　　　민중서림

새한한사전　　　　　편집국　　　　　　　동아출판사

대한한사전　　　　　장삼식 편저　　　　　성음사

인명용한자사전　　　홍성지 편저　　　　　명문당

자원오행 성명학　　　김기승 지음　　　　　다산글방

대법원 선정 인명용 한자 9,389자 - 2024년 6월 11일 기준

(기초한자 1,800자)

(추가한자 7,272자)

(허용한자　317자)

합　　9,389자

사용 가능한 한자음 485개

한자의 형태. 뜻,음 (NAVER 한자사전 기준)

원획수, 부수, 자원오행 표기

발음별(가, 나, 다.. 순) 획수순(1, 2, 3.. 순)

검은색 바탕의 음 표시 옆란에는 해당 발음오행 한자표기와

동일음의 한자 수를 숫자로 표기

- 인명용 동자이음자는 해당 한자 표기 오른쪽에

별표 * 표시

- 부수의 오행과 본 한자의 오행이 일치되지 않는 자는

해당 자 자원오행 표기 오른쪽에 별표 * 표시

한자	뜻,음[검색어]	원획수	부수	자원오행	한자	뜻,음[검색어]	원획수	부수	자원오행
가	木 49字				袈	가사 가	11	衣	木
加	더할 가	5	力	土	舸	배 가	11	舟	木
可	옳을 가	5	口	水	假	거짓 가	11	人	火
伽	절 가	7	人	火	苛	가혹할 가	11	艸	木
呵	꾸짖을 가	8	口	水	耞	도리깨 가	11	耒	金*
佳	아름다울 가	8	人	火	笳	호드기 가	11	竹	木
坷	평탄하지않을 가	8	土	土	跏	책상다리할 가	12	足	土
岢	산이름 가	8	山	土	軻	수레 가, 사람이름 가	12	車	火
架	시렁 가	9	木	木	迦	부처이름 가	12	辵	土
枷	도리깨 가	9	木	木	詞	꾸짖을 가	12	言	金
柯	가지 가	9	木	木	斝	술잔 가	12	斗	火
泇	물이름 가	9	水	水	街	거리 가	12	行	火
牁	배말뚝 가	9	爿	木	徦	이를 가	12	彳	火
哿	옳을 가	10	口	水	嫁	고울 가	12	女	土
家	집 가	10	宀	木	暇	틈 가, 겨를 가	13	日	火
珂	마노 가	10	玉	金	賈*	값 가//장사 고	13	貝	金
哥	노래 가	10	口	水	嫁	시집갈 가	13	女	土
珈	머리꾸미개 가	10	玉	金	椵	나무이름 가	13	木	木
痂	딱지 가	10	疒	水	渮	강이름 가	13	水	水
茄	가지 가	11	艸	木	嘉	아름다울 가	14	口	水

한자	뜻,음[검색어]	원획수	부수	자원오행		한자	뜻,음[검색어]	원획수	부수	자원오행
歌	노래 가	14	欠	金		㷉*	고상할 각// 두루미 학	10	隹	火
嘏*	클 가//클 하	14	口	水		桷	서까래 각	11	木	木
榎	개오동나무 가	14	木	木		殼	껍질 각/내려칠 각	12	殳	金
菏*	늪이름 가//늪이름 하	14	艸	木		傕	사람이름 각	12	人	火
稼	심을 가	15	禾	木		脚	다리 각	13	肉	水
價	값 가	15	人	火		推	두드릴 각	14	手	木
駕	멍에 가	15	馬	火		閣	집 각	14	門	木
葭	갈대 가	15	艸	木		慤	성실할 각	14	心	火
檟	개오동나무 가	17	木	木		愨	성실할 각	15	心	火
謌	노래 가	17	言	金		擱	놓을 각	18	手	木
각	木 20字					覺	깨달을 각	20	見	火
各	각각 각	6	口	水		**간**	木 39字			
角	뿔 각	7	角	木		干	방패 간/줄기 간	3	干	木
却	물리칠 각	7	卩	火*		刊	새길 간	5	刀	金
刻	새길 각	8	刀	金		艮	괘이름 간/그칠 간	6	艮	土
卻	물리칠 각	9	卩	水		奸	간사할 간	6	女	土
咯	울 각	9	口	水		杆	몽둥이 간	7	木	木
珏	쌍옥 각	10	玉	金		忓*	방해할 간// 아름다울 한	7	心	火
恪	삼갈 각	10	心	火		侃	굳셀 간	8	人	火
埆	메마를 각	10	土	土		玕	옥돌 간	8	玉	金

한자	뜻,음[검색어]	원획수	부수	자원오행
硏*	깨끗할 간//깨끗할 안	8	石	金
秆	볏짚 간	8	禾	木
柬	가릴 간/간략할 간	9	木	木
肝	간 간	9	肉	木*
竿	낚싯대 간	9	竹	木
姦	간사할 간	9	女	土
看	볼 간	9	目	木
衎	즐길 간	9	行	火
栞	표할 간/벨 간	10	木	木
迀	구할 간	10	辶	土
赶	쫓을 간	10	走	火
桿	몽둥이 간	11	木	木
偘	굳셀 간	11	人	火
浒	물빨리흐를 간	11	水	水
間	사이 간	12	門	土*
稈	볏짚 간	12	禾	木
芵	미나리아재비 간	12	艸	木
幹	줄기 간	13	干	木
揀	가릴 간	13	手	木
榦	줄기 간	14	木	木
慳	아낄 간	15	心	火
諫	간할 간	16	言	金
澗	산골물 간	16	水	水
墾	개간할 간	16	土	土
懇	간절할 간	17	心	火
磵	산골물 간	17	石	金
艱	어려울 간	17	艮	土
癎	간질 간	17	疒	水
癇	간질 간	17	疒	水
簡	대쪽 간/간략할 간	18	竹	木
齦	물 간	21	齒	金

갈　　木 17字

한자	뜻,음[검색어]	원획수	부수	자원오행
乫	땅이름 갈	6	乙	土*
曷	어찌 갈	9	曰	水*
秸	짚 갈	11	禾	木
硈*	견고할 갈//견고할 할	11	石	金
喝	꾸짖을 갈	12	口	水
渴	목마를 갈	13	水	水
楬	푯말 갈	13	木	木
碣	비석 갈	14	石	金

한자	뜻,음[검색어]	원획수	부수	자원오행	한자	뜻,음[검색어]	원획수	부수	자원오행
竭	다할 갈	14	立	木*	勘	헤아릴 감	11	力	土
褐	미투리 갈	15	衣	木	敢	감히 감/구태여 감	12	攴	金
蝎	전갈 갈	15	虫	水	淦	물스며들 감	12	水	水
羯	불깐양 갈	15	羊	土	堪	견딜 감	12	土	土
葛	칡 갈	15	艸	木	邯*	땅이름 감//조나라 서울 한	12	邑	土
噶	맹세할 갈	16	口	水	嵌	산골짜기 감	12	山	土
嶱	산험할 갈	16	山	土	欿	서운할 감	12	欠	金*
鞨	말갈 갈	18	革	金	酣	흥겨울 감	12	酉	金
蠍	전갈 갈	19	虫	水	嵁	울퉁불퉁할 감	12	山	土
감	木 37字				感	느낄 감/한할 감	13	心	火
甘	달 감	5	甘	土	減	덜 감	13	水	水
坎	구덩이 감	7	土	土	戡	이길 감	13	戈	金
坩	도가니 감	8	土	土	監	볼 감	14	皿	金
柑	귤 감	9	木	木	瑊*	옥돌 감//옥돌 함	14	玉	金
泔	뜨물 감	9	水	水	橄	감람나무 감	16	木	木
弇	사람이름 감	9	廾	土*	澉	싱거울 감/씻을 감	16	水	水
玪*	옥이름 감//옥 림	9	玉	金	憨	어리석을 감/해할 감	16	心	火
疳	감질 감	10	疒	水	瞰	굽어볼 감	17	目	木
紺	감색 감	11	糸	木	歛	줄 감	17	欠	金*
堪	구덩이 감	11	土	土	憾	섭섭할 감	17	心	火

한자	뜻,음[검색어]	원획수	부수	자원오행
撼	흔들 감	17	手	木
轗	가기힘들 감	20	車	火
鹻	소금기 감	21	鹵	水
龕	감실 감	22	龍	土
鑑	거울 감	22	金	金
鑒	거울 감	22	金	金
矙	엿볼 감	25	目	木
갑	木 6字			
甲	갑옷 갑/친압할 갑	5	田	木*
匣	갑 갑	7	匸	木
岬	곶 갑	8	山	土
胛	어깨뼈 갑	11	肉	水
鉀	갑옷 갑	13	金	金
閘	수문 갑	13	門	木
강	木 56字			
江	강 강	7	水	水
扛	마주들 강	7	手	木
杠	막대기 강	7	木	木
忼	강개할 강	8	心	火
岡	산등성이 강	8	山	土

한자	뜻,음[검색어]	원획수	부수	자원오행
羌	오랑캐 강	8	羊	土
玒	옥이름 강	8	玉	金
矼	징검다리 강	8	石	金
舡	배 강	9	舟	木
姜	성씨 강/생강 강	9	女	土
畖	지경 강/소금밭 강	9	田	土
豇	광저기 강	10	豆	水*
剛	굳셀 강	10	刀	金
谾*	골짜기이름 강//깊은골짜기 홍	10	谷	水
強	강할 강	11	弓	金
罡	북두칠성 강/언덕 강	11	网	木
堈	언덕 강/항아리 강	11	土	土
崗	언덕 강	11	山	土
康	편안 강/들 강	11	广	木
强	강할 강	12	弓	金
茳	천궁모종 강	12	艸	木
傋	어리석을 강	12	人	火
絳	진홍 강	12	糸	木
悾	정성 강	12	心	火
棡	가로대 강	12	木	木

한자	뜻,음[검색어]	원획수	부수	자원오행	한자	뜻,음[검색어]	원획수	부수	자원오행
焵	칼날 강	12	火	火	襁	포대기 강	17	衣	木
摃	들어올릴 강	12	手	木	繦	포대기 강	17	糸	木
跭	세울 강	13	足	土	襁	포대기 강	18	衣	木
畺	지경 강	13	田	土	鏹	강철 강	18	金	金
降*	내릴 강// 항복할 항	14	阜	土	鏹	돈 강	19	金	金
綱	벼리 강	14	糸	木	顜	밝을 강	19	頁	火
腔	속빌 강	14	肉	水	薑	생강 강	19	艸	木
羫	양갈빗대 강	14	羊	土	疆	지경 강	19	田	土
嫝	편안할 강	14	女	土	鏹	돈 강	20	金	金
慷	강개할 강	15	心	火	鱇	아귀 강	22	魚	水
僵	넘어질 강	15	人	火	韁	고삐 강	22	革	金
漮	빌 강	15	水	水	개	木 34字			
鋼	강철 강	16	金	金	介	낄 개,낱 개	4	人	火
穅	겨 강	16	禾	木	匃	빌 개	5	勹	金
彊	굳셀 강	16	弓	金*	价	착할 개	6	人	화
壃	지경 강	16	土	土	改	고칠 개	7	攴	金
橿	감탕나무 강	17	木	木	忛	믿을 개	7	心	火
糠	겨 강	17	米	木	皆	다 개	9	白	火
殭	굳어질 강	17	歹	水	疥	옴 개	9	疒	水
講	외울 강	17	言	金	玠	홀 개	9	玉	金

한자	뜻,음[검색어]	원획수	부수	자원오행
豈*	개가 개//어찌 기	10	豆	水*
芥	겨자 개	10	艸	木
個	낱 개	10	人	火
祄*	바지 개//잠방이 해	10	衣	木
盖	덮을 개	11	皿	木*
勘	힘쓸 개	11	力	土
凱	개선할 개	12	几	木
剴	낱 개	12	刀	金
開	열 개	12	門	火*
塏	높은땅 개	13	土	土
揩	닦을 개	13	手	木
湝*	출렁출렁흐를 개//차가울 해	13	水	水
箇	낱 개	14	竹	木
慨	성낼 개	14	心	火
愷	편안할 개	14	心	火
暟	비출 개	14	日	火
概	대개 개	15	木	木
磕	돌부딪치는소리 개	15	石	金
漑	물댈 개	15	水	水
慨	분개할 개	15	心	火

한자	뜻,음[검색어]	원획수	부수	자원오행
槩	평미래 개	15	木	木
瞹	밝은 개	15	目	木
摡	씻을 개	15	手	木
蓋	덮을 개	16	艸	木
鎧	갑옷 개	18	門	木
闓	열 개	18	几	木
객	木 2字			
客	손 객	9	宀	木
喀	토할 객	12	口	水
갱	木 7字			
坑	구덩이 갱	7	土	土
更*	다시 갱//고칠 경	7	曰	金*
硜	돌소리 갱	12	石	金
粳	메벼 갱	13	米	木
賡	이을 갱	15	貝	金
羹	국 갱	19	羊	土
鏗	금옥소리 갱	19	金	金
갹	木 1字			
醵	추렴할 갹	20	酉	金
거	木 38字			

한자	뜻,음[검색어]	원획수	부수	자원오행	한자	뜻,음[검색어]	원획수	부수	자원오행
去	갈 거	5	厶	水	据	근거 거	12	手	木
巨	클 거/어찌 거	5	工	火	距	상거할 거/막을 거	12	足	土
車*	수레 거//수레 차	7	車	火	莒	감자 거	13	艸	木
佉*	물리칠 거//나라이름 구	7	人	火	渠	개천 거	13	水	水
居	살 거	8	尸	木	筥	둥구미 거	13	竹	木
呿	벌릴 거	8	口	水	鉅	클 거/강할 거/어찌 거	13	金	金
姖	산이름 거	8	女	土	腒	날짐승포 거	14	肉	水
岠	큰산 거	12	山	土	裾	자락 거/의거할 거	14	衣	木
拒	막을 거	9	手	木	踞	걸어앉을 거	15	足	土
昛	밝을 거	9	日	火	駏	버새 거	15	馬	火
炬	횃불 거	9	火	火	鋸	톱 거	16	金	金
柜	느티나무 거	9	木	木	據	근거 거	17	手	木
岠	막을 거	9	止	土	擧	들 거	18	手	木
拑*	잡을 거//협박할 겁	9	手	木	蕖	연꽃 거	18	艸	木
倨	거만할 거	10	人	火	遽	급히 거	20	辵	土
祛	떨 거	10	示	木	欅	느티나무 거	22	木	木
秬	검은기장 거	10	禾	木	蘧	패랭이꽃 거	23	艸	木
胠	겨드랑이 거	11	肉	水	籧	대자리 거	23	竹	木
苣	상추 거/횃불 거	11	艸	木	건	木 28字			
袪	소매 거	11	衣	木	巾	수건건	3	巾	木

한자	뜻,음[검색어]	원획수	부수	자원오행	한자	뜻,음[검색어]	원획수	부수	자원오행
件	물건 건	6	人	火	謇	떠듬거릴 건	17	言	金
囝	아이 건	6	口	水	鍵	열쇠 건/자물쇠 건	17	金	金
建	세울 건/엎지를 건	9	廴	木	蹇	절뚝발이 건	17	足	土
乹	하늘 건	9	乙	金*	鞬	동개 건	18	革	金
虔	공경할 건	10	虍	木	騫	이지러질 건	20	馬	火
健	굳셀 건	11	人	火	攓	뽑을 건	21	手	木
乾	하늘 건/마를 건	11	乙	金*	鶱	훨훨날 건	21	鳥	火
揵	멜 건	13	手	木	**걸**	木 8字			
楗	문빗장 건	13	木	木	乞	빌 걸	3	乙	金*
湕	물이름 건	13	水	水	乬	걸 걸	6	乙	木
犍	불친소 건	13	牛	土	杰	뛰어날 걸	8	木	木
愆	허물 건	13	心	火	桀	홰 걸/하왕이름 걸	10	木	木
建*	세울 건/엎지를 건//걸어가는모양 율	13	辵	土	傑	뛰어날 걸	12	人	火
睷	눈으로셀 건	14	目	木	嵥	높을 걸	13	山	土
搴	빼낼 건	14	手	木	榤	홰 걸	14	木	木
摼	서로도울 건	14	手	木	朅	갈 걸	14	曰	火
漧	하늘 건/마를 건	15	水	水	**검**	木 9字			
腱	힘줄 건	15	肉	水	芡	가시연꽃 검	10	艸	木
踺	밟을 건	16	足	土	鈐	비녀장 검	12	金	金
褰	걷어올릴 건	16	衣	木	儉	검소할 검	15	人	火

한자	뜻,음[검색어]	원획수	부수	자원오행
劍	칼 검	15	刀	金
黔	검을 검	16	黑	水
劔	칼 검	16	刀	金
檢	검사할 검	17	木	木
撿	검사할 검	17	手	木
瞼	눈꺼풀 검	18	目	木
겁	木 6字			
刦	겁탈할 겁	7	刀	金
刧	겁탈할 겁	7	刀	金
劫	위협할 겁	7	力	水*
怯	겁낼 겁	9	心	火
迲	자래 겁	9	辶	土
拲*	협박할 겁//잡을 거	9	手	木
게	木 3字			
偈	쉴 게	11	人	火
揭	높이들 게/걸 게	13	手	木
憩	쉴 게	16	心	火
격	木 14字			
格	격식 격	10	木	木
鬲	막을 격	10	鬲	土

한자	뜻,음[검색어]	원획수	부수	자원오행
挌	칠 격	10	手	木
覡	박수 격	14	見	火
毃	부딪칠 격	14	殳	金
搹	쥘 격	14	手	木
鴃	때까치 격	15	鳥	火
膈	가슴 격	16	肉	土*
骼	뼈 격	16	骨	金
檄	격문 격	17	木	木
激	격할 격	17	水	水
闃	고요할 격	17	門	木
擊	칠 격	17	手	木
隔	사이뜰 격	18	阜	土
견	木 24字			
犬	개 견	4	犬	土
見*	볼 견//뵈올 현	7	見	火
畎	밭도랑 견	9	田	土
肩	어깨 견	10	肉	水
汧	강이름 견	10	水	水
堅	굳을 견	11	土	土
狷	성급할 견	11	犬	土

한자	뜻,음[검색어]	원획수	부수	자원오행	한자	뜻,음[검색어]	원획수	부수	자원오행
牽	이끌 견	11	牛	土	炔	불타기시작할 결	8	火	火
涀	강이름 견	11	水	水	㛃	맑을 결	9	女	土
詃	꾈 견	12	言	金	玦	패옥 결	9	玉	金
掔	끌 견	12	手	木	缺	이지러질 결	10	缶	土
筧	대홈통 견	13	竹	木	潔	깨끗할 결	10	水	水
絹	비단 견/그물 견	13	糸	木	觖	서운해할 결	11	角	木
甄	질그릇구울 견	14	瓦	土	訣	이별할 결	11	言	金
鄄	땅이름 견	16	邑	土	焆	불빛 결	11	火	火
縳	명주 견	17	糸	木	結	맺을 결	12	糸	木
遣	보낼 견	17	辵	土	趐	뛸 결	13	辵	土
鵑	두견이 견	18	鳥	火	潔	깨끗할 결	14	水	水
繭	고치 견	19	糸	木	潔	깨끗할 결	16	水	水
羂	올무 견	19	网	木	鍥	새길 결	17	金	金
繾	곡진할 견	20	糸	木	闋	문닫을 결	17	門	木
譴	꾸짖을 견	21	言	金	鐭	새길 결	18	金	金
鰹	가물치 견	22	魚	水	**겸**	木 17字			
蠲	밝을 견	23	虫	水	岭	산작고높을 겸	7	山	土
결	木 17字				拑	입다물 겸	9	手	木
決	결단할 결	8	水	水	兼	겸할 겸	10	八	金
抉	도려낼 결	8	手	木	傔	시중들 겸	12	人	火

한자	뜻,음[검색어]	원획수	부수	자원오행	한자	뜻,음[검색어]	원획수	부수	자원오행
嗛	겸손할 겸/흉년들 겸	13	口	水	庚	별 경	8	广	金
鉗	칼 겸/입다물 겸	13	金	金	炅	빛날 경	8	火	火
嵰	산높고험한모양 겸	13	山	土	京	서울 경	8	亠	土
箝	재갈먹일 겸	14	竹	木	涇	찰 경	9	氵	水
慊	찐덥지않을 겸	14	心	火	勁	굳셀 경	9	力	金*
槏*	문설주 겸//난간 염	14	木	木	剄	목벨 경	9	刀	金
歉	흉년들 겸	14	欠	金*	畊	밭갈 경	9	田	土
蒹	갈대 겸	16	艸	木	扄	문빗장 경/살필 경	9	戶	木
縑	합사비단 겸	16	糸	木	京	서울 경	9	亠	土
黔	검누를 겸	17	黑	水	俓	지름길 경	9	人	火
謙	겸손할 겸	17	言	金	泂	싸늘할 경	9	氵	水
鎌	낫 겸	18	金	金	哽	목멜 경	10	口	水
鼸	도마뱀 겸	23	鼠	水	耕	밭갈 경	10	耒	土
경	木 99字				耿	빛 경	10	耳	火
冂	멀 경	2	冂	土	倞	굳셀 경	10	人	火
更*	고칠 경//다시 갱	7	曰	金*	勍	굳셀 경	10	力	金*
冏	빛날 경	7	冂	火*	徑	지름길 경/길 경	10	彳	火
囧	빛날 경	7	口	火*	剠	자자할 경	10	刀	金
巠	물줄기 경	7	巛	水	埂	구덩이 경	10	土	土
坰	들 경	8	土	土	絅	끌어죌 경	11	糸	木

한자	뜻,음[검색어]	원획수	부수	자원오행	한자	뜻,음[검색어]	원획수	부수	자원오행
竟	마침내 경	11	立	金	熒	외로울 경	13	火	火
焵	빛날 경	11	火	火	脛	정강이 경	13	肉	水
頃	이랑 경/잠깐 경	11	頁	火	莖	줄기 경	13	艸	木
梗	줄기 경/막힐 경	11	木	木	經	날 경	13	糸	木
涇	통할 경	11	水	水	傹	겨룰 경	13	人	火
捰	어지러울 경	11	手	木	硻	돌두드리는소리 경	13	石	金
烴	따뜻할 경	11	火	火	煚	불 경	13	火	火
椏	나무이름 경	11	木	木	輕	가벼울 경	14	車	火
淟	물이름 경	11	水	水	逕	좁은길 경	14	辵	土
苘	어저귀 경	11	艸	木	境	지경 경	14	土	土
痙	경련 경	12	广	水	郠	고을이름 경	14	邑	土
硬	단단할 경	12	石	金	誙	똑똑할 경	14	言	金
焭	근심할 경	12	火	火	儆	경계할 경	15	人	火
卿	벼슬 경	12	卩	木	慶	경사 경	15	心	火
卿	벼슬 경	12	卩	木	駉	살지고튼튼한모양 경	15	馬	火
景	볕 경	12	日	火	熲	불빛 경	15	火	火
敬	공경 경	13	攴	金	漀	술따를 경	15	水	水
悾	근심할 경/독신자 경	13	心	火	潁	거를 경	15	水	水
傾	기울 경/잠깐 경	13	人	火	幒	비단 경	15	巾	木
綆	두레박줄 경	13	糸	木	磬	경쇠 경	16	石	金

한자	뜻,음[검색어]	원 획수	부수	자원 오행
憬	깨달을 경/동경할 경	16	心	火
頸	목 경	16	頁	火
熲	불 경	16	火	火
暻	볕 경	16	日	火
褧	홑옷 경	16	衣	木
璄	옥빛 경	16	玉	金
鞕	단단할 경	16	革	金
璚	옥이름 경	16	玉	金
憼	공경할 경	17	心	火
檠	도지개 경	17	木	木
㯳	도지개 경	17	木	木
擎	들 경	17	手	木
曔	밝을 경	17	日	火
罄	빌 경/경쇠 경	17	缶	土
璟	옥빛 경	17	玉	金
顈	홑옷 경	17	糸	木
擏	도지개 경/들 경/경계할 경	17	手	木
璥	경옥 경	18	玉	金
謦	기침 경	18	言	金
鯁	생선뼈 경	18	魚	水
檾	어저귀 경	18	木	木
鶊	새이름 경	18	鳥	火
鏡	거울 경	19	金	金
鯨	고래 경	19	魚	水
鶁	꾀꼬리 경	19	鳥	火
麖	큰사슴 경	19	鹿	土
瓊	구슬 경	20	玉	金
警	경계할 경	20	言	金
競	다툴 경	20	立	金
黥	자자할 경	20	黑	水
藑	순채 경	20	艸	木
竸	다툴 경	22	立	金
驚	놀랄 경	23	馬	火
계	木 41字			
戒	경계할 계	7	戈	金
系	맬 계	7	糸	木
呇	샛별 계	7	口	水
季	계절 계	8	子	水
届	이를 계	8	尸	木
昋	성씨 계	8	日	火

한자	뜻,음[검색어]	원획수	부수	자원오행	한자	뜻,음[검색어]	원획수	부수	자원오행
係	맬 계	9	人	火	溪	시내 계	14	水	水
契*	맺을 계//부족이름 글//사람이름 설	9	大	木	湕*	물이름 계//물창일할 연	14	水	水
癸	북방 계/열째천간 계	9	癶	水	稽	상고할 계/조아릴 계	15	禾	木
計	셀 계	9	言	金	磎	시내 계	15	石	金
界	지경 계	9	田	土	縘	맬 계	16	糸	木
桂	계수나무 계	10	木	木	髻	상투 계	16	髟	火
烓	화덕 계	10	火	火	階	섬돌 계	17	阜	土
洎	물부을 계	10	水	水	谿	시내 계	17	谷	水
挈*	새길 계//손에들 설	10	手	木	雞	닭 계	18	隹	火
械	기계 계	11	木	木	罽	어망 계	18	罒	木
啓	열 계	11	口	水	繫	맬 계	19	糸	木
悸	두근거릴 계	12	心	火	薊	엉겅퀴 계	19	艸	木
堦	섬돌 계	12	土	土	繼	이을 계	20	糸	木
堺	지경 계	12	土	土	鷄	닭 계	21	鳥	火
棨	창 계	12	木	木	灒	우물 계	21	水	水
嵠	시내 계	13	山	土	**고**	木 71字			
誡	경계할 계	14	言	金	尻	꽁무니 고	5	尸	水
禊	계제사 계	14	示	木	叩	두드릴 고	5	口	水
瘈	미칠 계	14	疒	水	古	옛 고	5	口	水
綮	발고운비단 계	14	糸	木	夰*	놓을 고//놓을 호	5	大	木

한자	뜻,음[검색어]	원 획수	부수	자원 오행	한자	뜻,음[검색어]	원 획수	부수	자원 오행
攷	생각할 고	6	攴	金	皋	언덕 고/못 고	10	白	水*
估	값 고	7	人	火	涸	얼 고	10	冫	水
告	고할 고/뵙 고	7	口	水	拷	칠 고	10	手	木
刳	가를 고	8	刀	金	罟	그물 고	11	网	木
固	굳을 고	8	口	水	苦	쓸 고	11	艸	木
杲*	밝을 고//밝을 호	8	木	木	皐	언덕 고/못 고	11	白	水*
考	생각할 고	8	老	土	菰	줄풀 고	11	艸	木
姑	시어머니고/빨아 먹을 고/잠시 고	8	女	土	婟	연모할 고	11	女	土
孤	외로울 고	8	子	水	崓	섬 고	11	山	土
呱	울 고	8	口	水	酤	계명주 고/팔 고	12	酉	金
枯	마를 고	9	木	木	袴	바지 고	12	衣	木
牯	암소 고	9	牛	土	稾	볏짚 고	12	禾	木
故	연고 고	9	攴	金	胯	사타구니 고	12	肉	水
沽	팔 고	9	水	水	觚	술잔 고/홀로 고	12	角	木
羖	검은암양 고	10	羊	土	詁	주낼 고	12	言	金
庫	곳집 고	10	广	木	雇	품팔 고	12	隹	火
股	넓적다리 고	10	肉	水	辜	허물 고	12	辛	金
高	높을 고	10	高	火	痼	고질 고	13	疒	水
栲	붉나무 고	10	木	木	鈷	다리미 고	13	金	金
羔	새끼양 고	10	羊	土	鼓	북 고	13	鼓	金

한자	뜻,음[검색어]	원획수	부수	자원오행
鼓	북칠 고	13	鼓	金
賈*	장사 고//값 가	13	貝	金
郜	나라이름 고	14	邑	土
誥	고할 고	14	言	金
敲	두드릴 고	14	攴	金
槁	마를 고	14	木	木
槀	마를 고	14	木	木
睾	불알 고/못 고	14	目	木
菰	줄풀 고	14	艸	木
箍	테 고	14	竹	木
暠	밝을 고	14	日	火
靠	기댈 고	15	非	水
稿	초고 고	15	禾	木
膏	기름 고	16	肉	水
糕	떡 고	16	米	木
錮	막을 고	16	金	金
篙	상앗대 고	16	竹	木
鴣	자고 고	16	鳥	火
橰	만연할 고	16	木	木
翱	날 고	18	羽	火

한자	뜻,음[검색어]	원획수	부수	자원오행
瞽	맹인 고	18	目	木
鹽	염지 고/빨아먹을 고	18	皿	水*
櫜	활집 고	19	木	木
藁	짚 고	20	艸	木
顧	돌아볼 고	21	頁	火
鷱	작은비둘기 고	23	鳥	火
蠱	뱃속벌레 고	23	虫	水
곡	木 13字			
曲	굽을 곡/잠박 곡	6	曰	土*
谷	골 곡/곡식 곡	7	谷	水
哭	울 곡	10	口	水
峆*	산모양 곡//산모양 호	10	山	土
梏	수갑 곡	11	木	木
斛	휘 곡	11	斗	火
穀	곡식 곡	15	禾	木
槲	떡갈나무 곡	15	木	木
縠	주름비단 곡	16	糸	木
轂	바퀴통 곡	17	車	火
觳	뿔잔 곡	17	角	木
鵠	고니 곡	18	鳥	火

한자	뜻,음[검색어]	원획수	부수	자원오행	한자	뜻,음[검색어]	원획수	부수	자원오행
嚳	고할 곡	20	口	水	褌	잠방이 곤	15	衣	木
곤	**木 26字**				滾	흐를 곤	15	水	水
丨	뚫을 곤	1	丨	木	錕	붉은쇠 곤	16	金	金
困	곤할 곤	7	口	火*	瑻	광낼 곤	18	玉	金
坤	땅 곤	8	土	土	鯤	곤이 곤	19	魚	水
昆	맏 곤/벌레 곤	8	日	火	鵾	댓닭 곤/큰물고기 곤	19	鳥	火
袞	곤룡포 곤	10	衣	木	鶤	봉황 곤	20	鳥	火
裒	곤룡포 곤	11	衣	木	齫	이솟아날 곤	22	齒	金
崑	산이름 곤	11	山	土	**골**	**木 7字**			
捆	두드릴 곤	11	手	木	汨*	골몰할 골//물이름 멱	8	水	水
堃	땅 곤	11	土	土	汩*	골몰할 골//흐를 율	8	水	水
棞	문지방 곤	11	木	木	骨	뼈 골	10	骨	金
崐	산이름 곤	11	山	土	榾	등걸 골	14	木	木
悃	정성 곤	11	心	火	滑*	익살스러울 골//미끄러울 활	14	水	水
棍	몽둥이 곤	12	木	木	搰	팔 골	14	手	木
裍	걷어올릴 곤	13	衣	木	鶻	송골매 골	21	鳥	火
髡	머리털깍을 곤	13	髟	火	**공**	**木 30字**			
琨	옥돌 곤	13	玉	金	工	장인 공	3	工	火
緄	띠 곤	14	糸	木	廾	받들 공	3	廾	木
閫	문지방 곤	15	門	木	公	공평할 공	4	八	金

한자	뜻,음[검색어]	원획수	부수	자원오행	한자	뜻,음[검색어]	원획수	부수	자원오행
孔	구멍 공	4	子	水	踍	발자국소리 공	13	足	土
功	공 공	5	力	木	箜	공후 공	14	竹	木
共	함께 공	6	八	金	槓	지렛대 공	14	木	木
攻	칠 공	7	攴	金	鞏	굳을 공	15	革	金
空	빌 공	8	穴	水	龔	공손할 공	22	龍	土
供	이바지할 공	8	人	火	贛	줄 공	24	貝	金
羾	날아올 공	9	羽	火	灨	강이름 공	28	水	水
恭	공손할 공	10	心	火	곳	木 1字			
栱	두공 공	10	木	木	串*	곳 곶//익을 관	7	l	金
恐	두려울 공	10	心	火	과	木 27字			
貢	바칠 공	10	貝	金	戈	창 과	4	戈	金
倥	어리석을 공	10	人	火	瓜	오이 과	5	瓜	木
蚣	지네 공	10	虫	水	夸	자랑할 과	6	大	木
拱	팔짱낄 공/보옥 공	10	手	木	果	실과 과	8	木	木
釭	살촉 공	11	金	金	侉	자랑할 과/아첨할 과	8	人	火
崆	산높은모양 공	11	山	土	科	과목 과	9	禾	木
珙	옥 공	11	玉	金	姱	아름다울 과	9	女	土
蛬	귀뚜라미 공	12	虫	水	猓	긴꼬리원숭이 과	12	犭	土
控	당길 공	12	手	木	堝	도가니 과	12	土	土
蛩	메뚜기 공	12	虫	水	敤	연마할 과	12	攴	金

한자	뜻,음[검색어]	원획수	부수	자원오행
跨	넘을 과	13	足	土
窠	보금자리 과	13	穴	水
稞	보리 과	13	禾	木
誇	자랑할 과	13	言	金
菓	실과 과	14	艸	木
銙	대구 과	14	金	金
夥	많을 과	14	夕	水
裹	쌀 과	14	衣	木
寡	적을 과	14	宀	木
課	공부할 과/과정 과	15	言	金
踝	복사뼈 과	15	足	土
蝌	올챙이 과	15	虫	水
過	지날 과	16	辵	土
顆	낟알 과	17	頁	火
鍋	노구솥 과	17	金	金
撾	칠 과	17	手	木
騍	암말 과	18	馬	火
곽	木 9字			
椁	덧널 곽	12	木	木
廓*	둘레 곽//클 확	14	广	木

한자	뜻,음[검색어]	원획수	부수	자원오행
郭	둘레 곽/외성 곽	15	邑	土
槨	외관 곽	15	木	木
霍	빠를 곽	16	雨	水
鞹	무두질한가죽 곽	20	革	金
癨	곽란 곽	21	广	水
藿	콩잎 곽/미역 곽	22	艸	木
钁	괭이 곽	28	金	金
관	木 37字			
丱	쌍상투 관	5	丨	木
串*	익을 관//곶 곶	7	丨	金*
官	벼슬 관	8	宀	木
冠	갓 관	9	冖	木
倌	수레맡은벼슬아치 관	10	人	火
貫	꿸 관/돈꿰미 관	11	貝	金
梡*	도마 관//도마 완	11	木	木
涫	끓을 관	12	水	水
棺	널 관	12	木	木
款	항목 관/정성 관	12	欠	金*
祼	강신제 관	13	示	木
琯	옥피리 관	13	玉	金

한자	뜻,음[검색어]	원획수	부수	자원오행	한자	뜻,음[검색어]	원획수	부수	자원오행
筦	다스릴 관/피리 관	13	竹	木	髖	허리뼈 관	25	骨	金
寬	너그러울 관	13	宀	木	鑵	두레박 관	26	金	金
菅	골풀 관	14	艸	木	顴	광대뼈 관	27	頁	土*
管	대롱 관/주관할 관	14	竹	木	鸛	황새 관	29	鳥	火
綰	맬 관	14	糸	木	鱹	사람이름 관	29	魚	水
寬	너그러울 관	15	宀	木	**괄**		*木* 10字		
慣	익숙할 관	15	心	火	刮	깎을 괄	8	刀	金
輨	휘갑쇠 관	15	車	火	佸	이를 괄	8	人	火
盥	대야 관	16	皿	水*	栝	노송나무 괄	10	木	木
錧	비녀장 관	16	金	金	括	묶을 괄	10	手	木
舘	집 관	16	舌	水	恝	근심없을 괄	10	心	火
窾	빌 관	17	穴	水	聒	떠들썩할 괄	12	耳	火
館	집 관	17	食	水	筈	오늬 괄	12	竹	木
雚	황새 관	18	隹	火	适	빠를 괄	13	辵	土
關	관계할 관/문빗장 관	19	門	木	鬠	묶을 괄	16	髟	火
灌	물댈 관	22	水	水	鴰	재두루미 괄	17	鳥	火
爟	봉화 관	22	火	火	**광**		*木* 35字		
瓘	옥 관	23	玉	金	広	넓을 광	5	广	木
罐	두레박 관	24	缶	土	匡	바를 광	6	匚	土
觀	볼 관	25	見	火	光	빛 광	6	儿	火

한자	뜻,음[검색어]	원획수	부수	자원오행	한자	뜻,음[검색어]	원획수	부수	자원오행
狂	미칠 광	8	犬	土	鎤	라듐 광	14	金	金
眖	빛 광	8	火	火	廣	넓을 광/말이름 광	15	广	木
炛	빛 광	8	火	火	撗	채울 광	16	手	木
侊	성찬 광	8	人	火	磺	쇳돌 광	17	石	金
㼁	길 광	9	土	土	壙	뫼구덩이 광	18	土	土
姯	여자의자 광	9	土	土	爌	환할 광	19	火	火
恇	겁낼 광	10	心	火	曠	빌 광/밝을 광	19	日	火
桄	광랑나무 광	10	木	木	獷	사나울 광	19	犬	土
框	문테 광	10	木	木	懬	빌 광	19	心	火
洸	성낼 광	10	水	水	礦	쇳돌 광	20	石	金
洭	물이름 광	10	水	水	纊	솜 광	21	糸	木
珖	옥피리 광	11	玉	金	鑛	쇠돌 광	23	金	金
硄	돌소리 광	11	石	金	괘	木 8字			
筐	광주리 광	12	竹	木	卦	점괘 괘	8	卜	木
絖	고운솜 광	12	糸	木	咼	입 비뚤어질 괘	9	口	水
胱	오줌통 광	12	肉	水	挂	걸 괘	10	手	木
茪	초결명 광	12	艸	木	罫	걸 괘	12	网	木
誑	속일 광	13	言	金	掛	걸 괘	12	手	木
誆	속일 광	14	言	金	絓	걸릴 괘	12	糸	木
儣	위엄스러울 광	14	人	火	詿	그르칠 괘	13	言	金

한자	뜻,음[검색어]	원획수	부수	자원오행
罫	줄 괘	14	网	木
괴	木 15字			
乖	어그러질 괴	8	丿	火
怪	괴이할 게	9	心	火
拐	후릴 괴/지팡이 괴	9	手	木
傀	허수아비 괴/클 괴	12	人	火
塊	덩어리 괴	13	土	土
媿	부끄러울 괴	13	女	土
魁	괴수 괴	14	鬼	火
愧	부끄러울 괴	14	心	火
槐	회화나무 괴	14	木	木
瑰	불구슬 괴	15	玉	金
廥	여물광 괴	16	广	木
蒯	기름새 괴	16	艸	木
瓌	불구슬 괴	17	玉	金
襘	띠매듭 괴	19	衣	木
壞	무너질 괴	19	土	土
괵	木 1字			
馘	귀 벨 괵	17	首	水
굉	木 10字			
宏	클 굉	7	宀	木
訇	큰소리 굉	9	言	金
咷	말잘할 굉	9	口	水
紘	끈 굉	10	糸	木
肱	팔뚝 굉	10	肉	水
浤	용솟음할 굉	11	水	水
閎	마을문 굉	12	門	木
觥	뿔잔 굉	13	角	木
鍠*	종고소리 굉// 종고소리 황	17	金	金
轟	수레소리 굉	21	車	火
교	木 55字			
巧	공교할 교	5	工	火
交	사귈 교	6	亠	火
佼	예쁠 교	8	人	火
咬	물 교/새소리 교	9	口	水
姣	아리따울 교	9	女	土
狡	교활할 교	10	犬	土
晈	명백할 교	10	日	火
校	학교 교	10	木	木
恔*	쾌할 교//쾌할 효	10	心	火

한자	뜻,음[검색어]	원획수	부수	자원오행	한자	뜻,음[검색어]	원획수	부수	자원오행
敎	가르칠 교	11	攴	金	憍	교만할 교	16	心	火
教	가르칠 교	11	攴	金	橋	다리 교	16	木	木
皎	달밝을 교	11	白	金	撟	들 교	16	手	木
珓	옥산통 교	11	玉	金	骹	발회목 교	16	骨	金
蛟	교룡 교	12	虫	水	噭	부르짖을 교	16	口	水
喬	높을 교	12	口	水	熿	불꽃 교	16	火	火
絞	목맬 교	12	糸	木	嫩	사람이름 교	16	女	土
窖	움 교	12	穴	水	磽	메마른 교	17	石	金
較	견줄 교	13	車	火	矯	바로잡을 교	17	矢	金
郊	들 교	13	邑	土	鮫	상어 교	17	魚	水
鉸	가위 교	14	金	金	膠	아교 교	17	肉	水
嘄	닭울 교	14	口	水	鵁	해오라기 교	17	鳥	火
僑	더부살이 교/높을 교	14	人	火	鄗*	산이름 교//땅이름 호	17	邑	土
暞	밝을 교	14	日	火	曒	밝을 교	17	日	火
榷	외나무다리 교	14	木	木	穚	벼이삭팰 교	17	禾	木
嘆	웃는소리 교	14	口	水	齩	깨물 교	18	口	水
嶠	우뚝솟을 교	14	山	土	翹	꽁지깃 교/ 치켜세울 교	18	羽	火
餃	떡 교	15	食	水	蕎	메밀 교	18	艸	木
嶠	산쭈뼛할 교	15	山	土	鄡	고을이름 교	18	邑	土
嬌	아리따울 교	15	女	土	皦	흴 교	18	白	金

한자	뜻,음[검색어]	원획수	부수	자원오행	한자	뜻,음[검색어]	원획수	부수	자원오행
轎	가마 교	19	車	火	扣	두드릴 구	7	手	木
蹻	발돋움할 교	19	足	土	灸	뜸 구	7	火	火
趫	재빠를 교	19	走	火	劬	수고로울 구	7	力	水*
齩	깨물 교	21	齒	金	究	연구할 구	7	穴	水
驕	교만할 교	22	馬	火	佉*	나라이름 구//물리칠 거	7	人	火
攪	어지럽힐 교	24	手	木	具	갖출 구	8	八	金
구	木 116字				坸	때 구	8	土	土
久	오랠 구	3	丿	水*	峋	산꼭대기 구	8	山	土
口	입 구	3	口	水	坵	언덕 구	8	土	土
勾	글귀 구	4	勹	金	疚	고질병 구	8	疒	水
厹	세모창 구	4	厶	金*	玖	옥돌 구/아홉 구	8	玉	金
仇	원수 구/잔질할 구	4	人	火	咎	허물 구	8	口	水
勼	모을 구	4	勹	金	姤	여자의자 구	8	女	土
句*	글귀 구//글귀 귀	5	口	水	狗	개 구	9	犬	土
叴	오기 구/세모창 구	5	口	水	俅	공순할 구	9	人	火
丘	언덕 구	5	一	土*	枸	구기자 구	9	木	木
臼	절구 구	6	臼	土	柩	널 구	9	木	木
朹	산사나무 구	6	木	木	昫	따뜻할 구	9	日	火
求	구할 구	7	水	水	垢	때 구	9	土	土
佝	곱사등이 구/어리석을 구	7	人	火	姤	만날 구	9	女	土

한자	뜻,음[검색어]	원획수	부수	자원오행	한자	뜻,음[검색어]	원획수	부수	자원오행
韭	부추 구	9	韭	木	耈	늙을 구	11	老	土
九	아홉 구	9	乙	水*	耉	늙을 구	11	老	土
拘	잡을 구	9	手	木	梂	상수리 구	11	木	木
欲	정자이름 구	9	谷	水	夠	많을 구	11	夕	水
痀	곱사등이 구	10	广	水	球	공 구/아름다운옥 구	12	玉	金
矩	모날 구/법도 구	10	矢	金	邱	언덕 구	12	邑	土
冓	짤 구	10	冂	木*	椇	헛개나무 구	12	木	木
俱	함께 구/갖출 구	10	人	火	鉤	갈고리 구	13	金	金
玽	옥돌 구	10	玉	金	裘	갖옷 구	13	衣	木
竘	건장할 구	10	立	金	傴	구부릴 구	13	人	火
毬	공 구	11	毛	火	絿	급할 구/어릴 구	13	糸	木
區	구분할 구/지경 구	11	匚	土	詬	꾸짖을 구	13	言	金
救	구원할 구	11	攴	金	彀	당길 구/활고자 구	13	弓	金*
釦	금테두를 구	11	金	金	鳩	비둘기 구	13	鳥	火
捄	담을 구/구원할 구	11	手	木	舅	시아버지 구/외삼촌 구	13	臼	土
寇	도적 구	11	宀	水*	媾	화친할 구	13	女	土
蚯	지렁이 구	11	虫	水	嘔	게울 구	14	口	水
苟	진실로 구/구차할 구	11	艸	木	榘	법도 구	14	木	木
胊	포 구	11	肉	木*	溝	도랑 구	14	水	水
耈	늙을 구	11	老	土	廐	마구간 구	14	广	木

한자	뜻,음[검색어]	원획수	부수	자원오행
廐	마구간 구	14	广	木
構	얽을 구/닥나무 구	14	木	木
搆	얽을 구/이해못할 구	14	手	木
逑	짝 구	14	辵	土
嫗	할머니 구	14	女	土
嶇	험할 구	14	山	土
煹	불밝힐 구	14	火	火
歐	토할 구/칠 구	15	欠	金*
銶	끌 구	15	金	金
漚	담글 구/갈매기 구	15	水	水
毆	때릴 구	15	殳	金
駒	망아지 구	15	馬	火
摳	걷을 구	15	手	木
龜*	땅이름 구//거북 귀//터질 균	16	龜	水
窶	가난할 구	16	穴	水
蒟	구장 구	16	艸	木
篝	배롱 구	16	竹	木
糗	볶은쌀 구	16	米	木
甌	사발 구	16	瓦	土
璆	아름다운옥 구	16	玉	金
颶	구풍 구	17	風	木
覯	만날 구	17	見	火
遘	만날 구	17	辵	土
購	살 구	17	貝	金
屨	신 구	17	尸	木*
謳	노래 구	18	言	金
瞿	놀랄 구/세모창 구	18	目	木
軀	몸 구	18	身	土*
舊	예 구/옛 구	18	臼	土
龜*	땅이름 구//거북 귀//터질 균	18	龜	水
韝	깍지 구	19	韋	金
匶	널 구	20	匚	木*
驅	몰 구	21	馬	火
鷇	새새끼 구	21	鳥	火
鷗	갈매기 구	22	鳥	火
懼	두려워할 구	22	心	火
戵	창 구	22	戈	金
瞿	물이름 구	22	水	水
攫	잎무성할 구	22	手	木
癯	여윌 구	23	广	水

한자	뜻,음[검색어]	원획수	부수	자원오행
衢	네거리 구/갈 구	24	行	火
鸜	제비 구	28	鬥	金
鸜	구관조 구	29	鳥	火
국	木 20字			
局	판 국	7	尸	木*
国	나라 국	8	口	水
匊	움킬 국	8	勹	木*
國	나라 국	11	口	水
掬	들것 국	11	手	木
椈	징박은신 국	11	木	木
掬	움킬 국	12	手	木
椈	노송나무 국	12	木	木
淈	물무늬 국	12	水	水
輂	수레 국	13	車	火
箘	대뿌리 국	14	竹	木
跼	구부릴 국	14	足	土
菊	국화 국	14	艸	木
趜	곤궁할 국	15	走	火
鋦	꺾쇠 국	15	金	金
匊	가득찰 국	16	阜	土
鞠	공 국/국문할 국	17	革	金
麴	누룩 국	17	麥	木
鞫	국문할 국	18	革	金
麴	누륵 국	19	麥	木
군	木 13字			
君	임군 군	7	口	水
軍	군사 군	9	車	火
宭	여럿이살 군	10	宀	木
桾	고욤나무 군	11	木	木
捃	주울 군	11	手	木
涒	클 군	11	水	水
窘	군색할 군	12	穴	水
珺	아름다운옥 군	12	玉	金
群	무리 군	13	羊	土
裙	치마 군	13	衣	木
郡	고을 군	14	邑	土
皸	틀 군	14	皮	金
攈	주울 군	20	手	木
굴	木 9字			
屈	굽힐 굴	8	尸	土*

한자	뜻,음[검색어]	원획수	부수	자원오행	한자	뜻,음[검색어]	원획수	부수	자원오행
淈*	물고요할 굴// 물솟을 출	9	水	水	倦	게으를 권	10	人	火
倔	고집셀 굴	10	人	火	勌	게으를 권/힘쓸 권	10	力	土
堀	굴 굴	11	土	土	拳	주먹 권	10	手	木
崛	우뚝솟을 굴	11	山	土	眷	돌볼 권	11	目	木
詘	굽힐 굴	12	言	金	圈	우리 권/술잔 권	11	口	水
掘	팔 굴	12	手	木	婘	예쁠 권/살붙이 권	11	女	土
淈	흐릴 굴	12	水	水	捲	거둘 권/주먹 권	12	手	木
窟	굴 굴	13	穴	水	棬	나무그릇 권	12	木	木
궁	木 7字				淃	물 돌아 흐르는 모양 권	12	水	水
弓	활 궁	3	弓	火	惓	삼갈 권/싫증날 권	12	心	火
穹	하늘 궁	8	穴	水	睠	돌아볼 권	13	目	木
芎	궁궁이 궁	9	艸	木	蜷	구부러질 권/ 지렁이 권	14	虫	水
躬	몸 궁	10	身	水*	綣	정다울 권	14	糸	木
宮	집 궁	10	宀	木	権	저울추 권/권세 권	15	木	木
躳	몸 궁	14	身	水*	錈	쇠굽을 권	16	金	金
窮	다할 궁/궁할 궁	15	穴	水	勸	권할 권/싫증날 권	20	力	土
권	木 20字				權	저울추 권/권세 권	22	木	木
券	문서 권	8	刀	金	궐	木 5字			
卷	책 권/말 권	8	卩	木	厥	그 궐/돌궐 궐	12	厂	土
劵	게으를 권	8	力	土	獗	날뛸 궐	16	犬	土

한자	뜻,음[검색어]	원획수	부수	자원오행
蕨	고사리 궐	18	艹	木
闕	대궐 궐	18	門	木
蹶	넘어질 궐/일어설 궐	19	足	土
궤	木 22字			
几	안석 궤	2	几	木
氿	샘 궤	6	水	水
机	책상 궤	6	木	木
佹	괴이할 궤	8	人	火
軌	바퀴자국 궤	9	車	火
攰*	사람이름 궤//실을 기	9	支	土
跪	꿇어앉을 궤	13	足	土
詭	속일 궤	13	言	金
麂	큰노루 궤	13	鹿	土
劂	새김칼 궤	14	刀	金
匱	다할 궤/상자 궤	14	匚	木*
樻	말채나무 궤	16	木	木
潰	무너질 궤	16	水	水
憒	심란할 궤	16	心	火
撅	걷을 궤	16	手	木
簋	제기이름 궤	17	竹	木
櫃	궤 궤	18	木	木
繢	토끝 궤	18	糸	木
饋	제사지낼 궤	19	食	水
闠	성시바깥문 궤	20	門	木
鐀	상자 궤	20	金	金
饋	보낼 궤	21	食	水
귀	木 9字			
句*	글귀 귀//글귀 구	5	口	水
鬼	귀신 귀	10	鬼	火
貴	귀할 귀	12	貝	金
晷	그림자 귀	12	日	火
鎨	삽 귀	14	金	金
龜*	거북 귀//땅이름 구//터질 균	16	龜	水
撌	털 귀	16	手	木
龜	거북 귀//땅이름 구//터질 균	18	龜	水
歸	돌아갈 귀	18	止	土
규	木 38字			
叫	부르짖을 규	5	口	水
圭	홀 규	6	土	土
糾	꼴 규	7	糸	木

한자	뜻,음[검색어]	원획수	부수	자원오행
蚪	규룡 규	8	虫	水
糺	꼴 규	8	糸	木
刲	찌를 규	8	刀	金
奎	별 규	9	大	土
赳	헌걸찰 규	9	走	火
馗	광대뼈 규/길거리 규	11	首	水
硅	규소 규	11	石	金
規	법 규	11	見	火
珪	홀 규	11	玉	金
茥	산딸기나무 규	12	艸	木
邽	고을이름 규	13	邑	土
頯	머리들 규	13	頁	火
湀	물솟아흐를 규	13	水	水
跬	반걸음 규	13	足	土
煃	불꽃 규	13	火	火
暌	어길 규	13	日	火
揆	헤아릴 규	13	手	木
楏	호미자루 규	13	木	木
楑	망치 규/헤아릴 규	13	木	木
嫢	가는허리 규	14	女	土
睽	반목할 규	14	目	木
閨	안방 규	14	門	木
嬀	물이름 규	15	女	土
逵	길거리 규	15	辵	土
槻	물푸레나무 규	15	木	木
葵	해바라기 규	15	艸	木
樛	휠 규	15	木	木
潙	강이름 규	16	水	水
窺	엿볼 규	16	穴	水
鄈	땅이름 규	16	邑	土
竅	구멍 규	18	穴	水
騤	끌밋할 규	19	馬	火
闚	엿볼 규	19	門	木
巋	높고 험한 모양 규	21	山	土
鰈	복어 규	22	魚	水
균	木 13字			
勻*	고를 균//나눌 윤	4	勹	金
匀*	고를 균//나눌 윤	4	勹	金
均*	고를 균//따를 연	7	土	土
囷	곳집 균	8	囗	土

한자	뜻,음[검색어]	원획수	부수	자원오행	한자	뜻,음[검색어]	원획수	부수	자원오행
畇	개간할 균	9	田	土	極	극진할 극/다할 극	13	木	木
袀	군복 균	10	衣	木	郄	틈 극	13	邑	土
鈞	서른근 균	12	金	金	劇	심할 극	15	刀	金
筠	대나무 균	13	竹	木	隙	틈 극	18	阜	土
菌	버섯 균	14	艸	木	**근**		木 27字		
覠	크게 볼 균	14	見	火	斤	근 근/도끼 근	4	斤	金
龜*	터질 균//거북 귀//땅이름 구	16	龜	水	劤	힘셀 근	6	力	金*
龜	터질 균//거북 귀//땅이름 구	18	龜	水	听	도울 근	6	人	火
麇	노루 균	18	鹿	土	卺	술잔 근/받들 근	9	己	土
굴		木 1字			觔	힘줄 근	9	角	木
橘	귤 귤	16	木	木	芹	미나리 근	10	艸	木
극		木 12字			根	뿌리 근	10	木	木
克	이길 극	7	儿	木	墐	진흙 근/조금 근	11	土	土
亟	빠를 극	9	二	火*	近	가까울 근	11	辵	土
剋	이길 극	9	刀	金	釿	도끼 근	12	金	金
屐	나막신 극	10	尸	木*	筋	힘줄 근	12	竹	木
尅	이길 극	10	寸	金*	靳	가슴걸이 근	13	革	金
裓*	극진할 극//길마 급	11	木	木	僅	겨우 근	13	人	火
棘	가시 극	12	木	木	跟	발꿈치 근	13	足	土
戟	창 극	12	戈	金	勤	부지런할 근/근심할 근	13	力	土

한자	뜻,음[검색어]	원획수	부수	자원오행
廑	겨우 근/노력할 근	14	广	木
墐	매흙질할 근	14	土	土
嫤	여자의 자 근	14	女	土
葷	제비꽃 근	14	艸	木
漌	맑을 근	15	水	水
槿	무궁화 근	15	木	木
慬	근심할 근	15	心	火
瑾	아름다운옥 근	16	玉	金
懃	은근할 근	17	心	火
覲	뵐 근	18	見	火
謹	삼갈 근	18	言	金
饉	주릴 근	20	食	水
글	木 2字			
勂	뜻 글	6	力	土
契*	부족이름 글//맺을 계//사람이름 설	9	大	木
금	木 24字			
今	이제 금	4	人	火
伶*	풍류이름 금//자랑할 긍	6	人	火
妗	외숙모 금	7	女	土
庈	사람이름 금	7	广	木

한자	뜻,음[검색어]	원획수	부수	자원오행
昑	밝을 금	8	日	火
金*	쇠금//성씨 김	8	金	金
衿	옷깃 금	10	衣	木
衾	이불 금	10	衣	木
笒	첨대 금	10	竹	木
芩	풀이름 금	10	艸	木
肣*	거둘 금//혀 함	10	肉	水
聆	땅이름 금	10	耳	火
唫	입다물 금	11	口	水
惍	날카로울 금	12	心	火
琴	거문고 금	13	玉	金
禁	금할 금	13	示	木
禽	새 금/사로잡을 금	13	内	金*
嶔	높고험할 금	15	山	土
黅	누른빛 금	16	黃	土
錦	비단 금	16	金	金
噤	입다물 금	16	口	水
檎	능금나무 금	17	木	木
擒	사로잡을 금	17	手	木
襟	옷깃 금	19	衣	木

한자	뜻,음[검색어]	원획수	부수	자원오행
급	木 14字			
及	미칠 급	4	又	水
伋	속일 급	6	人	火
皀	향기로울 급	7	白	火*
岌	높을 급	7	山	土
圾	위태할 급	7	土	土
汲	길을 급	8	水	水
扱	미칠 급	8	手	木
急	급할 급	9	心	火
級	등급 급	10	糸	木
芨	말오줌나무 급	10	艸	木
笈	길마 급	10	竹	木
裌*	길마 급//극진할 극	11	木	木
給	줄 급	12	糸	木
礏	산우뚝솟을 급	18	石	金
긍	木 7字			
亙*	뻗칠 긍//베플 선	6	二	火*
亘	뻗칠 긍	6	二	火*
伶*	자랑할 긍//풍류이름 금	6	人	火
矜	자랑할 긍	9	矛	金

한자	뜻,음[검색어]	원획수	부수	자원오행
肯	즐길 긍	10	肉	水
殑	까무러칠 긍	11	歹	水
兢	떨릴 긍	14	儿	水*
기	木 115字			
己	몸 기	3	己	土
丌	책상 기/그 기	3	一	木
气	기운 기	4	气	水
企	꾀할 기	6	人	火
屺	민둥산 기	6	山	土
伎	재간 기	6	人	火
岐	갈림길 기	7	山	土
圻*	경기 기//지경 은	7	土	土
杞	구기자 기/나라이름 기	7	木	木
妓	기생 기	7	女	土
忌	꺼릴 기	7	心	火
弃	버릴 기	7	廾	木
庋	시렁 기	7	广	木
歧	갈림길 기	8	止	土
其	그 기	8	八	金
炁	기운 기	8	火	火

한자	뜻,음[검색어]	원획수	부수	자원오행	한자	뜻,음[검색어]	원획수	부수	자원오행
奇	기특할 기	8	大	土*	芰	마름 기	10	艸	木
汽	물끓는김 기	8	水	水	豈*	어찌 기//개가 개	10	豆	水*
沂	물이름 기	8	水	水	起	일어날 기	10	走	火
肌	살가죽 기	8	肉	水	剞	이길 기	10	刀	金
祁	성할 기	8	示	木	俱	탈 기	10	人	火
技	재주 기	8	手	木	埼	갑 기	11	土	土
玘	패옥 기	8	玉	金	寄	부칠 기	11	宀	木
忮	해칠 기	8	心	火	跂	육발이 기/ 발돋음할 기	11	足	土
怾*	사랑할 기//믿을 지	8	心	火	旣	이미 기	11	旡	水
祇*	땅귀신 기//다만 지	9	示	木	飢	주릴 기	11	食	水
紀	벼리 기	9	糸	木	基	터 기	11	土	土
祈	빌 기	9	示	木	崎	험할 기	11	山	土
岐*	실을 기//사람이름 궤	9	支	土	萁	키 기/나라이름 기	11	己	土
旂	기 기	10	方	土	婍	예쁠 기	11	女	土
記	기록할 기	10	言	金	猉	강아지 기/기린 기	12	犬	土
氣	기운 기	10	气	水	期	기약할 기	12	月	水
耆	늙을 기	10	老	土	攲	기울 기	12	支	土
芪	단너삼 기	10	艸	木	掎	끌 기	12	手	木
朜	도마 기	10	肉	水	朞	돌 기	12	月	水
剞	새김칼 기	10	刀	金	幾	조짐 기	12	幺	火

한자	뜻,음[검색어]	원획수	부수	자원오행	한자	뜻,음[검색어]	원획수	부수	자원오행
淇	물이름 기	12	水	水	綦	연둣빛비단 기	14	糸	木
棋	바둑 기	12	木	木	綥	연둣빛 기	14	糸	木
碁	바둑 기	12	木	木	檕	오리나무 기	14	木	木
棄	버릴 기	12	木	木	僛	취하여춤추는모양 기	14	人	火
欺	속일 기	12	欠	火	箕	키 기	14	竹	木
掑	굳셀 기	12	手	木	萁	콩깍지 기	14	艸	木
祺	복 기	13	示	木	嶇	높을 기	15	山	土
畸	뙈기밭 기/불구 기	13	田	土	畿	경기 기	15	田	土
碁	바둑 기	13	石	金	諆	속일 기	15	言	金
琪	아름다운옥 기	13	玉	金	錤	가마솥 기	16	金	金
琦	옥이름 기	13	玉	金	器	그릇 기	16	口	水
稘	돌 기/볏짚 기	13	禾	木	璂	피변꾸미개 기	16	玉	金
嗜	즐길 기	13	口	水	曁	및 기	16	日	火
頎	헌걸찰 기	13	頁	火	冀	바랄 기	16	八	金
愭	공손할 기	14	心	火	機	틀 기	16	木	木
旗	기 기	14	方	木*	錤	호미 기	16	金	金
晲	날씨 기	14	日	火	禨	복 기	16	示	木
墍	맥질할 기	14	土	土	璣	구슬 기	17	玉	金
蜞	방게 기	14	虫	水	磯	물가 기	17	石	金
綺	비단 기	14	糸	木	覬	바랄 기	17	見	火

한자	뜻,음[검색어]	원획수	부수	자원오행
禨	조짐 기	17	示	木
箕	대나무 기	17	竹	木
鐖	갈 기	18	耒	金*
騎	말탈 기	18	馬	火
隑	굽은언덕 기	18	阜	土
蟣	서캐 기	18	虫	水
騏	준마 기	18	馬	火
麒	기린 기	19	鹿	土
譏	비웃을 기	19	言	金
鬐	갈기 기	20	髟	火
璣	모난구슬 기	20	玉	金
夔	조심할 기	20	夊	土
饑	주릴 기	21	食	水
鰭	지느러미 기	21	魚	水
羈	재갈 기	22	艸	木
羇	굴레 기/나그네 기	23	网	木
羈	굴레 기/나그네 기	25	网	木
虁	나물이름 기	26	艸	木
驥	천리마 기	27	馬	火
긴		木 1字		

한자	뜻,음[검색어]	원획수	부수	자원오행
緊	긴할 긴	14	糸	木
길		木 8字		
吉	길할 길	6	口	水
佶	바를 길	8	人	火
姞	삼갈 길	9	女	土
咭	웃는모양 길	9	口	水
桔	도라지 길	10	木	木
拮	일할 길	10	手	木
蛣	장구벌레 길	12	虫	水
趌	성내어달릴 길	13	走	火
김		木 1字		
金*	성씨 김//쇠 금	8	金	金
끽		木 1字		
喫	먹을 끽	12	口	水
	ㄱ 끝			

한자	뜻,음[검색어]	원획수	부수	자원오행	한자	뜻,음[검색어]	원획수	부수	자원오행
나	火 21字				糯	찰벼 나	20	米	木
奈*	어찌 나//어찌 내	8	大	火*	儺	푸닥거리 나	21	人	火
拏*	붙잡을 나//붙잡을 라	9	手	木	낙	火 1字			
柰*	어찌 나//능금나무 내	9	木	木	諾	허락할 낙	16	言	金
奼	많을 나	10	夕	水	난	火 7字			
挐	붙잡을 나	10	手	木	偄	연약할 난	11	人	火
娜	아름다울 나	10	女	土	赧	얼굴붉힐 난	12	赤	火
拿	잡을 나	10	手	木	煗	더울 난	13	火	火
哪	역귀쫓는소리 나/어찌 나	10	口	水	暖	따듯할 난	13	日	火
梛	나무이름 나	11	木	木	愞	미상 난	13	心	火
那	어찌 나	11	邑	土	餪	풀보기잔치 난	18	食	水
挪	옮길 나	11	手	木	難	어려울 난	19	隹	火
旎	깃발날릴 나	12	方	木*	날	火 2字			
喇*	나팔 나//나팔 라	12	口	水	捏	꾸밀 날	11	手	木
胗	성길 나	12	肉	水	捺	누를 날	12	手	木
詉	붙잡을 나	13	言	金	남	火 12字			
稬	찰벼 나	14	禾	木	男	사내 남	7	田	土
說*	떠볼 나//엿볼 예	15	言	金	枏	녹나무 남	8	木	木
橠	나무무성할 나	16	木	木	南	남녘 남	9	十	火
懦	나약할 나	18	心	火	[illegible]	사내 남	9	人	火

한자	뜻,음[검색어]	원 획수	부수	자원 오행
娚	재잘거릴 남/ 오라비 남	10	女	土
喃	말흐릴 남	12	口	水
婻	예쁠 남	12	女	土
楠	녹나무 남	13	木	木
湳	물이름 남	13	水	水
揇	어림잡을 남	13	手	木
暔	나라이름 남	13	日	火
諵	수다스러울 남	16	言	金
납	火 2字			
衲	기울 납	10	衣	木
納	들일 납	10	糸	木
낭	火 3字			
娘*	여자 낭//여자 랑	10	女	土
曩	접때 낭	21	日	火
囊	주머니 낭	22	口	水
내	火 9字			
乃	이에 내	2	丿	金
內	안 내	4	入	木
奶	젖 내	5	女	土
奈*	어찌 내//어찌 나	8	大	火*

한자	뜻,음[검색어]	원 획수	부수	자원 오행
耐	견딜 내	9	而	水
柰	능금나무 내	9	木	木
迺	이에 내	13	辵	土
鼐	가마솥 내	15	鼎	火
嬭	젖 내	17	女	土
녀	火 1字			
女	여자 녀	3	女	土
녁	火 1字			
惄	허출할 녁	12	心	火
년	火 4字			
年	해 년	6	干	木
秊	해 년	8	禾	木
碾	맷돌 년	15	石	金
撚	비틀 년	16	手	木
녈	火 1字			
涅	개흙 녈	11	水	水
념	火 4字			
念	생각 념	8	心	火
拈	집을 념	9	手	木
恬	편안할 념	10	心	火

한자	뜻,음[검색어]	원획수	부수	자원오행	한자	뜻,음[검색어]	원획수	부수	자원오행
捻	비틀 념	12	手	木	笯	새장 노	11	竹	木
녑	火 1字				猱	원숭이 노	13	犬	土
惗	사랑할 녑	12	心	火	譆	기뻐할 노	14	言	金
녕	火 8字				瑙	마노 노	14	玉	金
侫	아첨할 녕	7	人	火	駑	둔할말 노	15	馬	火
甯	편안할 녕	12	用	水	臑	팔꿈치 노	20	肉	木*
寍	편안할 녕	13	宀	火*	**농**	火 7字			
寧	편안할 녕	14	宀	火*	農	농사 농	13	辰	土
儜	괴로워할 녕	16	人	火	儂	나 농	15	人	火
嚀	간곡할 녕	17	口	水	噥	소곤거릴 농	16	口	水
濘	진창 녕	18	水	水	濃	짙을 농	17	水	水
獰	모질 녕	18	犬	土	穠	무성할 농	18	禾	木
노	火 13字				膿	고름 농	19	肉	水
奴	종 노	5	女	土	醲	진할술 농	20	酉	金
努	힘쓸 노	7	力	土	**날**	火 1字			
弩	쇠뇌 노	8	弓	金*	豽	앞발없는짐승 날	12	豸	水
孥	자식 노	8	子	水	**뇌**	火 3字			
呶	지껄일 노	8	口	水	惱	번뇌할 뇌	13	心	火
怒	성낼 노	9	心	火	腦	골 뇌	15	肉	水
猺	산이름 노	10	山	土	餒	주릴 뇌	16	食	水

한자	뜻,음[검색어]	원획수	부수	자원오행
뇨	火 7字			
尿	오줌 뇨	7	尸	水
淖	진흙 뇨	12	水	水
嫋	예쁠 뇨	13	女	土
鬧	시끄러울 뇨	15	鬥	金
撓	어지러울 뇨	16	手	木
嬲	희롱할 뇨	17	女	土
鐃	징 뇨	20	金	金
누	火 3字			
嗕	젖먹을 누	11	口	水
耨	김맬 누	16	耒	土
檽	나무이름 누	18	木	木
눈	火 1字			
嫩	어릴 눈	14	女	土
눌	火 3字			
吶	말더듬을 눌	7	口	水
肭	살찔 눌	10	肉	水
訥	말더듬거릴 눌	11	言	金
뉴	火 7字			
妞	아가씨 뉴	7	女	土
杻	감탕나무 뉴	8	木	木
忸	익을 뉴	8	心	火
沑	젖을 뉴	8	水	水
紐	맺을 뉴	10	糸	木
袎	옷부드러울 뉴	10	衣	木
鈕	인꼭지 뉴	12	金	金
뉵	火 1字			
衄	코피 뉵	10	血	水
늘	火 1字			
乽*	음차자 늘//음차자 얼	9	乙	土*
능	火 1字			
能	능할 능	12	肉	水
니	火 12字			
尼	여승 니	5	尸	水
呢	소곤거릴 니	8	口	水
妮	계집종 니	8	女	土
柅	무성할 니	9	木	木
怩	부끄러워할 니	9	心	火
泥	진흙 니/거리낄 니	9	水	水
祢	아버지사당 니	10	示	木

한자	뜻,음[검색어]	원획수	부수	자원오행	한자	뜻,음[검색어]	원획수	부수	자원오행
馜	진한향기 니	14	香	木					
愵	마음좋을 니	16	心	火					
膩	기름질 니	18	肉	水					
瀰*	많을 니// 물가득할 미	18	水	水					
禰	아버지사당 니	19	示	木					
남	火 12字								
匿	숨길 닉	11	匸	水					
溺	빠질 닉	14	水	水					
닐	火 2字								
昵	친할 닐	9	日	火					
暱	친할 닐	15	日	火					
	ㄴ 끝								

한자	뜻,음[검색어]	원획수	부수	자원오행
다	火 10字			
多	많을 다	6	夕	水
夛	많을 다	6	夕	水
爹	아버지 다/아비 다	10	父	木
寮	깊은모양 다	12	穴	水
茤	이민족이름 다	12	艹	木
茶*	차 다//차 차	12	艹	木
樏	차 다	15	木	木
觰	뿔밑동 다	16	角	木
鄲*	조나라 다//조나라서울 단	19	邑	土
奲*	풍부할 다//관대할 차	24	大	木
단	火 38字			
丹*	붉을 단//붉을 란	4	丶	火*
旦	아침 단	5	日	火
但	다만 단	7	人	火
担	떨칠 단	9	手	木
晅	밝을 단	9	日	火
耑	끝 단	9	而	水
段	조각 단	9	殳	金
彖	판단할 단	9	彐	火

한자	뜻,음[검색어]	원획수	부수	자원오행
矴	흰돌 단	9	石	金
蛋	새알 단/오랑캐이름 단	11	虫	水
胆	옷벗을 단	11	肉	水
袒	웃통벗을 단	11	衣	木
剸	벨 단	11	刀	金
偳	작을 단	11	人	火
短	짧을 단	12	矢	金
單	홑 단	12	口	水
亶	미쁨 단	13	亠	土
煓	불꽃성할 단	13	火	火
湍	여울 단	13	水	水
蜑	오랑캐이름 단/새알 단	13	虫	水
椴	자작나무 단	13	木	木
端	끝 단	14	立	木*
團	둥글 단/경단 단	14	口	水
瑖	옥돌 단	14	玉	金
慱	근심할 단	15	心	火
緞	비단 단	15	糸	木
腶	약포 단	15	肉	水
漙	이슬많을 단	15	水	水

한자	뜻,음[검색어]	원획수	부수	자원오행	한자	뜻,음[검색어]	원획수	부수	자원오행
壇	단 단	16	土	土	橽	물샐 달	17	木	木
燀*	뜨거울 단//밥지을 천	16	火	火	獺	수달 달	20	犬	土
竱*	같을 단//같을 전	16	立	金	闥	문 달	21	門	木
檀	박달나무 단	17	木	木	韃	매질할 달/종족이름 달	22	革	金
檀	박달나무 단	17	木	木	담	火 36字			
鍛	불릴 단	17	金	金	坍	무너질 담	7	土	土
癉	앓을 단	17	广	水	炎*	아름다울 담//불꽃 염	8	火	火
斷	끊을 단	18	斤	金	倓	편안할 담	10	人	火
簞	소쿠리 단	18	竹	木	埮	평평한땅 담	11	土	土
鄲*	조나라서울 단//조나라 다	19	邑	土	聃	귓바퀴없을 담	11	耳	火
달	火 13字				啗	먹일 담	11	口	水
妲	여자의 자 달	8	女	土	啖	씹을 담	11	口	水
怛	슬플 달	9	心	火	覃	깊을 담	12	襾	金
羍	어린양 달	9	羊	土	噉	넉넉할 담/먹을 담	12	口	水
炟	불일 달/다래 달	9	火	火	毯	담요 담	12	毛	火
疸	황달 달	10	广	水	淡	맑을 담	12	水	水
靼	다룸가죽 달	14	革	金	惔	탈 담/편안할 담	12	心	火
達	통달할 달	16	辵	土	痰	가래 담	13	广	水
撻	때릴 달	17	手	木	湛	괼 담	13	水	水
澾	미끄러울 달	17	水	水	綝	선명할 담	14	糸	木

한자	뜻,음[검색어]	원획수	부수	자원오행	한자	뜻,음[검색어]	원획수	부수	자원오행
郯	나라이름 담	15	邑	土	黵	문신할 담	25	黑	水
談	말씀 담	15	言	金	답	火 5字			
儋	멜 담	15	人	火	沓	겹칠 답	8	水	水
墰	술단지 담	15	土	土	畓	논 답	9	田	土
噉	먹을 담	15	口	水	答	대답 답	12	竹	木
噇	가득삼킬 담	15	口	水	踏	밟을 답	15	足	土
潭	못 담	16	水	水	遝	뒤섞일 답	17	辵	土
錟	창 담	16	金	金	당	火 30字			
曇	흐릴 담	16	日	火	唐	당나라 당/당황할 당	10	口	水
禫	담제 담	17	示	木	倘	빼어날 당	10	人	火
澹	맑을 담	17	水	水	堂	집 당	11	土	土
擔	멜 담	17	手	木	棠	아가위 당	12	木	木
憺	편한할 담/참담할 담	17	心	火	當	마땅 당	13	田	土
薚	지모 담	18	艸	木	塘	못 당	13	土	土
壜	항아리 담	19	土	土	搪	뻗을 당	14	手	木
膽	쓸개 담	19	肉	水	溏	진창 당	14	水	水
薝	치자나무꽃 담	19	艸	木	幢	기 당	15	巾	木
譚	클 담	19	言	金	瑭	옥이름 당	15	玉	金
黮	검을 담	21	黑	水	鄧	마을 당	15	邑	土
罎	항아리 담	22	缶	土	瞠	똑바로볼 당	16	目	木

한자	뜻,음[검색어]	원획수	부수	자원오행	한자	뜻,음[검색어]	원획수	부수	자원오행
糖*	엿 당//엿 탕	16	米	木	代	대신할 대	5	人	火
撞	칠 당	16	手	木	汏	일 대	7	水	水
螳	사마귀 당	17	虫	水	旲*	햇빛 대/클 영	7	日	火
檔	의자 당	17	木	木	坮	대 대	8	土	土
璫	귀고리옥 당	18	玉	金	岱	대산 대	8	山	土
磄	밑바닥 당	18	石	金	垈	집터 대	8	土	土
餳	엿 당	18	食	水	枒*	사람이름 대//팔모진창 수	8	木	木
蟷	사마귀 당	19	虫	水	待	기다릴 대	9	彳	火
餹	엿 당	19	食	水	抬	들 대	9	手	木
襠	잠방이 당	19	衣	木	柋	누에시렁기둥 대	9	木	木
鏜	종고소리 당	19	金	金	玳	대모 대	10	玉	金
黨	무리당	20	黑	水	帶	띠 대	11	巾	木
鐺	쇠사슬 당	21	金	金	袋	자루 대	11	衣	木
儻	빼어날 당	22	人	火	貸	빌릴 대	12	貝	金
爣	불빛밝을 당	24	火	火	曃	해돋을 대	13	日	火
曭	밝을 당	25	白	金	碓	방아 대	13	石	金
讜	곧은말 당	27	言	金	臺	대 대	14	至	土
戇	어리석을 당	28	心	火	對	대할 대	14	寸	木
대	火 29字				觺	뿔심 대	15	角	木
大	클 대/큰 대	3	大	木	儓	하인 대	16	人	木

한자	뜻,음[검색어]	원획수	부수	자원오행
黛	눈썹먹 대	17	黑	水
隊	무리 대	17	阜	土
曘	무성할 대	18	日	火
擡	들 대	18	手	木
懟	원망할 대	18	心	火
戴	일 대	18	戈	金
檯	나무이름 대	18	木	木
鐓	창고달 대	20	金	金
댁	火 1字			
宅*	댁 댁//집 택	6	宀	木
덕	火 5字			
悳	클 덕/덕 덕	12	心	火
惪	클 덕	12	心	火
徳	클 덕/덕 덕	14	彳	火
德	클 덕/덕 덕	15	彳	火
檍*	더기 덕//망치 적	16	木	木
도	火 72字			
刀	칼 도	2	刀	金
夲	나아갈 도	5	大	木
叨	탐낼 도	5	口	水

한자	뜻,음[검색어]	원획수	부수	자원오행
忉	근심할 도	6	心	火
到	이를 도	8	刂	金
弢	활집 도	8	弓	木*
度*	법도 도//헤아릴 탁	9	广	木
倒	넘어질 도	10	人	火
挑	돋울 도	10	手	木
徒	무리 도	10	彳	火
桃	복숭아 도	10	木	木
島	섬 도	10	山	土
洮	씻을 도	10	水	水
峹	산이름 도	10	山	土
庩	집 도	10	广	木
涂	길 도	11	水	水
捈	궁굴릴 도	11	手	木
掏	가릴 도	12	手	木
棹	노 도	12	木	木
堵	담 도	12	土	土
盗	도둑 도	12	皿	金
悼	슬퍼할 도	12	心	火
淘	쌀일 도	12	水	水

한자	뜻,음[검색어]	원획수	부수	자원오행	한자	뜻,음[검색어]	원획수	부수	자원오행
屠	죽일 도	12	尸	水	搗	두드릴 도	14	手	木
稌	찰벼 도	12	禾	木	萄	포도 도	14	艸	木
掉	흔들 도	12	手	木	菟	호랑이 도	14	艸	木
椊	개오동나무 도	12	木	木	稻	벼 도	15	禾	木
渡	건널 도	13	水	水	嘟	칭찬할 도	15	口	水
逃	도망할 도	13	辵	土	瑫	옥이름 도	15	玉	金
跳	뛸 도	13	足	土	道	길 도	16	辵	土
裪	복 도	13	示	木	賭	내기 도	16	貝	金
塗	칠할 도/길 도	13	土	土	都	도읍 도	16	邑	土
晧	새벽 도	13	日	火	覩	볼 도	16	見	火
茶	씀바귀 도	13	艸	木	鋾	무딜 도	16	金	金
圖	그림 도	14	口	水	導	인도할 도	16	寸	木
慆	기뻐할 도	14	心	火	陶	질그릇 도	16	阜	土
途	길 도	14	辵	土	馟	향기로울 도	16	香	木
掏	꺼낼 도	14	手	木	噵	길 도	16	口	水
鞀	노도 도	14	革	金	鍍	도금할 도	17	金	金
滔	물넘칠 도	14	水	水	闍	망루 도	17	門	木
睹	볼 도	14	目	木	蹈	밟을 도	17	足	土
嶋	섬 도	14	山	土	壔	성채 도	17	土	土
酴	술밑 도	14	酉	金	櫂	노 도	18	木	木

한자	뜻,음[검색어]	원획수	부수	자원오행
檮	등걸 도	18	木	木
濤	물결 도	18	水	水
燾	비출 도	18	火	火
擣	찧을 도	18	手	木
鞱	감출 도/활집 도	19	革	金
韜	감출 도/활집 도	19	韋	金
鼗	땡땡이 도	19	鼓	金
禱	빌 도	19	示	木
饕	탐할 도	22	食	水
독	火 12字			
禿	대머리 독	7	禾	木
毒	독 독	8	母	土
督	감독할 독	13	目	木
篤	도타울 독	16	竹	木
獨	홀로 독	17	犬	土
瀆	도랑 독/더럽힐 독	19	水	水
牘	서찰 독	19	片	木
犢	송아지 독	19	牛	土
櫝	함 독	19	木	木
讀*	읽을 독//구절 두	22	言	金

한자	뜻,음[검색어]	원획수	부수	자원오행
纛	기 독	25	糸	木
黷	더럽힐 독	27	黑	水
돈	火 13字			
旽	밝을 돈	8	日	火
沌	막힐 돈	8	水	水
豚	돼지 돈	11	豕	水
弴	활 돈	11	弓	金*
惇	도타울 돈	12	心	火
敦	도타울 돈	12	攴	金
焞*	귀갑지지는불 돈//밝을 순	12	火	火
頓	조아릴 돈	13	頁	火
墩	돈대 돈	15	土	土
燉	불빛 돈	16	火	火
暾	아침해 돈	16	日	火
潡	큰물 돈	16	水	水
躉	거룻배 돈	20	足	土
돌	火 4字			
乭	이름 돌	6	石	金
咄	꾸짓을 돌	8	口	水
突	갑자기 돌	9	穴	水

한자	뜻,음[검색어]	원획수	부수	자원오행	한자	뜻,음[검색어]	원획수	부수	자원오행
埲	굴뚝 돌	12	土	土	苳	겨우살이 동	11	艹	木
동	火 49字				動	움직일 동	11	力	水*
冬	겨울 동/북소리 동	5	冫	水	崠	땅이름 동	11	山	土
仝	한가지 동	5	人	火	窚	굴 동	11	穴	水
同	한가지 동	6	口	水	洞	물깊을 동	11	水	水
彤	붉을 동	7	彡	火	硐	갈 동/산골짜기 동	11	石	金
東	동녘 동	8	木	木	稝	벼무성할 동	11	禾	木
侗	정성 동	8	人	火	棟	마룻대 동	12	木	木
峒	산이름 동	9	山	土	涷	소나기 동	12	水	水
哃	큰말할 동	9	口	水	茼	쑥갓 동	12	艹	木
垌	항아리 동	9	土	土	童	아이 동	12	立	金
姛	곧을 동	9	女		胴	큰창자 동/몸통 동	12	肉	水
炵	불꽃 동	9	火	火	絧	베이름 동	12	糸	木
洞*	골 동//밝을 통	10	水	水	鉖	낚싯바늘 동	13	金	金
烔	뜨거운모양 동	10	火	火	湩	젖 동	13	水	水
疼	아플 동	10	疒	水	絧	붉을 동	13	赤	火
凍	얼 동	10	冫	水	働	일할 동	13	人	火
桐	오동나무 동	10	木	木	銅	구리 동	14	金	金
挏	끌 동	10	手	木	蝀	무지개 동	14	虫	水
倲	어리석을 동	10	人	火	僮	아이 동	14	人	火

한자	뜻,음[검색어]	원획수	부수	자원오행
勭	자랄 동/움직일 동	14	力	土
蕫	채소이름 동	14	艹	木
董	바로잡을 동	15	艹	木
橦	나무이름 동	16	木	木
朣	달뜰 동	16	月	水
憧	동경할 동/어리석을 동	16	心	火
曈	동틀 동	16	日	火
潼	물이름 동	16	水	水
瞳	눈동자 동	17	目	木
艟	배 동	18	舟	木
蕫	사초 동	18	艹	木
두	火 24字			
斗	말 두	4	斗	火
杜	막을 두	7	木	木
豆	콩 두	7	豆	木
枓	두공 두	8	木	木
抖	떨 두	8	手	木
肚	배 두	9	肉	水
蚪	올챙이 두	10	虫	水
紏	고할 두/노랑실 두	10	糸	木

한자	뜻,음[검색어]	원획수	부수	자원오행
兜	투구 두	11	儿	金*
浢	강이름 두	11	水	水
痘	역질 두	12	疒	水
阧	치솟을 두	12	阜	土
斝	술그릇 두	12	金	金
脰	목 두	13	肉	水
荳	콩 두	13	艹	木
荰	민족두리풀 두	13	艹	木
逗	머무를 두	14	辵	土
陡	험할 두	15	阜	土
斞	술그릇 두	15	金	金
頭	머리 두	16	頁	火
斁	깰 두	17	攴	金
竇	구멍 두	20	穴	水
讀*	구절 두//읽을 독	22	言	金
蠹	좀 두	24	虫	水
둔	火 8字			
屯	진칠 둔	4	屮	木
窀	광중 둔	9	穴	水
芚	싹나올 둔	10	艹	木

한자	뜻,음[검색어]	원획수	부수	자원오행	한자	뜻,음[검색어]	원획수	부수	자원오행
迍	머뭇거릴 둔	11	辵	土	磴	돌비탈길 등	17	石	金
鈍	둔할 둔	12	金	金	謄	베낄 등	17	言	金
遁	달아날 둔	16	辵	土	璒	옥돌 등	17	玉	金
遯	달아날 둔	18	辵	土	鄧	나라이름 등	19	邑	土
臀	볼기 둔	19	肉	水	覴	오래볼 등	19	見	火
둘		*火* 1字			騰	오를 등	20	馬	火
乞	음역자 둘	5	乙	木	鐙	등자 등/등잔 등	20	金	金
득		*火* 1字			籐	등나무 등	21	竹	木
得	얻을 득	11	彳	火	藤	등나무 등	21	艸	木
등		*火* 19字				ㄷ 끝			
等	무리 등	12	竹	木					
登	오를 등	12	癶	火					
凳	걸상 등	14	几	木					
滕	물솟을 등	14	水	水					
嶝	고개 등/우러를 등	15	山	土					
墱	자드락길 등	15	土	土					
橙	등자나무 등	16	木	木					
燈	등 등	16	火	火					
螣	등사 등	16	虫	水					
縢	봉할 등	16	糸	木					

한자	뜻,음[검색어]	원획수	부수	자원오행	한자	뜻,음[검색어]	원획수	부수	자원오행
라	火 31字				癩	나병 라	21	疒	水
剆	칠 라	9	刀	金	覶	자세할 라	21	見	火
剌*	수라 라//발랄할 랄/어그러질 랄	9	刂	金	囉	소리얽힐 라	22	口	水
拏*	붙잡을 라//붙잡을 나	9	手	木	䯂	노새 라	23	馬	火
砢	돌쌓일 라	10	石	金	臝	벌거벗을 라	23	肉	水
倮	벗을 라	10	人	火	曪	햇빛없을 라	23	日	火
喇	나팔 라	12	口	水	灑*	물질펀히흐를 라//스며들 리	23	水	水
裸	벗을 라	14	衣	木	欏	돌배나무 라	23	木	木
摞	맬 라	15	手	木	纙	돈꿰미 라	25	糸	木
腡	손금 라	15	肉	水	蘿	쑥 라	25	艸	木
瘰	연주창 라	16	疒	水	邏	순라 라	26	辵	土
蓏	열매 라	16	艸	木	鑼	징 라	27	金	金
螺	소라 라	17	虫	水	락	火 13字			
臝	곡식쌓을 라	18	米	木	洛	물이름 락	10	水	水
覼	자세할 라	19	見	火	烙	지질 락	10	火	火
蠃	고둥 라	19	虫	水	珞	구슬목걸이 락	11	玉	金
懶	게으를 라	20	心	火	硌	산위의큰바위 락	11	石	金
羅	그물 라	20	网	木	絡	이을 락/얽을 락	12	糸	木
儸	간능있을 라	21	人	火	酪	타락 락	13	酉	金
騾	노새 라	21	馬	火	詻	타락 락	13	口	水

한자	뜻,음[검색어]	원획수	부수	자원오행
犖	얼룩소 락	14	牛	土
鉻	깎을 락	14	金	金
落	떨어질 락	15	艸	木
樂*	즐길 락//노래 악//좋아할 요	15	木	木
駱	낙타 락	16	馬	火
濼*	강이름 락//강이름 록	19	水	水
란	火 25字			
丹*	붉을 란//붉을 단	4	丶	火*
卵	알 란	7	卩	水
亂	어지러울 란	13	乙	木
闌	가로막을 란	17	門	木
嬾	게으를 란	19	女	土
讕	어지러울 란	19	言	金
幱	내리닫이 란	20	巾	木
欄	난간 란	21	木	木
攔	막을 란	21	手	木
瀾	물결 란	21	水	水
爛	빛날 란/문드러질 란	21	火	火
斕	문채 란	21	文	木
璒	옥광채 란	22	玉	金

한자	뜻,음[검색어]	원획수	부수	자원오행
圝	둥글 란	22	口	土
襴	내리닫이 란	23	衣	木
蘭	난초 란	23	艸	木
欒	모감주나무 란	23	木	木
灓	새어흐를 란	23	水	水
籣	동개 란	23	竹	木
灡	뜨물 란	24	水	水
欄	나무이름 란	25	木	木
鑭	금빛나는모양 란	25	金	金
鑾	방울 란	27	金	金
灤	새어흐를 란	27	水	水
鸞	난새 란	30	鳥	火
랄	火 4字			
剌	발랄할 랄/어그러질 랄	9	刀	金
埒	담 랄	10	土	土
辢	매울 랄	14	辛	金
辣	매울 랄	14	辛	金
람	火 19字			
婪	예쁠 람	11	女	土
惏	탐할 람	11	女	土

한자	뜻,음[검색어]	원획수	부수	자원오행
嵐	남기 람	12	山	土
惏	탐할 람	12	心	火
摿	가질 람	14	手	木
溎	절인과일 람	15	水	水
擥	가질 람	18	手	木
濫	넘칠 람	18	水	水
爁	불번질 람	18	火	火
瓓	옥이름 람	19	玉	金
籃	대바구니 람	20	竹	木
藍	쪽 람	20	艸	木
襤	헌누더기 람	20	衣	木
覽	볼 람	21	見	火
灆	물맑을 람	22	水	水
攬	가질 람	25	手	木
欖	감람나무 람	25	木	木
灠	샘용솟음할 람/절인과일 람	25	水	水
纜	닻줄 람	27	糸	木
랍	火 4字			
拉	끌 랍	9	手	木
蠟	밀 랍	21	虫	水

한자	뜻,음[검색어]	원획수	부수	자원오행
臘	섣달 랍	21	肉	水
鑞	땜납 랍	23	金	金
랑	火 23字			
庲	높을 랑	10	广	木
娘*	여자 랑//여자 낭	10	女	土
哴	햇볕쬘 량	11	日	火
朗	밝을 랑	11	月	水
浪	물결 랑	11	水	水
烺	밝게빛나는모양 랑	11	火	火
狼	이리 랑	11	犬	土
桹	광랑나무 랑	11	木	木
稂	강아지풀 랑	12	禾	木
硠	돌부딪는소리 랑	12	石	金
琅	옥돌 랑	12	玉	金
郎	사내 랑	13	邑	土
廊	사랑채 랑	13	广	木
蜋	사마귀 랑	13	虫	水
莨	수크령 랑	13	艸	木
嫏	서고 랑	13	女	土
榔	나무이름 랑	14	木	木

한자	뜻,음[검색어]	원획수	부수	자원오행
郎	사내 랑	14	邑	土
誏	농담할 랑	14	言	金
閬	솟을대문 랑	15	門	木
瑯	옥돌 랑	15	玉	金
螂	사마귀 랑	16	虫	水
駺*	꼬리흰말 랑// 꼬리흰말 량	17	馬	火
래	火 14字			
来	올 래	7	木	木
來	올 래	8	人	木*
倈	올 래/위로할 래	10	人	火
崍	산이름 래	11	山	土
徠	올 래/위로할 래	11	彳	火
唻	노래하는소리 래	11	口	水
庲	집 래	11	广	木
淶	강이름 래	12	水	水
梾	푸조나무 래	12	木	木
睞	한눈팔 래	13	目	木
萊	명아주 래	14	艸	木
趏	올 래	15	走	火
郲	땅이름 래	15	邑	土

한자	뜻,음[검색어]	원획수	부수	자원오행
騋	큰말 래	18	馬	火
랭	火 1字			
冷	찰 랭	7	冫	水
략	火 3字			
略	다스릴 략	11	田	土
畧	다스릴 략	11	田	土
掠	노략질할 략	12	手	木
량	火 22字			
良	어질 량	7	艮	土
兩	두 량	8	入*	土
亮	밝을 량	9	亠	火
俍	어질 량	9	人	火
凉	서늘할 량	10	冫	水
倆	재주 량	10	人	火
梁	들보 량	11	木	木
悢	슬퍼할 량	11	心	火
涼	서늘할 량	12	水	水
喨	소리맑을 량	12	口	水
量	헤아릴 량	12	里	火*
晾	볕쪼일 량	12	日	火

한자	뜻,음[검색어]	원 획수	부수	자원 오행	한자	뜻,음[검색어]	원 획수	부수	자원 오행
粱	기장 량	13	米	木	黎	검을 려	15	黍	木
粮	양식 량	13	米	木	閭	이문 려	15	門	木
滰	큰물 량	13	水	水	慮	생각할 려	15	心	火
踉	높이뛸 량	14	足	土	膂	등골뼈 려	16	肉	水
樑	들보 량	15	木	木	儢	힘쓰지아니할 려	17	人	火
諒	참될 량	15	言	金	勵	힘쓸 려	17	力	土
輛	수레 량	15	車	火	勴	도울 려	17	力	土
騋*	꼬리흰말 량// 꼬리흰말 랑	17	馬	火	癘	나병 려	18	疒	水
魎	도깨비 량	18	鬼	火	濾	거를 려	19	水	水
糧	양식 량	18	米	木	麗	고울 려	19	鹿	土
려	火 35字				廬	농막집 려	19	广	木
呂	등뼈 려	7	口	水	櫚	종려 려	19	木	木
戾	어그러질 려	8	戶	金*	曞	햇빛성할 려	19	日	火
侶	짝 려	9	人	火	礪	숫돌 려	20	石	金
沴*	해칠 려//흐트러질 전	9	水	水	曥	햇빛 려	20	日	火
旅	나그네 려	10	方	土	蠣	굴조개 려	21	虫	水
唳	울 려	11	口	水	藜	명아주 려	21	艸	木
梠	평고대 려	11	木	木	蠡	좀먹을 려	21	虫	水
珕	굴 려	11	玉	金	儷	짝 려	21	人	火
厲	갈 려	15	厂	水	糲	현미 려	21	米	木

한자	뜻,음[검색어]	원획수	부수	자원오행
臚	살갗 려	22	肉	水
邌	천천히갈 려	22	辵	土
麗*	짝 려//나라이름 리	22	女	土
鑢	줄칼 려	23	金	金
驢	당나귀 려	26	馬	火
驪	검은말 려	29	馬	火
력	火 13字			
力	힘 력	2	力	土
歷	지날 력	16	止	土
曆	책력 력	16	日	火
櫟	상수리나무 력	19	木	木
櫪	말구유 력	20	木	木
瀝	거를 력	20	水	水
礫	조약돌 력	20	石	金
攊	칠 력	20	手	木
癧	연주창 력	21	广	水
轢	짓밟을 력	22	車	火
轣	물레 력	23	車	火
靂	벼락 력	24	雨	水
酈	땅이름 력	26	邑	土

한자	뜻,음[검색어]	원획수	부수	자원오행
련	火 23字			
堜	땅이름 련	12	土	土
湅	삶을 련	13	水	水
煉	달굴 련	13	火	火
楝	멀구슬나무 련	13	木	木
健	쌍둥이 련	13	人	火
連	잇닿을 련	14	辵	土
輦	손수레 련	15	車	火
練	누일 련	15	糸	木
漣	잔물결 련	15	水	水
憐	불쌍히여길 련	16	心	火
璉	호련 련	16	玉	金
鍊	불릴 련	17	金	金
蓮	연꽃 련	17	艸	木
聯	연이을 련	17	耳	火
鏈	쇠사슬 련	19	金	金
鰊	청어 련	20	魚	水
孌	아름다울 련	22	女	土
攣	더위잡고오를 련	22	大	火*
鰱	연어 련	22	魚	水

한자	뜻,음[검색어]	원획수	부수	자원오행	한자	뜻,음[검색어]	원획수	부수	자원오행
攣	걸릴 련	23	手	木	斂	거둘 렴	17	攴	金
戀	그리워할 련	23	心	火	濂	엷을 렴	17	水	水
臠	저민고기 련	25	肉	水	殮	염할 렴	17	歹	水
轡	꿰맬 련	26	車	火	簾	발 렴	19	竹	木
렬	火 11字				瀲	넘칠 렴	21	水	水
劣	못할 렬	6	力	土	렵	火 3字			
列	벌일 렬	6	刀	金	獵	사냥 렵	19	犬	土
冽	찰 렬	8	冫	水	躐	밟을 렵	22	足	土
娳	아름다울 렬	9	女	土	鬣	갈기 렵	25	髟	火
洌	맑을 렬	10	水	水	령	火 38字			
烈	세찰 렬	10	火	火	令	하여금 령	5	人	火
挒	비틀 렬	10	手	木	另	헤어질 령	5	口	水
栵*	산밤나무 렬//산밤나무 례	10	木	木	伶	영리할 령	7	人	火
捩	비틀 렬	12	手	木	姈	영리할 령	7	人	火
裂	찢을 렬	12	衣	木	岭	고개 령	8	山	土
颲	사나운바람 렬	15	風	木	岺	산깊을 령	8	山	土
렴	火 8字				呤	속삭일 령	8	口	水
廉	청렴할 렴	13	广	木	姈	슬기로울 령	8	女	土
磏	거친숫돌 렴	15	石	金	囹	옥 령	8	口	金*
嫌	맑고고울 렴	16	女	土	坽	험한언덕 령	8	土	土

한자	뜻,음[검색어]	원획수	부수	자원오행	한자	뜻,음[검색어]	원획수	부수	자원오행
泠	깨우칠 령	9	水	水	逞	쾌할 령	14	辵	土
怜	영리할 령	9	心	火	鹼	소금 령	16	鹵	水
昤	햇빛 령	9	日	火	鴒	할미새 령	16	鳥	火
朎	영롱할 령	9	月	水	嶺	고개 령	17	山	土
柃	나무이름 령	9	木	木	澪	물이름 령	17	水	水
玲	옥소리 령	10	玉	金	齡	나이 령	20	齒	金
秢	벼처음익을 령	10	禾	木	靈	신령 령	24	雨	水
砱	돌소리 령	10	石	金	欞	격자창 령	28	木	木
皊	흴 령	10	白	金	**레**	火 9字			
苓	도꼬마리 령	11	艸	木	礼	예도 례	6	示	木
笒	종다래끼 령	11	竹	木	例	법식 례	8	人	火
聆	들을 령	11	耳	火	栵*	산밤나무 례// 산밤나무 렬	10	木	木
羚	영양 령	11	羊	土	隷	종 례	16	隶	水
蛉	잠자리 령	11	虫	水	澧	강이름 례	17	水	水
翎	깃 령	11	羽	火	隸	종 례	17	隶	水
輅	수레난간 령	12	車	火	禮	예도 례	18	示	木
詅	팔 령	12	言	金	醴	단술 례	20	酉	金
零	떨어질 령/영 령	13	雨	水	鱧	가물치 례	24	魚	水
鈴	방울 령	13	金	金	**로**	火 43字			
領	옷깃 령/거느릴 령	14	頁	火	老	늙을 로	6	老	土

한자	뜻,음[검색어]	원획수	부수	자원오행
窂	우리 로	9	穴	水
旅	검을 로	11	玄	水
鹵	소금 로	11	鹵	水
勞	일할 로	12	力	火*
虜	사로잡을 로	12	虍	木
虜	사로잡을 로	13	虍	木
路	길 로	13	足	土
輅	수레 로	13	車	火
魯	노둔할 로	15	魚	水
滷	소금밭 로	15	水	水
潦*	큰비오는모양 로// 큰비 료	16	水	水
潞	강이름 로	16	水	水
撈	건질 로	16	手	木
盧	목로 로	16	皿	水
澇	큰물결 로	16	水	水
橯	오동나무 로	16	木	木
擄	노략질할 로	17	手	木
癆	중독 로	17	广	水
蕗	감초 로	18	艸	木
璐	아름다운옥 로	18	玉	金

한자	뜻,음[검색어]	원획수	부수	자원오행
櫓	방패 로	19	木	木
嚧	멧돼지부르는소리 로	19	口	水
壚	검은석비레 로	19	土	土
櫨	두공 로	20	木	木
瀘	물이름 로	20	水	水
爐	화로 로	20	火	火
擼	끌어당길 로	20	手	木
露	이슬 로	21	雨	水
鏴	수레 로	21	金	金
鑪	아교그릇 로	21	金	金
瓐	비취옥 로	21	玉	金
艣	노 로	21	舟	木
矑	눈동자 로	21	目	木
蘆	갈대 로	22	艸	木
艫	뱃머리 로	22	舟	木
轆	도르래 로	23	車	火
鷺	해오라기 로	23	鳥	火
鑪	화로 로	24	金	金
顱	머리뼈 로	25	頁	火
髗	머리뼈 로	26	骨	金

한자	뜻,음[검색어]	원획수	부수	자원오행	한자	뜻,음[검색어]	원획수	부수	자원오행
鸕	가마우지 로	27	鳥	火	濼*	강이름 록//강이름 락	19	水	水
鱸	농어 로	27	魚	水	**론**	火 3字			
록	火 18字				惀	생각할 론	12	心	火
甪	사람이름 록	6	用	水	掄*	가릴 론//가릴 륜	12	手	木
录	새길 록	8	彐	金*	論	논할 론	15	言	金
鹿	사슴 록	11	鹿	土	**롱**	火 14字			
淥	밭을 록	12	水	水	弄	희롱할 롱	7	廾	金*
祿	녹 록	13	示	木	儱	미숙한모양 롱	18	人	火
碌	푸른돌 록	13	石	金	壟	밭두둑 롱	19	土	土
琭	옥 록	13	玉	金	嶐	가파를 롱	19	山	土
菉	조개풀 록	14	艸	木	攏	쥘 롱	20	手	木
綠	푸를 록	14	糸	木	瀧	비올 롱	20	水	水
漉	거를 록	15	水	水	曨	어스레할 롱	20	日	火
摝	흔들 록	15	手	木	朧	흐릿할 롱	20	月	水
錄	기록할 록	16	金	金	礱	갈 롱	21	石	金
簏	대상자 록	17	竹	木	瓏	옥소리 롱	21	玉	金
轆	도르래 록	18	車	火	蘢	털여뀌 롱	22	艸	木
騄	말이름 록	18	馬	火	聾	귀먹을 롱	22	耳	火
麓	산기슭 록	19	鹿	土	籠	대바구니 롱	22	竹	木
鵦	새이름 록	19	鳥	火	隴	고개이름 롱	24	阜	土

한자	뜻,음[검색어]	원획수	부수	자원오행	한자	뜻,음[검색어]	원획수	부수	자원오행
뢰	火 19字				료	火 26字			
耒	가래 뢰	6	耒	木	了	마칠 료	2	亅	金
牢	우리 뢰	7	牛	土	炓	불빛모양 료	8	火	火
賂	뇌물 뢰	13	貝	金	料	헤아릴 료	10	斗	火
誄	애도할 뢰	13	言	金	聊	귀울 료	11	耳	火
雷	우레 뢰	13	雨	水	僚	동료 료	14	人	火
酹	부을 뢰	14	酉	金	廖	텅빌 료	14	广	木
磊	돌무더기 뢰	15	石	金	寮	동관 료	15	宀	木
賚	줄 뢰	15	貝	金	嫽	희롱할 료	15	女	土
賴	의뢰할 뢰	16	貝	金	嘹	울 료	15	口	水
頼	의뢰할 뢰	16	頁	金*	漻*	맑고깊을 료// 맑고깊을 류	15	水	水
儡	꼭두각시 뢰	17	人	火	撩	다스릴 료	16	手	木
礌	바위 뢰	18	石	金	暸	밝을 료	16	日	火
攂	갈 뢰	19	手	木	獠	밤사냥 료	16	犬	土
蕾	꽃봉오리 뢰	19	艸	木	膋	발기름 료	16	肉	水
礧	바위 뢰	20	石	金	潦	큰비 료	16	水	水
瀨	여울 뢰	20	水	水	燎	횃불 료	16	火	火
罍	술독 뢰	21	缶	土	瞭	밝을 료	17	目	木
纇	실마디 뢰	21	糸	木	療	고칠 료	17	广	水
籟	세구멍퉁소 뢰	22	竹	木	蓼	여뀌 료	17	艸	木

한자	뜻,음[검색어]	원획수	부수	자원오행	한자	뜻,음[검색어]	원획수	부수	자원오행
繚	감길 료	18	糸	木	屢	여러 루	14	尸	水
醪	막걸리 료	18	酉	金	樓	다락 루	15	木	木
鄝	나라이름 료	18	邑	土	熡	불꽃 루	15	火	火
遼	멀 료	19	辵	土	漏	샐 루	15	水	水
飂	바람소리 료	20	風	木	慺	정성스러울 루	15	心	火
鐐	은 료	20	金	金	漊	지적지적할 루	15	水	水
飉	산들바람 료	21	風	木	潔	물이름 루*	15	水	水
룡	火 4字				摟	끌어모을 루	15	手	木
竜	용 룡	10	立	土*	瘻	부스럼 루	16	广	水
龍	용 룡	16	龍	土	耬	씨뿌리는기구 루	17	耒	土*
儱	비틀거릴 룡	19	彳	火	蔞	산쑥 루	17	艸	木
龒	용 룡	21	龍	土	縷	실 루	17	糸	木
루	火 25字				螻	땅강아지 루	17	虫	水
婁	끌 루	11	女	土	褸	헌누더기 루	17	衣	木
累	묶을 루	11	糸	木	壘	보루 루	18	土	土
淚	눈물 루	12	水	水	謱	말엉킬 루	18	言	金
僂	구부릴 루	13	人	火	鏤	새길 루	19	金	金
陋	더러울 루	14	阜	土	髏	해골 루	21	骨	金
嶁	봉우리 루	14	山	土	**류**	火 25字			
嘍	어지럽힐 루	14	口	水	柳	버들 류	9	木	木

한자	뜻,음[검색어]	원획수	부수	자원오행	한자	뜻,음[검색어]	원획수	부수	자원오행
留	머무를 류	10	田	土	鏐	금 류	19	金	金
流	흐를 류	11	水	水	懰	근심할 류/예쁠 류	19	心	火
琉	유리 류	12	玉	金	纍	맬 류	21	糸	木
硫	유황 류	12	石	金	鶹	올빼미 류	21	鳥	火
旒	깃발 류	13	方	木*	륙	火 4字			
鉚	쇠 류	13	金	金	六	여섯 륙	6	八	土
榴	석류나무 류	14	木	木	勠	힘합할 륙	13	力	土
溜	낙숫물 류	14	水	水	戮	죽일 륙	15	戈	金
瑠	유리 류	15	玉	金	陸	뭍 륙	16	阜	土
劉	죽일 류	15	刀	金	륜	火 12字			
瘤	혹 류	15	疒	水	侖	생각할 륜	8	人	火
漻*	맑고깊을 류//맑고깊을 료	15	水	水	倫	인륜 륜	10	人	火
鎏	면류관드림 류	15	玉	金	崙	산이름 륜	11	山	土
樆	석류나무 류	16	木	木	崘	산이름 륜	11	山	土
遛	머무를 류	17	辵	土	圇	완전할 륜	11	口	土
纍	포승 류	17	糸	木	掄*	가릴 륜//가릴 론	12	手	木
謬	그릇될 류	18	言	金	淪	빠질 륜	12	水	水
鏐	금속 류	18	金	金	棆	느릅나무 륜	12	木	木
瀏	맑을 류	19	水	水	綸	벼리 륜	14	糸	木
類	무리 류	19	頁	火	輪	바퀴 륜	15	車	火

한자	뜻,음[검색어]	원획수	부수	자원오행
踚	날래게걸을 륜	15	足	土
錀	쇠 륜	16	金	金
률	火10字			
律	법칙 률	9	彳	火
哷	소리 률	9	口	水
栗	밤 률	10	木	木
率*	비율 률//거느릴 솔	11	玄	火
崒	가파를 률	12	山	土
嵂	산이름 률	13	山	土
溧	강이름 률	14	水	水
慄	떨릴 률	14	心	火
稛	볏가리 률	15	禾	木
瑮	아름다울 률	15	玉	金
륭	火4字			
憬	뜻 륭	16	心	火
癃	느른할 륭	17	广	水
窿	활꼴 륭	17	穴	水
隆	높을 륭	17	阜	土
륵	火5字			
忇	생각할 륵	6	心	火

한자	뜻,음[검색어]	원획수	부수	자원오행
玏	옥돌 륵	7	玉	金
肋	갈빗대 륵	8	肉	水
泐	돌갈라질 륵	9	水	水
勒	굴레 륵	11	力	金*
름	火 6字			
菻	쑥 름	14	艸	木
凛	찰 름	15	冫	水
凜	찰 름	15	冫	水
廩	곳집 름	16	广	木
澟	서늘할 름	17	水	水
懍	위태할 름	17	心	火
릉	火 9字			
倰	범할 릉	10	人	火
凌	얼음 릉/업신여길 릉	10	冫	水
楞	모 릉	13	木	木
楞	모 릉	13	木	木
稜	모날 릉	13	禾	木
菱	마름 릉	14	艸	木
綾	비단 릉	14	糸	木
陵	언덕 릉	16	阜	土

한자	뜻,음[검색어]	원획수	부수	자원오행	한자	뜻,음[검색어]	원획수	부수	자원오행
㥄	마름 릉	17	艸	木	犂	밭갈 리	12	牛	土
리	火 47字				痢	설사 리	12	疒	水
吏	벼슬아치 리	6	口	水	茘	임할 리	13	艸	木
里	마을 리/속 리	7	里	土	莉	말리 리	13	艸	木
李	오얏 리	7	木	木	剺	벗길 리	13	刀	金
利	날카로울 리/이로울 리	7	刀	金	裏	속 리	13	衣	木
厘	다스릴 리	9	厂	土*	裡	속 리	13	衣	木
俐	똑똑할 리	9	人	火	蜊	참조개 리	13	虫	水
俚	속될 리	9	人	火	嫠	과부 리	14	女	土
唎	소리 리	10	口	水	貍	삵 리	14	豸	水
哩	어조사 리	10	口	水	履	밟을 리/신 리	15	尸	木*
娌	동서 리	10	女	土	漓	스며들 리	15	水	水
浬	임할 리	11	水	水	摛	펼 리	15	手	木
离	떠날 리/도깨비 리	11	内	火*	釐	바를 리	16	支	土
犁	밭갈 리	11	牛	土	璃	유리 리	16	玉	金
梨	배나무 리	11	木	木	罹	걸릴 리	17	网	木
狸	삵 리	11	犬	土	螭	교룡 리	17	虫	水
悧	영리할 리	11	心	火	釐	다스릴 리	18	里	土
浬	해리 리	11	水	水	鯉	잉어 리	18	魚	水
理	다스릴 리	12	玉	金	離	떠날 리	19	隹	火

한자	뜻,음[검색어]	원획수	부수	자원오행	한자	뜻,음[검색어]	원획수	부수	자원오행
蠃	파리할 리	19	羊	土	獜	튼튼할 린	16	犬	土
魑	도깨비 리	21	鬼	火	暽	사람이름 린	16	日	火
孋*	나라이름 리//짝 려	22	女	土	斴	물소리 린	16	斤	金
灕*	스며들 리//물질펀히흐를 라	23	水	水	鬬	새이름 린/밟을 린	16	門	木
黐	끈끈이 리	23	黍	木	磷	물흐르는모양 린	17	石	金
攡	베풀 리	23	手	木	麐	기린 린	17	鹿	土
籬	울타리 리	25	竹	木	璘	옥빛 린	17	玉	金
邐	이어질 리	26	辵	土	瞵	눈빛 린	17	目	木
鸝	꾀꼬리 리	30	鳥	火	燐	반딧불이 린	18	虫	水
린	火 30字				繗	이을 린	18	糸	木
吝	아낄 린	7	口	水	轔	수레소리 린	19	車	火
悋	아낄 린	11	心	火	鄰	이웃 린	19	邑	土
燐	불꽃 린	12	火	火	鏻	굳셀 린	20	金	金
粦	도깨비불 린	12	米	木	隣	이웃 린	20	阜	土
潾	물 맑을 린	14	米	木	藺	골풀 린	22	艸	木
嶙	가파를 린	15	山	土	驎	얼룩말 린	22	馬	火
橉	나무이름 린	16	木	木	麟	기린 린	23	鹿	土
燐	도깨비불 린	16	火	火	鱗	비늘 린	23	魚	水
潾	맑을 린	16	水	水	躙	짓밟을 린	23	足	土
撛	뺄 린	16	手	木	躪	짓밟을 린	27	足	土

한자	뜻,음[검색어]	원획수	부수	자원오행	한자	뜻,음[검색어]	원획수	부수	자원오행
림	火 10字								
林	수풀 림	8	木	木					
玲*	옥 림//옥이름 감	9	玉	金					
棽*	무성할 림//우거질 침	12	木	木					
晽	알고자할 림	12	日	火					
淋	물뿌릴 림	12	水	水					
碄	깊은모양 림	13	石	金					
琳	옥 림	13	玉	金					
痳	임질 림	13	疒	水					
霖	장마 림	16	雨	水					
臨	임할 림	17	臣	火					
립	火 5字								
立	설 립	5	立	金					
岦	산우뚝할 립	8	山	土					
砬	돌소리 립	10	石	金					
粒	낟알 립	11	米	木					
笠	삿갓 립	11	竹	목					
	ㄹ 끝								

한자	뜻,음[검색어]	원획수	부수	자원오행
마	水 13字			
馬	말 마	10	馬	火
麻	삼 마	11	麻	木
媽	어머니 마	13	女	土
痲	저릴 마	13	疒	水
麼	작을 마	14	麻	木
碼	마노 마	15	石	金
摩	문지를 마	15	手	木
瑪	마노 마	15	玉	金
磨	갈 마	16	石	金
螞	말거머리 마	16	虫	水
蟇	두꺼비 마	17	虫	水
劘	깍을 마	21	刀	金
魔	마귀 마	21	鬼	火
막	水 8字			
莫	없을 막	13	艸	木
寞	고요할 막	14	宀	木
幕	장막 막	14	巾	木
漠	사막 막	15	水	水
瞙	흐릴 막	16	目	木

한자	뜻,음[검색어]	원획수	부수	자원오행
膜	꺼플 막	17	肉	水
鏌	칼이름 막	19	金	金
邈	멀 막	21	辵	土
만	水 34字			
万	일만 만	3	一	木
卍	만자 만	6	十	木*
娩	낳을 만	10	女	土
曼	길게끌 만	11	曰	土
晚	늦을 만	11	日	火
挽	당길 만	11	手	木
睌	보는모양 만	12	目	木
輓	끌 만/애도할 만	14	車	火
幔	막 만	14	巾	木
嫚	업신여길 만	14	女	土
墁	흙손 만	14	土	土
脕	흠치르르할 만	14	肉	水
慢	거만할 만	15	心	火
萬	일만 만	15	艸	木
滿	찰 만	15	水	水
漫	질펀할 만	15	水	水

한자	뜻,음[검색어]	원획수	부수	자원오행	한자	뜻,음[검색어]	원획수	부수	자원오행
樠	송진 만	15	木	木	帕	머리띠 말	8	巾	木
槾	흙손 만	15	木	木	妺	여자의자 말	8	女	土
瞞	속일 만	16	目	木	沫	물거품 말	9	水	水
蔓	덩굴 만	17	艸	木	抹	지울 말	9	手	木
縵	무늬없는비단 만	17	糸	木	秣	꼴 말	10	禾	木
饅	밥의윤기 만/만두 만	17	米	木	靺	끝 말	10	口	水
蹣	넘을 만	18	足	土	茉	말리 말	11	艸	木
謾	속일 만	18	言	金	鞨	말갈 말/버선 말	14	革	金
鄤	땅이름 만	18	邑	土	襪	버선 말	21	衣	木
鏋	금 만	19	金	金	**망**	水 18字			
鏝	흙손 만	19	金	金	亡	망할 망	3	亠	水*
饅	만두 만	20	食	水	妄	망령될 망	6	女	土
鬘	머리장식 만	21	髟	火	忙	바쁠 망	7	心	火
彎	굽을 만	22	弓	金*	忘	잊을 망	7	心	火
巒	메 만	22	山	土	汒	황급할 망	7	水	水
鰻	뱀장어 만	22	魚	水	罔	그물 망/없을 망	9	网	木
蠻	종족이름 만	25	虫	水	芒	까끄라기 망	9	艸	木
灣	물굽이 만	26	水	水	邙	북망산 망	10	邑	土
말	水 10字				望	바랄 망/보름 망	11	月	水
末	끝 말	5	木	木	惘	멍할 망	12	心	火

한자	뜻,음[검색어]	원획수	부수	자원오행	한자	뜻,음[검색어]	원획수	부수	자원오행
茫	아득할 망	12	艸	木	買	살 매	12	貝	金
莽	풀 망	12	艸	木	寐	잘 매	12	宀	木
莾	풀 망	14	艸	木	媒	중매 매	12	女	土
網	그물 망	14	糸	木	煤	그을음 매	13	火	火
望	바랄 망/보름 망	14	月	水	莓	딸기나무 매	13	艸	木
輞	바퀴테 망	15	車	火	楳	매화나무 매	13	木	木
漭	넓을 망	15	水	水	醚	술밑 매	14	酉	金
魍	도깨비 망	18	鬼	火	霉	매우 매	15	雨	水
매	水 24字				魅	매혹할 매/도깨비 매	15	鬼	火
每	매양 매	7	母	土	賣	팔 매	15	貝	金
呆	어리석을 매	7	口	火*	勱	힘쓸 매	15	力	土
枚	낱 매	8	木	木	罵	꾸짖을 매	16	网	木
妹	누이 매	8	女	土	邁	멀리갈 매	20	辶	土
沬	땅이름 매	9	水	水	맥	水 7字			
玫	매괴 매	9	玉	金	麥	보리 맥	11	麥	木
昧	어두울 매	9	日	火	貃	맥국 맥	12	豸	水
埋	묻을 매	10	土	土	脈	혈 맥	12	肉	水
眛	어두울 매	10	目	木	貊	맥국 맥	13	豸	水
苺	딸기 매	11	艸	木	陌	길 맥	14	阜	土
梅	매화 매	11	木	木	貘	짐승이름 맥	18	豸	水

한자	뜻,음[검색어]	원획수	부수	자원오행
驀	말탈 맥	21	馬	火
맹	水 9字			
孟	맏 맹	8	子	水
甿	백성 맹	8	田	土
盲	맹인 맹/눈멀 맹	8	目	木
氓	백성 맹	8	氏	火
虻	등에 맹	9	虫	水
猛	사나울 맹	12	犬	土
盟	맹세 맹	13	皿	土*
萌	움 맹	14	艸	木
甍	용마루 맹/싹 맹	16	瓦	土
멱	水 3字			
覓	찾을 멱	11	見	火
幎	덮을 멱	13	巾	木
冪	덮을 멱	16	冖	土*
면	水 19字			
免	면할 면	7	儿	木
沔	물이름 면/빠질 면	8	水	水
眄	곁눈질할 면	9	目	木
面	낯 면/밀가루 면	9	面	火

한자	뜻,음[검색어]	원획수	부수	자원오행
勉	힘쓸 면	9	力	金*
俛	힘쓸 면	9	人	火
眠*	잘 면/거짓말 면//성씨 민	10	目	木
冕	면류관 면	11	冂	木*
棉	목화 면	12	木	木
湎	빠질 면	13	水	水
愐	부끄러워할 면	13	心	火
湎	물넘칠 면	13	水	水
綿	솜 면	14	糸	木
麪	밀가루 면	15	麥	木
緬	멀 면	15	糸	木
緜	솜 면	15	糸	木
諞	속일 면	15	言	金
葂	사람이름 면	15	艸	木
麵	밀가루 면	20	麥	木
멸	水 4字			
滅	다할 멸	14	水	水
篾	대껍질 멸	17	竹	木
蔑	업신여길 멸	17	艸	木
衊	더럽힐 멸	21	血	水

한자	뜻,음[검색어]	원획수	부수	자원오행
명	水 22字			
皿	그릇 명	5	皿	金
名	이름 명	6	口	水
命	목숨 명	8	口	水
明	밝을 명	8	日	火
眀	밝을 명	9	目	木
洺	강이름 명	10	水	水
冥	어두울 명	10	冖	水
茗	차싹 명	12	艹	木
榠	홈통 명	12	木	木
酩	술취할 명	13	酉	金
詺	이름붙일 명	13	言	金
慏	너그러울 명	14	心	火
溟	바다 명	14	水	水
銘	새길 명	14	金	金
鳴	울 명	14	鳥	火
暝	저물 명	14	日	火
焩	흉노마을이름 명	14	火	火
瞑	감을 명	15	目	木
螟	멸구 명	16	虫	水

한자	뜻,음[검색어]	원획수	부수	자원오행
蓂	명협 명	16	艹	木
鄍	고을이름 명	17	邑	土
鷭	초명새 명	19	鳥	火
메	水 1字			
袂	소매 메	10	衣	木
모	水 40字			
毛	터럭 모	4	毛	火
母	어머니 모	5	母	土
矛	창 모	5	矛	金
牟	소우는소리 모/ 보리 모	6	牛	土
牡	수컷 모	7	牛	土
皃	모양 모	7	白	水*
侔	가지런할 모	8	人	火
姆	유모 모	8	女	土
眊	흐릴 모	9	目	木
冒	무릅쓸 모	9	冂	水*
某	아무 모	9	木	木
侮	업신여길 모	9	人	火
姥	할머니 모	9	女	土
旄	깃대장식 모	10	方	土

한자	뜻,음[검색어]	원획수	부수	자원오행
耄	늙은이 모	10	老	土
耗	소모할 모/소식 모	10	耒	火*
芼	우거질 모	10	艸	木
悙	탐할 모	10	心	火
洰	물가언덕 모	10	水	水
眸	눈동자 모	11	目	木
茅	띠 모	11	艸	木
軞	병거 모	11	車	火
媢	강생할 모	12	女	土
帽	모자 모	12	巾	木
募	모을 모	13	力	土
髦	다팔머리 모	14	髟	火
貌	모양 모	14	豸	水
嫫	추녀 모	14	女	土
瑁	옥홀 모	14	玉	金
慕	그릴 모	15	心	火
模	법 모/본뜰 모	15	木	木
摹	베낄 모	15	手	木
摸	본뜰 모	15	手	木
暮	저물 모	15	日	火

한자	뜻,음[검색어]	원획수	부수	자원오행
蟊	해충 모	15	虫	水
慔	힘쓸 모	15	心	火
謀	꾀 모	16	言	金
橅*	법 모//어루만질 무	16	木	木
蟊	해충 모	17	虫	水
謨	꾀 모	18	言	金
목	水 10字			
木	나무 목	4	木	木
目	눈 목	5	目	木
沐	머리감을 목	8	水	水
牧	칠 목/땅이름 목	8	牛	土
坶	땅이름 목	8	土	土
炑	불활활붙을 목	8	火	火
苜	거여목 목	11	艸	木
睦	화목할 목	13	目	木
穆	화목할 목	16	禾	木
鶩	집오리 목	20	鳥	火
몰	水 2字			
沒	빠질 몰	8	水	水
歿	죽을 몰	8	歹	水

한자	뜻,음[검색어]	원획수	부수	자원오행
몽	水 13字			
霿	어두울 몽	13	雨	水
夢	꿈 몽	14	夕	木*
濛	이슬비 몽	14	水	水
瞢	어두울 몽	16	目	木
蒙	어두울 몽	16	艸	木
幪	덮을 몽	17	巾	木
濛	가랑비올 몽	18	水	水
懞	어두울 몽	18	心	火
曚	어두울 몽	18	日	火
矇	청맹과니 몽/어두울 몽	19	目	木
朦	흐릴 몽	20	肉	水
艨	싸움배 몽	20	舟	木
鸏	물새이름 몽	25	鳥	火
묘	水 19字			
卯	넷째지지 묘	5	卩	木*
妙	묘할 묘	7	女	土
杳	아득할 묘	8	木	木
竗	묘할 묘	9	立	土*
昴	별이름 묘	9	日	火

한자	뜻,음[검색어]	원획수	부수	자원오행
眇	애꾸눈 묘/정묘할 묘	9	目	木
畝*	이랑 묘//이랑 무	10	田	土
苗	모 묘	11	艸	木
訬*	가냘플 묘//재빠를 초	11	言	金
淼	아득할 묘	12	水	水
猫	고양이 묘	13	犬	土
描	그릴 묘	13	手	木
渺	아득할 묘	13	水	水
墓	무덤 묘	14	土	土
廟	사당 묘	15	广	木
嫹	아름다울 묘	15	女	土
貓	고양이 묘	16	豸	土*
錨	닻 묘	17	金	金
藐	멀 묘	20	艸	木
무	水 34字			
毋	말 무	4	毋	土
无	없을 무	4	无	火
戊	천간 무	5	戈	土*
巫	무당 무	7	工	火
武	호반 무	8	止	土

한자	뜻,음[검색어]	원획수	부수	자원오행	한자	뜻,음[검색어]	원획수	부수	자원오행
拇	엄지손가락 무	9	手	木	蕪	우거질 무/없을 무	16	木	木
畝*	이랑 무//이랑 묘	10	田	土	懋	힘쓸 무	17	心	火
茂	무성할 무	11	艸	木	繆	얽을 무	17	糸	木
務	힘쓸 무	11	力	土	璑	광채나는옥 무	17	玉	金
娬	아리따울 무	11	女	土	蕪	거칠 무	18	艸	木
貿	무역할 무	12	貝	金	膴	포 무/두터울 무	18	肉	水
堥	언덕 무	12	土	土	鵡	앵무새 무	19	鳥	火
無	없을 무	12	火	火	騖	달릴 무	19	馬	火
珷	옥돌 무	12	玉	金	霧	안개 무	19	雨	水
楙	무성할 무/모과나무 무	13	木	木	**묵**	水 3字			
碔	옥돌 무	13	石	金	嘿	고요할 묵	15	口	水
誣	속일 무	14	言	金	墨	먹 묵	15	土	土
舞	춤출 무	14	舛	木	黙	잠잠할 묵	16	黑	水
嘸	분명하지않을 무	15	口	水	**문**	水 21字			
廡	집 무/무성할 무	15	广	木	文	글월 문	4	文	木
嫵	아리따울 무	15	女	土	刎	목벨 문	6	刀	金
撫*	어루만질 무//법 모	16	木	木	吻	입술 문	7	口	水
撫	어루만질 무	16	手	木	妏	여자의자 문	7	女	土
憮	어루만질 무	16	心	火	抆	닦을 문	8	手	木
儛	춤출 무	16	人	火	炆	따듯할 문	8	火	火

한자	뜻,음[검색어]	원획수	부수	자원오행	한자	뜻,음[검색어]	원획수	부수	자원오행
門	문 문	8	門	木	未	아닐 미	5	木	土*
汶	물이름 문	8	水	水	米	쌀 미	6	米	木
玧*	붉은구슬 문//귀막이구슬 윤	9	玉	金	尾	꼬리 미	7	尸	水
蚊	모기 문	10	虫	水	弥	미륵 미/두루 미/물넓을 미	8	弓	金*
們	들 문	10	人	火	味	맛 미	8	口	水
紋	무늬 문	10	糸	木	侎	어루만질 미	8	人	火
紊	어지러울 문/문란할 문	10	糸	木	眯	점점 미	8	冖	土*
芠	범의귀 문	10	艸	木	眉	눈썹 미	9	目	木
問	물을 문	11	口	水	美	아름다울 미	9	羊	土
悗	잊을 문	11	心	火	弭	활고자 미/그칠 미	9	弓	土*
雯	구름무늬 문	12	雨	水	咪	양울 미	9	口	水
捫	잡을 문	12	手	木	洣	강이름 미	10	水	水
聞	들을 문	14	耳	火	敉	어루만질 미	10	攴	金
璊	붉은옥 문	16	玉	金	娓	장황할 미	10	女	土
懣	번민할 문	18	心	火	梶	나무끝 미	11	木	木
물	水 3字				菋	오미자 미	11	艸	木
勿	말 물	4	勹	金	槑	그물 미	11	米	木
物	물건 물	8	牛	土	渳	물흐르는모양 미	11	水	水
沕	아득할 물	8	水	水	嵄	산 미	12	山	土
미	水 54字				嵋	산이름 미	12	山	土

한자	뜻,음[검색어]	원획수	부수	자원오행	한자	뜻,음[검색어]	원획수	부수	자원오행
媄	아름다울 미	12	女	土	彌	미륵 미/두루 미/활부릴 미	17	弓	金*
媚	아첨할 미/예쁠 미	12	女	土	濮	이슬비 미/물가 미	17	水	水
罘	그물 미	12	网	木	謎	수수께끼 미	17	言	金
絖	수놓은쌀알무늬 미	12	糸	木	麋	죽 미/문드러질 미	17	米	木
堳	담 미	12	土	土	麋	큰사슴 미	17	鹿	土
楣	문미 미	13	木	木	瀰*	물가득할 미//많을 니	18	水	水
湄	물가 미	13	水	水	靡	쓰러질 미	19	非	木*
渼	물놀이 미	13	水	水	薇	장미 미	19	艹	木
迷	미혹할 미	13	辵	土	瀰	물넓을 미	21	水	水
媚	빛날 미	13	火	火	獼	원숭이 미	21	犬	土
媺	착하고아름다울 미	13	女	土	亹	힘쓸 미	22	亠	土*
嫩	착하고아름다울 미	13	女	土	黴	곰팡이 미	23	黑	水
微	작을 미	13	彳	火	蘪	천궁 미	23	艹	木
湈	물의형용 미	13	水	水	蘼	미무 미	25	艹	木
瑂	옥돌 미	14	玉	金	**민**	水 41字			
溦	이슬비 미	14	水	水	民	백성 민	5	氏	火
葞	오미자 미	14	艹	木	岷	산이름 민	8	山	土
躾	가르칠 미	16	身	土*	旻	가을하늘 민	8	日	火
郿	땅이름 미	16	邑	土	旼	화할 민/하늘 민	8	日	火
縻	고삐 미	17	糸	木	忞	힘쓸 민	8	心	火

한자	뜻,음[검색어]	원획수	부수	자원오행	한자	뜻,음[검색어]	원획수	부수	자원오행
忞	힘쓸 민	8	心	火	瑉	옥돌 민	13	玉	金
敃	강인할 민	9	攴	金	黽	힘쓸 민	13	黽	土
泯	망할 민	9	水	水	頣	강할 민	14	頁	火
盿	볼 민	9	目	木	緡	낚싯줄 민	14	糸	木
砇	옥돌 민	9	石	金	碈	옥돌 민	14	石	金
玟	아름다운돌 민	9	玉	金	瑻	옥돌 민	14	玉	金
怋	어지러울 민	9	心	火	閩	종족이름 민	14	門	木
抿	어루만질 민	9	手	木	緍	낚싯줄 민	15	糸	木
珉	옥돌 민	10	玉	金	慜	총명할 민	15	心	火
眠*	성씨 민//잘 면/거짓말 면	10	目	木	僶	힘쓸 민	15	人	火
罠	낚싯줄 민	11	网	木	潣	물편히흐를 민	16	水	水
敏	민첩할 민	11	攴	金	憫	불쌍히여길 민	16	心	火
苠	대껍질 민	11	艸	木	錉	돈꿰미 민	16	金	金
悶	답답할 민	12	心	火	鍲	돈꿰미 민	17	金	金
閔	근심할 민	12	門	木	顲	단단한머리 민	18	頁	火
脗	꼭맞을 민	13	肉	水	鰵	다금바리 민	22	魚	水
暋	굳셀 민	13	日	火	**밀**		水 5字		
愍	근심할 민	13	心	火	密	빽빽할 밀	11	宀	木
鈱	돈꿰미 민	13	金	金	蜜	꿀 밀	14	虫	水
瑉	옥돌 민	13	玉	金	滵	빨리흐르는모양 밀	15	水	水

한자	뜻,음[검색어]	원획수	부수	자원오행	한자	뜻,음[검색어]	원획수	부수	자원오행
榓	침향 밀	15	木	木					부록
謐	고요할 밀	17	言	金					
	ㅁ 끝								
한자	뜻,음[검색어]	원획수	부수	자원오행	한자	뜻,음[검색어]	원획수	부수	자원오행

한자	뜻,음[검색어]	원획수	부수	자원오행
박	水 26字			
朴	나무껍질 박	6	木	木
泊	머무를 박/배댈 박	9	水	水
拍	칠 박/어깨뼈 박	9	手	木
亳	땅이름 박	10	亠	土*
剝	벗길 박	10	刀	金
珀*	호박 박//호박 백	10	玉	金
舶	배 박	11	舟	木
粕	지게미 박	11	米	木
博	넓을 박	12	十	水
迫	핍박할 박	12	辵	土
鉑	금박 박	13	金	金
雹	우박 박/두들길 박	13	雨	水
牔	박공 박	14	片	木
箔	발 박	14	竹	木
駁	논박할 박/얼룩말 박	14	馬	火
撲	칠 박	16	手	木
縛	묶을 박	16	糸	木
駮	논박할 박/얼룩말 박	16	馬	火
樸	통나무 박/순박할 박	16	木	木

한자	뜻,음[검색어]	원획수	부수	자원오행
膊	팔뚝 박	16	肉	水
璞	옥돌 박	17	玉	金
鎛	종 박	18	金	金
薄	엷을 박	19	艸	木
髆	어깨뼈 박	20	骨	火*
欂	두공 박	21	木	木
鑮	종 박	22	金	金
반	水 36字			
反	돌이킬 반	4	又	水
半	반 반	5	十	土*
伴	짝 반	7	人	火
扳	끌어당길 반	8	手	木
攽	나눌 반	8	攴	金
朌*	구실매길 반//머리클 분	8	月	水
泮	물가 반/녹을 반	9	水	水
叛	배반할 반	9	又	木*
拌	버릴 반	9	手	木
盼	눈예쁠 반	9	目	木
畔	밭두둑 반/배반할 반	10	田	土
般	일반 반/돌 반	10	舟	木

한자	뜻,음[검색어]	원획수	부수	자원오행
班	나눌 반	11	玉	金
返	돌이킬 반	11	辶	土
絆	끈 반	11	糸	木
胖	희생의반쪽 반	11	肉	水
斑	아롱질 반	12	文	木
頒	나눌 반	13	頁	火
飯	밥 반	13	食	水
媻	비틀거릴 반	13	女	土
擎	옮길 반	14	手	木
搬	옮길 반	14	手	木
槃	쟁반 반	14	木	木
頖	학교이름 반	14	頁	火
潘	물가 반	14	水	水
磐	너럭바위 반	15	石	金
盤	소반 반	15	皿	金
瘢	흉터 반	15	广	水
潘	뜨물 반	16	水	水
蟠	가뢰 반	16	虫	水
磻*	강이름 반//강이름 번	17	石	金
斒*	얼룩 반//나라이름 빈	17	豸	水

한자	뜻,음[검색어]	원획수	부수	자원오행
蟠	서릴 반	18	虫	水
攀	더위잡을 반	19	手	木
瀋	물돌 반	19	水	水
礬	명반 반	20	石	金
발	水 18字			
勃	일어날 발	9	力	土
炦*	불기운 발//불기운 별	9	火	火
拔	뽑을 발	9	手	木
哱	어지러울 발	10	口	水
浡	일어날 발	11	水	水
跋	밟을 발	12	足	土
發	필 발	12	癶	火*
渤	바다이름 발/발해 발	13	水	水
鉢	바리때 발	13	金	金
鈸	방울 발	13	金	金
脖	배꼽 발	13	肉	水
魃	한귀 발	15	鬼	火
髮	터럭 발	15	髟	火
撥	다스릴 발	16	手	木
潑	물뿌릴 발	16	水	水

한자	뜻,음[검색어]	원획수	부수	자원오행	한자	뜻,음[검색어]	원획수	부수	자원오행
馛	향기로울 발	16	香	木	舫	방주 방	10	舟	木
鵓	집비둘기 발	18	鳥	火	蚌	방합 방	10	虫	水
醱	술괼 발	19	酉	金	倣	본뜰 방	10	人	火
방		水 45字			肪	살찔 방	10	肉	水
方	모 방/본뜰 방	4	方	土	邦	나라 방	11	邑	土
仿	본뜰 방/헤맬 방	6	人	火	梆	목어 방	11	木	木
坊	동네 방	7	土	土	旊	옹기장 방	11	方	木*
妨	방해할 방	7	女	土	訪	찾을 방	11	言	金
尨	삽살개 방	7	尢	土	傍	곁 방	12	人	火
彷	헤맬 방/비슷할 방	7	彳	火	幫	도울 방	12	巾	木
放	놓을 방	8	攴	金	防	막을 방	12	阜	土
枋	다목 방	8	木	木	舽	배 방	12	舟	木
昉	날샐 방	8	日	火	徬	헤맬 방/시중들 방	13	彳	火
房	방 방	8	戶	木	嗙	소리 방	13	口	水
汸	세차게흐를 방	8	水	水	塝	밭주변땅 방	13	土	土
厖	두터울 방	9	厂	水	榜	노저을 방	14	木	木
玤	옥돌 방	9	玉	金	搒	배저을 방/매질할 방	14	手	木
旁	곁 방	10	方	土	髣	비슷할 방	14	髟	火
紡	길쌈 방	10	糸	木	滂	비퍼부울 방	14	水	水
芳	꽃다울 방	10	艸	木	牓	패 방	14	片	木

한자	뜻,음[검색어]	원획수	부수	자원오행
磅	돌떨어지는소리 방	15	石	金
魴	방어 방	15	魚	水
螃	방게 방	16	虫	水
膀	오줌통 방	16	肉	水
蒡	우엉 방	16	艸	木
幫	도울 방	17	巾	木
謗	헐뜯을 방	17	言	金
鎊	깍을 방	18	金	金
龐	어지러울 방	19	龍	土

배	水 28字			
北*	달아날 배//북녘 북	5	匕	水*
扒	뺄 배	6	手	木
坏	언덕 배	7	土	土
貝*	성씨 배//조개 패	7	貝	金
杯	잔 배	8	木	木
俖	옳지못할 배	9	人	火
盃	잔 배	9	皿	木*
拜	절 배	9	手	木
环	점치는기구 배	9	玉	金
倍	곱 배	10	人	火

한자	뜻,음[검색어]	원획수	부수	자원오행
配	짝 배	10	酉	金
俳	배우 배/어정거릴 배	10	人	火
背	등 배/배반할 배	11	肉	水
培	북돋을 배	11	土	土
胚	임신할 배	11	肉	水
徘	어정거릴 배	11	彳	土*
排	밀칠 배/풀무 배	12	手	木
焙	불쬘 배	12	火	火
琲	구슬꿰미 배	13	玉	金
湃	물결칠 배	13	水	水
裵	치렁치렁할 배	14	衣	木
裴	치렁치렁할 배	14	衣	木
輩	무리 배	15	車	火
賠	물어줄 배	15	貝	金
褙	속적삼 배	15	衣	木
蓓	꽃봉오리 배	16	艸	木
陪	모실 배	16	阜	土
蓓	풀이름 배	17	艸	木

백	水 11字			
白	흰 백/아뢸 백	5	白	金

한자	뜻,음[검색어]	원획수	부수	자원오행	한자	뜻,음[검색어]	원획수	부수	자원오행
百	일백 백	6	白	水*	璠	아름다운옥 번	17	玉	金
伯	맏 백	7	人	火	翻	날 번	18	羽	火
帛	비단 백	8	巾	木	繙	되풀이할 번	18	糸	木
佰	일백 백	8	人	火	蕃	우거질 번	18	艸	木
柏	측백 백	9	木	木	膰	제사고기 번	18	肉	水
珀*	호박 백//호박 박	10	玉	金	飜	번역할 번/날 번	21	飛	火
栢	측백 백	10	木	木	藩	울타리 번	21	艸	木
苩	성씨 백	11	艸	木	蘩	산흰쑥 번	23	艸	木
趙	넘칠 백	12	走	火	**벌**	水 6字			
魄	넋 백	15	鬼	火	伐	칠 벌	6	人	火
번	水 17字				筏	뗏목 벌	12	竹	木
袢	속옷 번	11	衣	木	閥	문벌 벌	14	門	木
番	차례 번	12	田	土	罰	죄 벌	15	网	木
煩	번거로울 번	13	火	火	橃	뗏목 벌	16	木	木
勫	건장할 번	14	力	土	罸	죄 벌	16	网	木
幡	깃발 번/날 번	15	巾	木	**범**	水 16字			
樊	울타리 번	15	木	木	凡	무릇 범	3	几	水
燔	불사를 번	16	火	火	氾	넘칠 범	6	水	水
磻*	강이름 번//강이름 반	17	石	金	帆	돛 범	6	巾	木
繁	번성할 번	17	糸	木	犯	범할 범	6	犬	土

한자	뜻,음[검색어]	원획수	부수	자원오행
汎	넓을 범	7	水	水
机	뗏목 범	7	木	木
泛	뜰 범	9	水	水
訊	말많을 범	10	言	金
笵	법 범	11	竹	木
范	벌 범/법 범	11	艸	木
梵	불경 범	11	木	木
釩	떨칠 범	11	金	金
渢	알맞은소리 범	13	水	水
滼	뜰 범	15	水	水
範	법 범	15	竹	木
飃	달릴 범	19	風	木
법	水 2字			
法	법 법	9	水	水
琺	법랑 법	13	玉	金
벽	水 18字			
辟	법 벽/열 벽	13	辛	金
碧	푸를 벽	14	石	金
僻	궁벽할 벽	15	人	火
劈	쪼갤 벽	15	刀	金
壁	벽 벽	16	土	土
擗	가슴칠 벽	17	手	木
擘	엄지손가락 벽	17	手	木
檗	황병나무 벽	17	木	木
璧	구슬 벽	18	玉	金
癖	버릇 벽	18	广	水
甓	벽돌 벽	18	瓦	土
襞	주름 벽	19	衣	木
疈	가를 벽	20	田	土
霹	벼락 벽	21	雨	水
闢	열 벽	21	門	木
蘗	황벽나무 벽	23	艸	木
鷿	논병아리 벽	24	鳥	火
鼊	거북 벽	26	黽	土
변	水 17자			
卞	법 변/성씨 변	4	卜	土*
弁	고깔 변/말씀 변	5	廾	木
采	분변할 변	7	采	火
忭	기뻐할 변	8	心	火
抃	손뼉칠 변	8	手	木

한자	뜻,음[검색어]	원획수	부수	자원오행	한자	뜻,음[검색어]	원획수	부수	자원오행
便*	똥오줌 변//편할 편	9	人	火	馤	짙지않은향기 별	17	香	木
骿	더할 변	13	貝	金	瞥	깜짝할 별	17	目	木
胼	살갗틀 변	14	肉	水	襒	털 별	18	衣	木
駢	나란히할 변	16	馬	火	鷩	금계 별	23	鳥	火
鯿	매 변	16	鳥	火	鱉	자라 별	23	魚	水
辨	분변할 변	16	辛	金	鼈	자라 별	25	黽	土
骿	통갈비 변	16	骨	金	**병**	水 29字			
辮	땋을 변	20	糸	木	丙	남녘 병/셋째천간 병	5	一	火*
辯	말씀 변	21	辛	金	幷	아우를 병	6	干	木
邊	가 변	22	辵	土	兵	병사 병	7	八	金
變	변할 변	23	言	金	並	나란히 병	8	一	火*
籩	제기이름 변	25	竹	木	并	아우를 병	8	干	木
별	水 13字				秉	잡을 병	8	禾	木
別	나눌 별/다를 별	7	刀	金	昞	밝을 병	9	日	火
炦*	불기운 별//불기운 발	9	火	火	昺	밝을 병	9	日	火
勖	클 별	12	力	土	炳	밝을 병	9	火	火
馝	향기로울 별	13	香	木	柄	자루 병	9	木	木
莂	모종낼 별	13	艸	木	抦	잡을 병	9	手	木
彆	활뒤틀릴 별	15	弓	金*	怲	근심할 병	9	心	火
潎	빨리흐를 별	15	水	水	竝	나란히 병	10	立	金

한자	뜻,음[검색어]	원획수	부수	자원오행	한자	뜻,음[검색어]	원획수	부수	자원오행
病	병 병	10	广	水	步	걸음 보	8	止	土
倂	아우를 병	10	人	火	宝	보배 보	8	宀	金*
屛	병풍 병/물리칠 병	11	尸	水	備	도울 보	9	人	火
苪	풀이름 병	11	艸	木	保	지킬 보/포대기 보/작은성 보	9	人	火
棅	자루 병	12	木	木	洑	보 보	10	水	水
邴	고을이름 병	12	邑	土	煵	횃불 보	11	火	火
瓶	병 병	13	瓦	土	珤	보배 보	11	玉	金
鈵	굳을 병	13	金	金	珵	보배 보	11	玉	金
逬	흩어져달아날 병	13	辵	土	報	갚을 보	12	土	土
缾	두레박 병	14	缶	土	普	넓을 보	12	日	火
絣	명주 병	14	糸	木	睄	볼 보	12	目	木
鉼	판금 병	14	金	金	堡	작은성 보	12	土	土
軿	휘장두른수레 병	15	車	火	盙	제기이름 보	12	皿	金
鋩	판금 병/병 병	16	金	金	補	기울 보	13	衣	木
餠	떡 병	17	食	水	湺	보 보	13	水	水
騈	땅이름 병	18	馬	火	莆*	풀이름 보//부들 포	13	艸	木
보	水 33字				椺	들보 보	13	木	木
步	걸음 보	7	止	土	溥*	넓을 보//펼 부	14	水	水
甫	클 보	7	用	水	輔	도울 보/광대뼈 보	14	車	火
玾	옥그릇 보	8	玉	金	菩	보살 보	14	艸	木

한자	뜻,음[검색어]	원획수	부수	자원오행	한자	뜻,음[검색어]	원획수	부수	자원오행
鵏	능에 보	15	鳥	火	茯	복령 복	12	艸	木
褓	포대기 보	15	衣	木	復*	회복할 복//다시 부	12	彳	火
葆	더부룩할 보	15	艸	木	楅	뿔막이 복	13	木	木
潽	물이름 보	16	水	水	蔔	무 복	14	艸	木
儨	보유할 보	16	貝	金	福	복 복	14	示	木
簠	제기이름 보	18	竹	木	箙	전동 복	14	竹	木
纁	수 보	19	黹	木	僕	종 복	14	人	火
譜	족보 보	19	言	金	複	겹옷 복	15	衣	木
寶	보배 보	20	宀	金*	幞	보자기 복	15	巾	木
靌	보배 보	27	雨	金*	蝠	박쥐 복	15	虫	水
복	水 34字				腹	배 복	15	肉	土*
卜	점 복/무 복	2	卜	火	蝮	살무사 복	15	虫	水
伏	엎드릴 복	6	人	火	墣	흙덩이 복	15	土	土
扑	칠 복	6	手	木	輻*	바퀴살 복//바퀴살 폭	16	車	火
宓	성씨 복	8	宀	木	輹	복토 복	16	車	火
服	옷 복	8	月	水	諨	말갖추어질 복	16	言	金
畐*	가득할 복//막을 핍	9	田	土	踾	모일 복	16	足	土
垘	보막을 복	9	土	土	澓	돌아흐를 복	16	水	水
栿	들보 복	10	木	木	蔔	무 복	17	艸	木
匐	길 복	11	勹	土*	鍑	솥 복	17	金	金

한자	뜻,음[검색어]	원획수	부수	자원오행	한자	뜻,음[검색어]	원획수	부수	자원오행
濮	강이름 복	18	水	水	烽	봉화 봉	11	火	火
覆	다시 복	18	襾	金	哞	껄껄웃을 봉	11	口	水
馥	향기 복	18	香	木	捀	받을 봉	11	手	木
鵩	수리부엉이 복	19	鳥	火	桻	나뭇가지끝 봉	11	木	木
鰒	전복 복	20	魚	水	棒	막대 봉	12	木	木
본	水 1字				捧	받들 봉	12	手	木
本	근본 본	5	木	木	崶	산이름 봉	12	山	土
볼	水 1字				絳	꿰맬 봉	13	糸	木
乶	음역자 볼	8	乙	木	蜂	벌 봉	13	虫	水
봉	水 35字				琫	칼집장식 봉	13	玉	金
丰	예쁠 봉	4	丨	木	逢	만날 봉	14	辵	土
夆	끌 봉	7	夂	水	鳳	봉새 봉	14	鳥	火
妦	아름다울 봉	7	女	土	菶	풀무성할 봉	14	艸	木
奉	받들 봉	8	大	木	漨	울적할 봉	15	水	水
封	봉할 봉	9	寸	土	鴌	봉새 봉	15	鳥	火
芃	무성할 봉	9	艸	木	熢	봉화 봉/ 연기자욱할 봉	15	火	火
俸	녹 봉	10	人	火	鋒	칼날 봉	15	金	金
峯	봉우리 봉	10	山	土	憉	기뻐할 봉	15	心	火
峰	봉우리 봉	10	山	土	樥	초목우거진모양 봉	15	木	木
浲	울적할 봉	11	水	水	撪	꿰멜 봉	15	手	木

한자	뜻,음[검색어]	원획수	부수	자원오행	한자	뜻,음[검색어]	원획수	부수	자원오행
鞤	북소리 봉	16	音	金	赴	다다를 부	9	走	火
縫	꿰멜 봉	17	糸	木	訃	부고 부	9	言	金
篷	뜸 봉	17	竹	木	俘	사로잡을 부	9	人	火
蓬	쑥 봉	17	艸	木	拊	어루만질 부	9	手	木
馥	향기성할 봉	17	香	木	玞	옥돌 부	9	玉	金
부	水 78字				負	질 부	9	貝	金
不*	아닐 부//아닐 불	4	一	水*	契	일꾼 부	9	力	土
父	아버지 부/아비 부	4	父	木	栿	뗏목 부	9	木	木
夫	지아비 부	4	大	木	釜	가마 부	10	金	金
付	줄 부	5	人	火	俯	구부릴 부	10	人	火
缶	장군 부	6	缶	土	罘	그물 부	10	网	木
孚	미뿔 부	7	子	水	芙	연꽃 부	10	艸	木
否	아닐 부	7	口	水	芣	질경이 부	10	艸	木
斧	도끼 부	8	斤	金	剖	쪼갤 부	10	刀	金
扶	도울 부	8	手	木	蚨	파랑강충이 부	10	虫	水
府	마을 부	8	广	土*	祔	합사할 부	10	示	木
咐	분부할 부/불 부	8	口	水	尃	펼 부	10	寸	土
阜	언덕 부	8	阜	土	玸	옥이름 부	10	玉	金
抔	움킬 부	8	手	木	苻	귀목풀 부	11	艸	木
枎	우거질 부	8	木	木	袝	나들이옷 부	11	衣	木

한자	뜻,음[검색어]	원획수	부수	자원오행	한자	뜻,음[검색어]	원획수	부수	자원오행
浮	뜰 부	11	水	水	葑	갈대청 부	13	艸	木
桴	마룻대 부	11	木	木	罦	그물 부	13	网	木
婦	며느리 부	11	女	土	筟	대청 부	13	竹	木
副	버금 부	11	刀	金	裒	모을 부	13	衣	木
埠	부두 부	11	土	土	附	붙을 부	13	阜	土
符	부호 부	11	竹	木	鳧	오리 부	13	鳥	火
跗*	장부 부//팔꿈치 주	11	肉	水	艀	작은배 부	13	舟	木
趺	책상다리할 부	11	足	土	蜉	하루살이 부	13	虫	水
烰	찔 부/부엌 부	11	火	火	榑	부상 부	14	木	木
掊	그러모을 부	12	手	木	腐	썩을 부	14	肉	水
復*	다시 부//회복할 복	12	彳	火	孵	알깔 부	14	子	水
鈇	도끼 부	12	金	金	腑	육부 부	14	肉	水
媍	며느리 부	12	女	土	溥*	펼 부//넓을 보	14	水	水
涪	물거품 부	12	水	水	駙	곁마 부	15	馬	火
跗	발등 부	12	足	土	部	거느릴 부	15	邑	土
富	부유할 부	12	宀	木	頫	구부릴 부	15	頁	火
傅	스승 부	12	人	火	麩	밀기울 부	15	麥	木
琈	옥문채 부	12	玉	金	賦	부세 부	15	貝	金
捬	어루만질 부	12	手	木	敷	펼 부	15	攴	金
荴	널리퍼질 부	13	艸	木	鮒	붕어 부	16	魚	水

한자	뜻,음[검색어]	원획수	부수	자원오행	한자	뜻,음[검색어]	원획수	부수	자원오행
蔀	빈지문 부	17	艹	木	汾	클 분	8	水	水
賻	부의 부	17	貝	金	昐	햇빛 분	8	日	火
膚	살갗 부	17	肉	水	盆	동이 분	9	皿	金
簿	문서 부	19	竹	木	砏	큰소리 분	9	石	金
북					沎	샘솟을 분	9	水	水
水 1字					玢	옥무늬 분	9	玉	金
北*	북녘 북//달아날 배	5	匕	水*	秎	거둘 분	9	禾	木
분					粉	가루 분	10	米	木
水 46字					肦*	머리클 분//구실매길 반	10	肉	水
分	나눌 분	4	刀	金	畚	삼태기 분	10	田	土
帉	걸레 분	7	巾	木	紛	어지러울 분	10	糸	木
坌	먼지 분/늘어설 분	7	土	土	芬	향기 분	10	艹	木
吩	분부할 분/뿜을 분	7	口	水	笨	거칠 분	11	竹	木
体	용렬할 분	7	人	火	翂	새날아오를 분	11	羽	火
坋	먼지 분/쓸 분	7	土	土	犇	달릴 분	12	牛	土
妢	나라이름 분	7	女	土	棼	마룻대 분	12	木	木
弅	봉긋한모양 분	7	廾	木	焚	불사를 분	12	火	火
氛	기운 분	8	气	水	雰	눈날릴 분	12	雨	水
扮	꾸밀 분/거머질 분	8	手	木	賁	클 분	12	貝	金
枌	흰느릅나무 분	8	木	木	棻	향나무 분	12	木	木
奔	달릴 분	8	大	木					
忿	성낼 분	8	心	火					

한자	뜻,음[검색어]	원획수	부수	자원오행	한자	뜻,음[검색어]	원획수	부수	자원오행
湓	용솟음할 분	13	水	水	祓	푸닥거리할 불	10	示	木
墳	무덤 분	15	土	土	艴	발끈할 불	11	色	土
噴	뿜을 분	15	口	水	紱	인끈 불	11	糸	木
蕡	기성한모양 분	15	艸	木	茀	풀우거질 불	11	艸	木
奮	떨칠 분	16	大	木	韍	폐슬 불	14	韋	金
憤	분할 분	16	心	火	髴	비슷할 불	15	髟	火
濆	물가 분	16	水	水	黻	수 불	17	黹	木
黺	수놓을 분	16	黹	木	**붕**		水 9字		
糞	똥 분	17	米	木	朋	벗 붕	8	月	水
鼢	두더지 분	17	鼠	水	堋	묻을 붕	11	土	土
蕡	과실주렁주렁할 분	18	艸	木	崩	무너질 붕	11	山	土
膹	고깃국 분	18	肉	水	棚	사다리 붕	12	木	木
轒	병거 분	19	車	火	硼	붕사 붕	13	石	金
불		水 13字			漰	물결치는소리 붕	15	水	水
不*	아닐 불//아니 부	4	一	水*	繃	묶을 붕	17	糸	木
弗	아닐 불/근심할 불	5	弓	木*	髼	흐트러질 붕	18	髟	火
佛	부처 불	7	人	火	鵬	붕새 붕	19	鳥	火
彿	비슷할 불	8	彳	火	**비**		水 96字		
岪	산길 불	8	山	土	匕	비수 비	2	匕	金
拂	떨칠 불	9	手	木	比	견줄 비	4	比	火

한자	뜻,음[검색어]	원획수	부수	자원오행	한자	뜻,음[검색어]	원획수	부수	자원오행
庀	다스릴 비	5	广	金*	砒	비상 비	9	石	金
丕	클 비	5	一	水*	狉	삵의새끼 비	9	犬	土
圮	무너질 비	6	土	土	毖	삼갈 비	9	比	水*
妃	왕비 비	6	女	土	秕	쭉정이 비	9	禾	木
仳	떠날 비/추할 비	6	人	火	沸	끓을 비	9	水	水
屁	방귀 비	7	尸	水	柲*	자루 비//자루 필	9	木	木
妣	죽은어머니 비	7	女	土	俾	더할 비	10	人	火
伾	힘셀 비	7	人	火	剕	발벨 비	10	刀	金
庇	덮을 비	7	广	木	匪	비적 비	10	匚	木*
卑	낮을 비	8	十	土*	肥	살찔 비	10	肉	水
枇	비파나무 비/참빗 비	8	木	木	秘	숨길 비	10	禾	木
批	비평할 비	8	手	木	祕	숨길 비	10	示	木
非	아닐 비/비방할 비	8	非	水	蚍	왕개미 비	10	虫	水
沘	강이름 비	8	水	水	芾	작은모양 비	10	艸	木
岯	산이름 비	8	山	土	粃	쭉정이 비	10	米	木
飛	날 비	9	飛	火	芘	당아욱 비	10	艸	木
毗	도울 비	9	比	火	紕	선두를 비	10	糸	木
毘	도울 비	9	比	火	婢	계집종 비	11	女	土
泌*	물졸졸흐를 비 / 물결부딪는모양 필	9	水	水	庳	낮을 비	11	广	木
狒	비비 비	9	犬	土	奜	클 비	11	大	木

한자	뜻,음[검색어]	원획수	부수	자원오행
埤	더할 비	11	土	土
渒	강이름 비	12	水	水
備	갖출 비	12	人	火
棐	도지개 비	12	木	木
斐	문채날 비	12	文	木
痞	결릴 비	12	疒	水
扉	사립문 비	12	戶	木
椑	술통 비	12	木	木
悲	슬플 비	12	心	火
費	쓸 비/땅이름 비	12	貝	金
邳	클 비	12	邑	土
悱	표현못할 비	12	心	火
淝	강이름 비	12	水	水
碑	비석 비	13	石	金
琵	비파 비	13	玉	金
痹	저릴 비	13	疒	水
睥	흘겨볼 비	13	目	木
閟	문닫을 비	13	門	木
痺	저릴 비/왜소할 비/암메추라기 비	13	疒	水
蜚	바퀴 비/날 비	14	虫	水
緋	붉은빛 비	14	糸	木
榧	비자나무 비	14	木	木
菲	엷을 비/짚신 비	14	艸	木
腓	장딴지 비/피할 비	14	肉	水
脾	지라 비	14	肉	土*
鼻	코 비	14	鼻	金
蓖	아주까리 비	14	艸	木
裨	도울 비	14	衣	木
翡	물총새 비	14	羽	火
郫	고을이름 비	15	邑	土
誹	헐뜯을 비	15	言	金
篦	빗치개 비/통발 비	16	竹	木
陴	성가퀴 비	16	阜	土
蓖	아주까리 비	16	艸	木
憊	고단할 비	16	心	火
霏	눈펄펄내릴 비	16	雨	水
濆	샘용솟을 비	16	水	水
貔	비휴 비	17	豸	水
馡	향기로울 비	17	香	木
鄙	더러울 비/마을 비	18	邑	土

한자	뜻,음[검색어]	원획수	부수	자원오행	한자	뜻,음[검색어]	원획수	부수	자원오행
濞	물소리 비	18	水	水	浜	물가 빈	11	水	水
騑	곁마 비	18	馬	火	彬	빛날 빈	11	彡	火
髀	넓적다리 비	18	骨	金	斌	빛날 빈	12	文	木
奰	성낼 비	18	大	木	賓	손 빈	14	貝	金
鞴	말채비할 비	19	革	金	儐	인도할 빈	16	人	火
騛	빠른말 비	19	馬	火	頻	자주 빈	16	頁	火
臂	팔 비	19	肉	水	嬪	아내 빈	17	女	土
嚊	클 비	19	口	水	豳*	나라이름 빈//얼룩 반	17	豕	水
鄪	고을이름 비	19	邑	土	濱	물가 빈	18	水	水
譬	비유할 비	20	言	金	擯	물리칠 빈	18	手	木
羆	큰곰 비	20	网	火*	檳	빈랑나무 빈	18	木	木
鼙	비고 비	21	鼓	金	殯	초빈할 빈	18	歹	水
贔	힘쓸 비	21	貝	金	璸	옥무늬 빈	19	玉	金
轡	고삐 비	22	車	火	霦	옥광채 빈	19	雨	水
빈	水 33字				嚬	찡그릴 빈	19	口	水
份	빛날 빈	6	人	火	矉	찡그릴 빈	19	目	木
牝	암컷 빈	6	牛	土	穦	향기 빈	19	禾	木
玭	옥 빈	9	玉	金	贇*	예쁠 빈//예쁠 윤	19	貝	金
貧	가난할 빈	11	貝	金	瀕	물가 빈/가까울 빈	20	水	水
邠	나라이름 빈	11	邑	土	臏	종지뼈 빈	20	肉	水

한자	뜻,음[검색어]	원획수	부수	자원오행	한자	뜻,음[검색어]	원획수	부수	자원오행
蠙	진주조개 빈	20	虫	水					
纇	어지러울 빈	20	糸	木					
翩	나는모양 빈	20	羽	火					
鑌	강철 빈	22	金	金					
蘋	네가래 빈	22	艸	木					
馪	향기물큰날 빈	23	香	木					
鬢	살쩍 빈	24	髟	火					
顰	찡그릴 빈	24	頁	火					
빙	水 6字								
氷	얼음 빙	5	水	水					
凭	기댈 빙	8	几	木*					
娉	장가들 빙	10	女	土					
聘	부를 빙	13	耳	火					
憑	기댈 빙	16	心	火					
騁	달릴 빙	17	馬	火					
	ㅂ 끝								

한자	뜻,음[검색어]	원획수	부수	자원오행	한자	뜻,음[검색어]	원획수	부수	자원오행
사	金 83字				事	일 사	8	亅	木*
巳	뱀 사	3	己	火*	祀	제사 사	8	示	木
士	선비 사	3	士	木	舍	집 사/버릴 사	8	舌	火
四	넉 사	4	囗	火*	卸	풀 사	8	卩	木*
司	맡을 사	5	口	水	使	하여금 사/부릴 사	8	人	火
史	사관 사	5	口	水	厊	같지아니할 사	8	广	木
仕	섬길 사/벼슬 사	5	人	火	俟	기다릴 사	9	人	火
乍	잠깐 사	5	丿	金	砂	모래 사	9	石	金
糸	실 사	6	糸	木	泗	물이름 사	9	水	水
寺	절 사	6	寸	木*	思	생각 사	9	心	火
死	죽을 사	6	歹	水	柶	수저 사	9	木	木
似	같을 사	7	人	火	査	조사할 사/찌꺼기 사/풀명자나무 사/뗏목 사	9	木	木
私	사사 사	7	禾	木	唆	부추길 사	10	口	水
伺	엿볼 사	7	人	火	紗	비단 사	10	糸	木
些	적을 사	7	二	木	祠	사당 사	10	示	木
汜	지류 사	7	水	水	師	스승 사	10	巾	木
咋	잠깐 사	8	口	水	射	쏠 사	10	寸	土
姒	동서 사	8	女	土	剚	칼꽂을 사	10	刀	金
沙	모래 사/봉황 사/목쉴 사	8	水	水	娑	춤출 사/사바세상 사	10	女	土
社	토지신 사	8	示	木	涘	물가 사	11	水	水

한자	뜻,음[검색어]	원획수	부수	자원오행	한자	뜻,음[검색어]	원획수	부수	자원오행
邪	간사할 사	11	邑	土	肆	방자할 사	13	聿	火
蛇	뱀 사	11	虫	水	莎	사초 사	13	艸	木
梭	북 사	11	木	木	嗣	이을 사	13	口	水
斜	비낄 사	11	斗	火	飼	기를 사	14	食	水
笥	상자 사	11	竹	木	蜡	납제 사	14	虫	水
徙	옮길 사/고을이름 사	11	彳	火	獅	사자 사	14	犬	土
赦	용서할 사	11	赤	火	皻	여드름 사	14	皮	金
竢	기다릴 사	12	立	金	榭	정자 사	14	木	木
詞	말 사	12	言	金	禠	복 사	15	示	木
捨	버릴 사	12	手	木	駛	달릴 사	15	馬	火
奢	사치할 사	12	大	木	鯊	문절망둑 사	15	魚	水
詐	속일 사	12	言	金	寫	베낄 사	15	宀	木
絲	실 사	12	糸	木	駟	사마 사	15	馬	火
覗	엿볼 사	12	見	火	僿	잘게부술 사	15	人	火
斯	이 사/천할 사	12	斤	金	賜	줄 사	15	貝	金
痧	곽란 사	12	疒	水	蓑	도롱이 사	16	艸	木
傞	취하여춤추는모양 사	12	人	火	篩	체 사	16	竹	木
裟	가사 사	13	衣	木	謝	사례할 사	17	言	金
渣	찌꺼기 사	13	水	水	儩	다할 사	17	人	火
楂	뗏목 사	13	木	木	鯊	문절망둑 사	18	魚	水

한자	뜻,음[검색어]	원획수	부수	자원오행	한자	뜻,음[검색어]	원획수	부수	자원오행
辭	말씀 사	19	辛	金	珊	산호 산	10	玉	金
瀉	쏟을 사	19	水	水	祘	산가지 산	10	示	金*
鰤	방어 사	21	魚	水	訕	헐뜯을 산	10	言	金
麝	사향노루 사	21	鹿	土	産	낳을 산	11	生	木
삭	金 9字				產	낳을 산	11	生	木
削	깍을 삭	9	刀	金	狻	사자 산	11	犬	土
索*	노 삭//찾을 색	10	糸	木	傘	우산 산	12	人	火
朔	초하루 삭	10	月	水	散	흩을 산	12	攴	金
搠	바를 삭	14	手	木	剷	깍을 산	13	刀	金
槊	창 삭	14	木	木	算	셈 산	14	竹	木
數*	자주 삭//셈 수	15	攴	金	酸	실 산	14	酉	金
蒴	삭조 삭	16	艸	木	愯	온전한덕 산	15	心	火
爍	빛날 삭	19	火	火	潸	눈물흐를 산	16	水	水
鑠	녹일 삭	23	金	金	澘	눈물흐를 산	16	水	水
산	金 26字				蒜	마늘 산	16	艸	木
山	메 산	3	山	土	橵	산자 산	16	木	木
刪	깍을 산	7	刀	金	簅	큰피리 산	17	竹	木
汕	오구 산	7	水	水	繖	우산 산	18	糸	木
疝	산증 산	8	广	水	鏟	대패 산/깍을 산	19	金	金
姗	헐뜯을 산	8	女	土	霰	싸라기눈 산	20	雨	水

한자	뜻,음[검색어]	원획수	부수	자원오행	한자	뜻,음[검색어]	원획수	부수	자원오행
孿	쌍둥이 산	22	子	水	卅	서른 삽	4	十	水
살	金 5字				唼	쪼아먹을 삽	11	口	水
乷	음역자 살	8	乙	木	鈒	창 삽	12	金	金
殺*	죽일 살//빠를 쇄	11	殳	金	插	꽂을 삽	13	手	木
煞	죽일 살	13	火	火	挿	꽂을 삽	13	手	木
撒	뿌릴 살	16	手	木	歃	마실 삽	13	欠	金*
薩	보살 살	20	艸	木	颯	바람소리 삽	14	風	木
삼	金 11字				翣	불삽 삽	14	羽	火
三	석 삼	3	一	火*	霅	비올 삽	15	雨	水
杉	삼나무 삼	7	木	木	霎	가랑비 삽	16	雨	水
衫	적삼 삼	9	衣	木	澁	껄끄러울 삽	16	水	水
芟	벨 삼	10	艸	木	鍤	가래 삽	17	金	金
釤	낫 삼	11	金	金	**상**	金 53字			
參*	석 삼//참여할 참	11	厶	火*	上	윗 상	3	一	木
森	수풀 삼	12	木	木	床	평상 상	7	广	木
滲	스며들 삼	15	水	水	尙	오히려 상	8	小	金*
糝	나물죽 삼	17	米	木	牀	평상 상	8	爿	木
蔘	삼 삼/우뚝할 삼	17	艸	木	狀*	형상 상//문서 장	8	犬	土
鬖	헝클어질 삼	21	髟	火	峠	고개 상	9	山	土
삽	金 12字				相	서로 상	9	目	木

한자	뜻,음[검색어]	원획수	부수	자원오행	한자	뜻,음[검색어]	원획수	부수	자원오행
庠	학교 상	9	广	木	像	모양 상	14	人	火
桑	뽕나무 상	10	木	木	裳	치마 상	14	衣	木
晑	정오 상	10	日	火	墒	새로일군땅 상	14	土	土
恦	생각할 상	10	心	火	嫦*	항아 상//항아 항	14	女	土
徜	노닐 상	11	彳	火	緗	담황색 상	15	糸	木
常	떳떳할 상/항상 상	11	巾	木	箱	상자 상	15	竹	木
祥	복 상	11	示	土*	賞	상줄 상	15	貝	金
爽	시원할 상	11	爻	火	慡	성품밝을 상	15	心	火
商	헤아릴 상/장사 상	11	口	水	殤	일찍죽을 상	15	歹	水
翔	날 상	12	羽	火	樣*	상수리나무 상//모양 양	15	木	木
喪	잃을 상	12	口	水	漺*	물맑을 상//문지를 창	15	水	水
象	코끼리 상	12	豕	水	磉	주춧돌 상	15	石	金
廂	행랑 상	12	广	木	蒩	개맨드라미 상	15	艸	木
嘗	맛볼 상	13	甘	水*	橡	상수리나무 상	16	木	木
湘	강이름 상	13	水	水	潒	세찰 상	16	水	水
傷	다칠 상	13	人	火	鎻	문지를 상	16	金	金
想	생각 상	13	心	火	償	갚을 상	17	人	火
詳	자세할 상	13	言	金	霜	서리 상	17	雨	水
塽	높고밝은땅 상	14	土	土	鏾	방울소리 상	18	金	金
嚐	맛볼 상	14	口	水	觴	잔 상	18	角	木

한자	뜻,음[검색어]	원획수	부수	자원오행	한자	뜻,음[검색어]	원획수	부수	자원오행
謪	헤아릴 상	18	言	金	瀒	껄끄러울 색	17	水	水
顙	이마 상	19	頁	火	穡	거둘 색	18	禾	木
鎟	문지를 상	19	金	金	濇	껄끄러울 색	19	水	水
孀	홀어머니 상	20	女	土	생	金 10字			
鑲	손잡이 상	20	金	金	生	날 생	5	生	木
鸘	삶을 상	21	鬲	水*	省*	덜 생//살필 성	9	目	木
새	金 6字				牲	희생 생	9	牛	土
塞*	변방 새//막힐 색	13	土	土	栍	찌 생	9	木	木
愢*	마음맞지않을 새//책선할 시	13	心	火	泩	넘칠 생	9	水	水
賽	굿할 새	17	貝	金	眚	흐릴 생	10	目	木
璽	옥새 새	19	玉	金	笙	생황 생	11	竹	木
鰓	아가미 새	20	魚	水	甥	생질 생	12	生	木
嗮	가득채울 새	20	口	水	鉎	쇳녹 생	13	金	金
색	金 9字				湦	사람이름 생	13	水	水
色	빛 색	6	色	土	서	金 61字			
索*	찾을 색//노 삭	10	糸	木	西	서녘 서	6	襾	金
塞*	막힐 색//변방 새	13	土	土	恕	용서할 서	7	心	火
嗇	아낄 색/거둘 색	13	口	水	序	차례 서	7	广	木
槭	앙상할 색	15	木	木	抒	풀 서	8	手	木
瞔	깊숙할 색	15	止	土	㳩	도랑 서	8	水	水

한자	뜻,음[검색어]	원획수	부수	자원오행	한자	뜻,음[검색어]	원획수	부수	자원오행
㳁	도랑 서	8	水	水	婿	사위 서	12	女	土
叙	차례 서	9	又	金*	壻	사위 서	12	士	木
徆	곧게갈 서	9	彳	火	絮	솜 서	12	糸	木
書	글 서	10	曰	火	舒	펼 서	12	舌	火
栖	깃들일 서	10	木	木	湑	거를 서	13	水	水
紓	느슨할 서	10	糸	木	揟	고기잡을 서	13	手	木
芧	상수리나무 서	10	艸	木	耡	호미 서/도울 서	13	耒	土*
恕	용서할 서	10	心	火	暑	더울 서	13	日	火
徐	천천히할 서	10	彳	火	筮	점 서	13	竹	木
胥	서로 서/재주꾼 서	11	肉	土*	鼠	쥐 서	13	鼠	水
庶	여러 서	11	广	木	惲	지혜 서	13	心	火
偦	재주있을 서	11	人	火	鉏	호미 서	13	金	金
敍	차례 서	11	攴	金	楈	나무이름 서	13	木	木
敘	차례 서	11	攴	金	嬃	여자의자 서	14	女	土
惏*	느슨해질 서// 기뻐할 여	11	心	火	稰	늦벼 서	14	禾	木
黍	기장 서	12	黍	木	逝	갈 서	14	辵	土
揲	깃들일 서	12	手	木	墅	농막 서	14	土	土
棲	깃들일 서	12	木	木	誓	맹세할 서	14	言	金
犀	무소 서	12	牛	土	瑞	상서 서	14	玉	金
焤	밝을 서	12	火	火	諝	슬기 서	15	言	金

한자	뜻,음[검색어]	원획수	부수	자원오행	한자	뜻,음[검색어]	원획수	부수	자원오행
署	마을 서	15	网	木	矽	규소 석	8	石	金
縃	서로 서	15	糸	木	昔	예 석	8	日	火
緒	실마리 서	15	糸	木	析	쪼갤 석	8	木	木
鋤	호미 서	15	金	金	祐	섬 석	10	禾	木
澂	물가 서	15	水	水	席	자리 석	10	巾	木
豫*	펼 서//미리 예	16	豕	水	祏	위패 석	10	示	木
諝	슬기 서	16	言	金	舃*	신 석//까치 작	12	臼	土
噬	씹을 서	16	口	水	晳	밝을 석	12	日	火
撕	끌 서	16	手	木	晰	밝을 석	12	日	火
澨	물가 서	17	水	水	淅	일 석	12	水	水
嶼	섬 서	17	山	土	惜	아낄 석	12	心	火
嶹	섬 서	17	山	土	鉐	놋쇠 석	13	金	金
曙	새벽 서	18	日	火	皙	흴 석	13	白	金
薯	마 서	20	艸	木	睗	힐끗볼 석	13	目	木
邌	미칠 서	20	辵	土	蜥	도마뱀 석	14	虫	水
藇	아름다울 서	20	艸	木	碩	클 석	14	石	金
석	金 31字				腊	포 석	14	肉	水
夕	저녁 석	3	夕	水	緆	고운베 석	14	糸	木
石	돌 석/섬 석	5	石	金	裼	웃통벗을 석	14	衣	木
汐	조수 석	7	水	水	奭	클 석	15	大	火*

한자	뜻,음[검색어]	원획수	부수	자원오행	한자	뜻,음[검색어]	원획수	부수	자원오행
潟	개펄 석	16	水	水	旋	돌 선	11	方	水*
褯*	자리 석//포대기 자	16	衣	木	琁	옥돌 선	11	玉	金
蓆	자리 석	16	艸	木	筅	솔 선	12	竹	木
錫	주석 석	16	金	金	璇	옥 선	12	玉	金
碩	주춧돌 석	17	石	金	善	착할 선	12	口	水
檡	나무이름 석	17	木	木	羨*	부러워할 선//고을이름 이	12	羊	土
鼫	석서 석	18	鼠	水	詵	말할 선	13	言	金
釋	풀 석	20	釆	火	跣	맨발 선	13	足	土
선	金 66字				渲	바림 선	13	水	水
屳	신선 선	5	山	土	羡	부러워할 선	13	羊	土
仙	신선 선	5	人	火	尟	적을 선	13	小	水
亘*	베플 선//뻗칠 긍	6	二	火*	僊	신선 선	13	人	火
先	먼저 선	6	儿	木	愃*	잊을 선//너그러울 훤	13	心	火
秈	메벼 선	8	禾	木	瑄	도리옥 선	14	玉	金
宣	베플 선	9	宀	火*	銑	무쇠 선	14	金	金
扇	부채 선	10	戶	木	煽	부채질할 선	14	火	火
洗*	깨끗할 선//씻을 세	10	水	水	嫙	예쁠 선	14	女	土
洒*	엄숙할 선//씻을 세	10	水	水	綫	줄 선	14	糸	木
烍	들불 선	10	火	火	僎*	갖출 선//돕는사람 준	14	人	火
船	배 선	11	舟	木	暶	밝을 선	15	日	火

한자	뜻,음[검색어]	원획수	부수	자원오행	한자	뜻,음[검색어]	원획수	부수	자원오행
嬋	고울 선	15	女	土	蟬	매미 선	18	虫	水
墡	백토 선	15	土	土	膳	선물 선/반찬 선	18	肉	水
腺	샘 선	15	肉	水	譔	가르칠 선	19	言	金
線	줄 선	15	糸	木	選	가릴 선	19	辵	土
墠	제사터 선	15	土	土	鏇	갈이틀 선	19	金	金
嬏	어기기좋아할 선	15	女	土	璿	구슬 선	19	玉	金
漩	소용돌이 선	15	水	水	鄯	나라이름 선	19	邑	土
縇	단 선	15	糸	木	騸	불깔 선	20	馬	火
歅	고을 선	16	欠	火	鐥	복자 선	20	金	金
敾	기울 선	16	攴	金	譱	착할 선	20	言	金
瞒	아름다울 선	16	目	木	饍	반찬 선	21	食	水
璇	옥 선	16	玉	金	癬	옴 선	22	广	水
潃	물이름 선	16	水	水	鱔	드렁허리 선	23	魚	水
嬗	물려줄 선/아름다울 선	16	女	土	蘚	이끼 선	23	艸	木
鮮	고울 선/적을 선	17	魚	水	鱻	신선할 선/드물 선	33	魚	水
禪	선 선/물려줄 선	17	示	木	**설**	金 28字			
鐥	냄비 선	17	金	金	舌	혀 설	6	舌	火
潒*	침 선//침 연	17	水	水	枻*	도지개 설//노 예	9	木	木
瑄*	아름다운옥 선//옥이름 수	18	玉	金	契*	사람이름 설//맺을 계//부족이름 글	9	大	木
繕	기울 선	18	糸	木	泄	샐 설	9	水	水

한자	뜻,음[검색어]	원획수	부수	자원오행	한자	뜻,음[검색어]	원획수	부수	자원오행
挬	셀 설	9	手	木	蔎	향기로울 설	17	艸	木
屑	가루 설/달갑게여길 설	10	尸	水	爇	불사를 설	19	火	火
洩	샐 설	10	水	水	薛	맑은대쑥 설	19	艸	木
挈*	손에들 설//새길 계	10	手	木	齧	물 설	21	齒	金
緤	고삐 설	11	糸	木	**섬**			金 17字	
雪	눈 설	11	雨	水	剡	땅이름 섬	10	刀	金
偰	맑을 설	11	人	火	閃	엿볼 섬	10	門	木
設	베풀 설	11	言	金	睒	언뜻볼 섬	13	目	木
卨	사람이름 설	11	卜	土*	焰*	불타오를 섬//불타오를 첨	13	火	火
离	사람이름 설	12	禸	土*	銛	쟁기 섬	14	金	金
媟	버릇없이굴 설	12	女	土	陝	땅이름 섬	15	阜	土
楔	문설주 설	13	木	木	摻	가늘 섬	15	手	木
揲	셀 설	13	手	木	暹	햇살치밀 섬/나라이름 섬	16	日	火
渫	파낼 설	13	水	水	燅	삶을 섬	16	火	火
碟	가죽다룰 설	14	石	金	憸	간사할 섬	17	心	火
說*	말씀 설//달랠 세//기뻐할 열	14	言	金	韱	부추 섬	17	韭	木
稧	볏짚 설	14	禾	木	蟾	두꺼비 섬	19	虫	水
揳	없앨 설	15	手	木	孅	가늘 섬	20	女	土
暬	설만한 설	15	日	火	贍	넉넉할 섬	20	貝	金
褻	속옷 설	17	衣	木	譫	헛소리 섬	20	言	金

한자	뜻,음[검색어]	원획수	부수	자원오행
殲	다죽일 섬	21	歹	水
纖	가늘 섬	23	糸	木
섭	金 18字			
涉	건널 섭	11	水	水
紵	비단 섭	14	糸	木
葉*	땅이름 섭//입 엽	15	艸	木
燮	화할 섭	17	火	火
鍱	쇳조각 섭	17	金	金
聶	소곤거릴 섭	18	耳	火
儐	심복할 섭	20	人	火
囁	소곤거릴 섭	21	口	水
欇	삿자리 섭	21	木	木
灄	강이름 섭	22	水	水
攝	다스릴 섭/잡을 섭	22	手	木
欇	등나무 섭	22	木	木
燁	따뜻할 섭	22	火	火
懾	두려워할 섭	22	心	火
躞	걸을 섭	24	足	土
躡	밟을 섭	25	足	土
鑷	족집게 섭	26	金	金

한자	뜻,음[검색어]	원획수	부수	자원오행
顳	관자놀이 섭	27	頁	土*
성	金 38字			
成	이룰 성	6	戈	火*
成	이룰 성	7	戈	火*
姓	성씨 성	8	女	土
星	별 성	9	日	火
省*	살필 성//덜 생	9	目	木
性	성품 성	9	心	火
城	재 성	9	土	土
城	재 성	10	土	土
宬	서고 성	10	宀	木
娍	아름다울 성	10	女	土
晟	밝을 성	10	日	火
埩	붉은흙 성	10	土	土
晟	밝을 성	11	日	火
晠	밝을 성	11	日	火
胜*	비릴 성//새이름 정	11	肉	水
盛	성할 성	11	皿	火*
偘	긴모양 성	11	人	火
窚	서고 성	11	穴	水

한자	뜻,음[검색어]	원획수	부수	자원오행
盛	성할 성	12	皿	火*
賆	재물 성	12	貝	金
珹	옥이름 성	12	玉	金
惺	깨달을 성	13	心	火
筬	바디 성	13	竹	木
猩	성성이 성	13	犬	土
聖	성인 성	13	耳	火
聖	성인 성	13	耳	火
誠	정성 성	13	言	金
渻	물꼬 성	13	水	水
煋	불길세찰 성	13	火	火
鄁	땅이름 성	13	邑	土
瑆	옥빛 성	14	玉	金
誠	정성 성	14	言	金
睲	볼 성	14	木	木
瞫	귀밝을 성	15	耳	火
腥	비릴 성	15	肉	水
醒	깰 성	16	酉	金
騂	붉은말 성	17	馬	火
聲	소리 성	17	耳	火

한자	뜻,음[검색어]	원획수	부수	자원오행
섭	金 18字			
世	인간 세/대 세	5	一	火
忕*	익숙해질 세//사치할 태	7	心	火
姺	조용할 세	9	女	土
帨	수건 세	10	巾	木
洗*	씻을 세//깨끗할 선	10	水	水
洒*	씻을 세//엄숙할 선	10	水	水
細	가늘 세	11	糸	木
涗	잿물 세	11	水	水
笹	조릿대 세	11	竹	木
彗*	비 세//비 혜	11	ㄐ	火
稅	세금 세	12	禾	木
貰	세낼 세	12	貝	金
歲	해 세	13	止	土
蛻	허물 세	13	虫	水
勢	형세 세	13	力	金*
說*	달랠 세//말씀 설//기뻐할 열	14	言	金
鋭	구리녹날 세	15	金	金
繐	베 세	18	糸	木
소	金 74字			

한자	뜻,음[검색어]	원 획수	부수	자원 오행	한자	뜻,음[검색어]	원 획수	부수	자원 오행
小	작을 소	3	小	水	梳	얼레빗 소	11	木	木
少	적을 소/젊을 소	4	小	水	消	사라질 소	11	水	水
召	부를 소	5	口	水	捎	덜 소	11	手	木
邵	높을 소	7	卩	火*	紹	이을 소	11	糸	木
佋	소목 소	7	人	火	焇	녹일 소	11	火	火
劭	힘쓸 소	7	力	木*	甦	깨어날 소/ 긁어모을 소	12	生	木
所	바 소	8	戶	木	邵	땅이름 소	12	邑	土
泝	거슬러올라갈 소	9	水	水	疎	성길 소	12	疋	土
沼	못 소	9	水	水	疏	소통할 소	12	疋	土
昭*	밝을 소//비출 조	9	日	火	掃	쓸 소	12	手	木
炤*	밝을 소//비출 조	9	火	火	酥	연유 소	12	酉	金
唉	웃음 소	9	口	水	傃	향할 소	12	人	火
招	흔들릴 소	9	木	木	訴	호소할 소	12	言	金
釗*	볼 소//사람이름 쇠	10	金	金	瑣	옥이름 소	12	玉	金
珆	아름다운옥 소	10	玉	金	筱	가는대 소	13	竹	木
笑	웃음 소	10	竹	木	蛸	갈거미 소	13	虫	水
素	본디 소/흴 소	10	糸	木	翛	날개찢어질 소	13	羽	火
宵	밤 소	10	宀	水*	嗉	모이주머니 소	13	口	水
巢	새집 소	11	巛	水	塐	흙빛을 소	13	土	土
埽	쓸 소	11	土	土	塑	흙빛을 소	13	土	土

한자	뜻,음[검색어]	원획수	부수	자원오행	한자	뜻,음[검색어]	원획수	부수	자원오행
溯	거슬러올라갈 소	14	水	水	繅	명주 소	16	糸	木
搔	긁을 소	14	手	木	遡	거스를 소	17	辵	土
逍	노닐 소	14	辵	土	繰	고치켤 소	17	糸	木
愫	정성 소	14	心	火	魈	도깨비 소	17	鬼	火
韶	풍류이름 소	14	音	金	蔬	푸성귀 소	18	艸	木
愬	하소연할 소	14	心	火	䴛	소금 소	18	鹵	水
銷	녹일 소	15	金	金	鮹	문어 소	18	魚	水
箾	퉁소 소	15	竹	木	蕭	맑은대쑥 소	19	艸	木
槊	풀막 소	15	木	木	簫	퉁소 소	19	竹	木
瘙	피부병 소	15	疒	水	霄	하늘 소	19	雨	水
霄	하늘 소	15	雨	水	瀟	맑고깊을 소	20	水	水
潚	호수이름 소	15	水	水	騷	떠들 소	20	馬	火
嘯	휘파람불 소	16	口	水	櫹	다목 소	20	木	木
衛*	깨끗할 소//멈출 어	16	行	火	蘇	차조기 소	22	艸	木
穌	깨어날 소/긁어모을 소	16	禾	木	속	金 12字			
艘	배 소	16	舟	木	束	묶을 속/약속할 속	7	木	木
燒	불사를 소	16	火	火	俗	풍속 속	9	人	火
膆	멀떠구니 소	16	肉	水	涑	비올 속	10	水	水
璙	옥돌 소	16	玉	金	涷	헹굴 속	11	水	水
篠	조릿대 소	16	竹	木	捒*	묶을 속//공경할 송//차릴 수	11	手	木

한자	뜻,음[검색어]	원획수	부수	자원오행
粟	조 속	12	米	木
速	빠를 속	14	辶	土
謖	일어날 속	17	言	金
遫	빠를 속	18	辶	土
屬	무리 속	21	尸	水
續	이을 속	21	糸	木
贖	바칠 속	22	貝	金
손	金 8字			
孫	손자 손	10	子	水
飡	저녁밥 손	11	食	水
巽	부드러울 손	12	己	木*
飧	저녁밥 손	12	食	水
損	덜 손	14	手	木
愻	겸손할 손	14	心	火
蓀	향초이름 손	16	艸	木
遜	겸손할 손	17	辶	土
솔	金 7字			
乺	솔 솔	9	乙	水*
帥*	거느릴 솔//장수 수	9	巾	木
率*	거느릴 솔//비율 률	11	玄	火

한자	뜻,음[검색어]	원획수	부수	자원오행
窣	구멍에서갑자기 나올 솔	13	穴	水
衛	거느릴 솔	17	行	火
蟀	귀뚜라미 솔	17	虫	水
達	거느릴 솔	18	辶	土
송	金 13字			
宋	송나라 송	7	宀	木
松	소나무 송/더벅머리 송	8	木	木
悚	두려울 송	11	心	火
訟	송사할 송	11	言	金
揀*	공경할 송//차릴 수//묶을 속	11	手	木
淞	강이름 송	12	水	水
竦	공경할 송	12	立	金
送	보낼 송	13	辶	土
頌	기릴 송	13	頁	火
誦	외울 송	14	言	金
憽	똑똑할 송	17	心	火
鬆	더벅머리 송	18	髟	火
攧	곧게세울 송	22	手	木
쇄	金 9字			
刷	인쇄할 쇄	8	刀	金

한자	뜻,음[검색어]	원획수	부수	자원오행	한자	뜻,음[검색어]	원획수	부수	자원오행
殺*	빠를 쇄//죽일 살	11	殳	金	寿	목숨 수	7	寸	土
恖*	사람이름 쇄//꽃술 예	12	心	火	秀	빼어날 수	7	禾	木
碎	부술 쇄	13	石	金	汻	헤엄칠 수	7	水	水
瑣	자질구레할 쇄	15	玉	金	垂	드리울 수	8	土	土
鎖	쇠사슬 쇄	18	金	金	受	받을 수	8	又	水
鎻	쇠사슬 쇄	18	金	金	峀	산굴 수	8	山	土
灑	뿌릴 쇄	23	水	水	峀	산굴 수	8	山	土
曬	쬘 쇄	23	日	火	殳*	팔모진창 수//사람이름 대	8	木	木
쇠	金 2字				首	머리 수	9	首	水
釗*	사람이름 쇠//볼 소	10	金	金	帥*	장수 수//거느릴 솔	9	巾	木
衰	쇠할 쇠	10	衣	木	泅	헤엄칠 수	9	水	水
수	金 110字				叟	늙은이 수	10	又	水
水	물 수	4	水	水	殊	다를 수	10	歹	水
手	손 수	4	手	木	修	닦을 수	10	人	火
殳	몽둥이 수	4	殳	金	洙	물가 수	10	水	水
囚	가둘 수	5	口	水*	祟	빌미 수	10	示	金*
收	거둘 수	6	攴	金	狩	사냥할 수	10	犬	土
戍	수자리 수	6	戈	金	倕	무거울 수	10	人	火
守	지킬 수	6	宀	木	羞	부끄러울 수	11	羊	土
圳	도랑 수	6	土	土	袖	소매 수	11	衣	木

한자	뜻,음[검색어]	원획수	부수	자원오행
售	팔 수	11	口	水
宿*	별자리 수//잘 숙	11	宀	木
捒*	차릴 수//공경할 송//묶을 속	11	手	木
浽	이슬비 수	11	水	水
晬	돌 수	12	日	火
須	모름지기 수/수염 수	12	頁	火
茱	수유 수	12	艹	木
琇	옥돌 수	12	玉	金
授	줄 수	12	手	木
棷	수풀 수	12	木	木
浸	물모양 수	12	水	水
酬	갚을 수	13	酉	金
愁	근심 수	13	心	火
睟	바로볼 수	13	目	木
睢	물이름 수	13	目	木
竪	세울 수	13	立	金
廋	숨길 수	13	广	木
睡	졸음 수	13	目	木
綏	편안할 수	13	糸	木
脩	포 수	13	肉	水
嫂	형수 수	13	女	土
綉	수놓을 수	13	糸	木
臹	익힐 수	13	至	土
詶*	대답할 수//저주할 주	13	言	金
綏	끈 수	14	糸	木
壽	목숨 수	14	士	水*
溲	반죽할 수	14	水	水
粹	순수할 수	14	米	木
需*	기다릴 수//연할 유	14	雨	水
脺	윤택할 수	14	肉	水
嗽	기침할 수	14	口	水
銖	저울눈 수	14	金	金
搜	찾을 수	14	手	木
陏*	나라이름 수//오이 타	14	阜	土
數*	셈 수//자주 삭	15	攴	金
瞍	맹인 수	15	目	木
漱	양치질할 수	15	水	水
瘦	여윌 수	15	广	水
穗	이삭 수	15	禾	木
賥	재물 수	15	貝	金

한자	뜻,음[검색어]	원획수	부수	자원오행	한자	뜻,음[검색어]	원획수	부수	자원오행
銹	녹슬 수	15	金	金	鎪	쇳덩이 수	17	金	金
豎	세울 수	15	豆	木	璿*	옥이름 수//아름다운옥 선	18	玉	金
誰	누구 수	15	言	金	璲	패옥 수	18	玉	金
諛	말전할 수	15	言	金	繡	수놓을 수	19	糸	木
揫	취할 수	15	手	木	獸	짐승 수	19	犬	土
嫂	맏누이 수	15	女	土	髓	골수 수	19	肉	水
輸	보낼 수	16	車	火	鷠	새매 수	19	鳥	火
蓚	수산 수	16	艸	木	颼	바람소리 수	19	風	木
陲	변방 수	16	阜	土	擻	버릴 수	19	手	木
膄	여윌 수	16	肉	水	饈	드릴 수	20	食	水
樹	나무 수/심을 수	16	木	木	譖	말좇을 수	20	言	金
蒐	모을 수	16	艸	木	繻	고운명주 수	20	糸	木
遂	드디어 수/따를 수	16	辵	土	邃	깊을 수	21	辵	土
嶲	고을이름 수	16	山	土	藪	늪 수	21	艸	木
隋	수나라 수	17	阜	土	隨	따를 수	21	阜	土
穗	이삭 수	17	禾	木	籔	조리 수	21	竹	木
濉	물이름 수	17	水	水	隧	길 수	21	阜	土
雖	비록 수/벌레 이름 수	17	隹	火	瓍	구슬 수	21	玉	金
燧	부싯돌 수	17	火	火	鬚	수염 수	22	髟	火
鄋	나라이름 수	17	邑	土	髓	뼛골 수	23	骨	金

한자	뜻,음[검색어]	원획수	부수	자원오행
讎	원수 수	23	言	金
讐	원수 수	23	言	金
숙	金 21字			
夙	이를 숙	6	夕	木*
叔	아저씨 숙/콩 숙	8	又	水
倏	갑자기 숙	10	人	火
俶	비로소 숙	10	人	火
婌	궁녀벼슬이름 숙	11	女	土
孰	누구 숙/익을 숙	11	子	水
宿*	잘 숙//별자리 수	11	宀	木
埱	김오를 숙	11	土	土
淑	맑을 숙	12	水	水
肅	엄숙할 숙	13	聿	火
琡	옥이름 숙	13	玉	金
稤	숙궁 숙	13	禾	木
塾	글방 숙	14	土	土
菽	콩 숙	14	艸	木
熟	익을 숙	15	火	火
潚	깊고맑을 숙	17	水	水
橚	밋밋할 숙	17	木	木

한자	뜻,음[검색어]	원획수	부수	자원오행
儵	빠를 숙/갑자기 숙	19	人	火
璹	옥그릇 숙	19	玉	金
驌	말이름 숙	23	馬	火
鷫	신조 숙	24	鳥	火
순	金 44字			
旬	열흘 순	6	日	火
巡	돌 순/순행할 순	7	巛	水
旬	사귈 순	8	田	土
侚	재빠를 순	8	人	火
峋	깊숙할 순	9	山	土
紃	끈 순	9	糸	木
姰	미칠 순	9	女	土
徇	돌 순	9	彳	火
盾	방패 순	9	目	木
眴	졸 순	9	目	木
栒	가름대 순	10	木	木
朒	광대뼈 순/ 정성스러울 순	10	肉	水
殉	따라죽을 순	10	歹	水
純*	순수할 순//가선 준	10	糸	木
恂	정성 순	10	心	火

한자	뜻,음[검색어]	원획수	부수	자원오행
洵	참으로 순	10	水	水
筍	죽순 순	10	竹	木
眴	깜짝할 순	11	目	木
珣	옥이름 순	11	玉	金
焞*	밝을 순//귀갑지지는불 돈	12	火	火
循	돌 순	12	彳	火
淳	순박할 순	12	水	水
舜	무궁화 순/순임금 순	12	舛	木
順	순할 순	12	頁	火
筍	죽순 순	12	竹	木
荀	풀이름 순	12	艸	木
馴	길들 순	13	馬	火
楯	난간 순	13	木	木
詢	물을 순	13	言	金
脣	입술 순	13	肉	水
揗	만질 순	13	手	木
郇	나라이름 순	13	邑	土
醇	전국술 순	15	酉	金
諄	타이를 순	15	言	金
漘	물가 순	15	水	水

한자	뜻,음[검색어]	원획수	부수	자원오행
駒	말달릴 순	16	馬	火
橓	무궁화나무 순	16	木	木
錞	악기이름 순	16	金	金
衡	참될 순	16	行	火
瞬	깜짝일 순	17	目	木
蓴	순채 순	17	艸	木
蕣	무궁화 순	18	艸	木
鶉	메추라기 순	19	鳥	火
鬠	헝클어진머리 순	19	髟	火
술	金 9字			
戌	개 술/열한째지지 술	6	戈	土*
坺	높을 술	8	土	土
沭	내이름 술	9	水	水
絀	끈 술	11	糸	木
術	재주 술	11	行	火
珬	옥이름 술	11	玉	金
述	펼 술	12	辶	土
荗	봉아술 술	12	艸	木
鉥	돗바늘 술	13	金	金
승	金 4字			

한자	뜻,음[검색어]	원획수	부수	자원오행
崇	높을 숭	11	山	土
崧	우뚝솟을 숭	11	山	土
嵩	높은산 숭	13	山	土
菘	배추 숭	14	艸	木
쉬	金 3字			
倅	버금 쉬	10	人	火
淬	담금질할 쉬	12	水	水
焠	담금질할 쉬	12	火	火
슬	金 7字			
虱	이 슬	8	虫	水
瑟	큰거문고 슬	14	玉	金
蝨	이 슬	15	虫	水
璱	푸른옥구슬 슬	16	玉	金
膝	무릎 슬	17	肉	水
璲	옥무늬고운모양 슬	18	玉	金
虉	붉으면서도푸른색 슬	21	靑	木
습	金 9字			
拾*	주울 습//열 십	10	手	木
習	익힐 습	11	羽	火
慴	두려워할 습	15	心	火

한자	뜻,음[검색어]	원획수	부수	자원오행
槢	쐐기 습	15	木	木
熠	빛날 습	15	火	火
褶	주름 습	17	衣	木
濕	젖을 습	18	水	水
襲	엄습할 습	22	衣	木
隰	진펄 습	22	阜	土
승	金 23字			
升	되 승/오를 승	4	十	木*
承	이을 승	5	水	水
丞	정승 승/도울 승	6	一	木
哂	갤런 승	7	口	水
岟	정승 승/도울 승	8	山	土
昇	오를 승	8	日	火
承	이을 승	8	手	木
枡	되 승	8	木	木
乘	탈 승	10	丿	火*
泭	빠질 승	10	水	水
陞	오를 승	12	阜	土
勝	이길 승	12	力	土
淰	땅이름 승	12	水	水

한자	뜻,음[검색어]	원획수	부수	자원오행	한자	뜻,음[검색어]	원획수	부수	자원오행
塍	밭두둑 승	13	土	土	柹	감나무 시	9	木	木
嵊	산이름 승	13	山	土	枾	감나무 시	9	木	木
榺	잉아 승	14	木	木	柿	감나무 시	9	木	木
僧	중 승	14	人	火	泲	고을이름 시	9	水	水
陞	오를 승	15	阜	土	屎*	똥 시//끙끙거릴 히	9	尸	水
階	오를 승	16	阜	土	枲	모시풀 시	9	木	木
繩	노끈 승	19	糸	木	施	베풀 시	9	方	土
蠅	파리 승	19	虫	水	眡	볼 시	9	目	木
鼫	오를 승	19	鳥	火	柴	섶 시	9	木	木
鬙	머리헝클어질 승	22	髟	火	是	이 시/옳을 시	9	日	火
시	金 63字				屍	주검 시	9	尸	水
尸	주검 시	3	尸	水	翅	날개 시	10	羽	火
示	보일 시	5	示	木	時	때 시	10	日	火
市	저자 시	5	巾	木	恃	믿을 시	10	心	火
矢	화살 시	5	矢	金	豺	승냥이 시	10	豸	水
豕	돼지 시	7	豕	水	眎	볼 시	10	目	木
侍	모실 시	8	人	火	偲	책선할 시	11	人	火
始	비로소 시	8	女	土	絁	깁 시	11	糸	木
兕	외뿔소 시	8	儿	木	豉	메주 시	11	豆	水*
旹	때 시	9	日	火	匙	숟가락 시	11	匕	金

한자	뜻,음[검색어]	원획수	부수	자원오행	한자	뜻,음[검색어]	원획수	부수	자원오행
視	볼 시	12	見	火	澌	강이름 시	14	水	水
啻	뿐 시	12	口	水	緦	가는베 시	15	糸	木
猜	시기할 시	12	犬	土	嘶	울 시	15	口	水
媤	시집 시	12	女	土	廝	하인 시	15	广	木
媞*	살필 시//안존할 제	12	女	土	澌	줄줄흐를 시	15	水	水
徥	슬슬걸을 시	12	彳	火	澌	다할 시	16	水	水
嵔	가까운산 시	12	山	土	諰	두려워할 시	16	言	金
訧	맹세할 시	12	言	金	蒔	모종낼 시	16	艸	木
弑	윗사람죽일 시	13	弋	金	諡	시호 시	16	言	金
愢*	책선할 시// 마음맞지않을 새	13	心	火	諟*	이 시//살필 체	16	言	金
毸	날개칠 시	13	毛	火	蓍	톱풀 시	16	艸	木
詩	시 시	13	言	金	鍉	열쇠 시	17	金	金
試	시험할 시	13	言	金	顋	뺨 시	18	頁	火
塒	홰 시	13	土	土	釃	술거를 시	26	酉	金
漇	물모양 시	13	水	水	**식**	金 19字			
邿	나라이름 시	13	邑	土	式	법 식	6	弋	金
翄	날개 시	14	羽	火	食	밥 식/먹을 식	9	食	水
厮	하인 시	14	厂	木*	息	쉴 식	10	心	火
禔*	복 시//복 제//복 지	14	示	木	拭	씻을 식	10	手	木
榯	나무곧게설 시	14	木	木	栻	점치는기구 식	10	木	木

한자	뜻,음[검색어]	원획수	부수	자원오행	한자	뜻,음[검색어]	원획수	부수	자원오행
埴	찰흙 식	11	土	土	身	몸 신	7	身	火
殖	불릴 식	12	歹	水	汛	뿌릴 신	7	水	水
植	심을 식	12	木	木	伸	펼 신	7	人	火
寔	이 식	12	宀	木	弞	싱긋웃을 신	7	弓	火
媳	며느리 식	13	女	土	侁	걷는모양 신	8	人	火
湜	물맑을 식	13	水	水	呻	읊조릴 신	8	口	水
軾	수레앞턱가로댄나무 식	13	車	火	姺	나라이름 신	9	女	土
飾	꾸밀 식	14	食	水	信	믿을 신	9	人	火
熄	불꺼질 식	14	火	火	哂	웃을 신	9	口	水
鉽	솥 식	14	金	金	矧	하물며 신	9	矢	金
篒	대밥통 식	15	竹	木	神	귀신 신	10	示	金*
蝕	좀먹을 식	15	虫	水	宸	대궐 신	10	宀	木
郞	나라이름 식	17	邑	土	訊	물을 신	10	言	金
識*	알 식//적을 지	19	言	金	迅	빠를 신	10	辵	土
신		**金 42字**			娠	아이밸 신	10	女	土
申	거듭 신/아홉째지지 신	5	田	金*	甡	모이는모양 신	10	生	木
臣	신하 신	6	臣	火	紳	큰띠 신	11	糸	木
囟	정수리 신	6	口	水*	晨	새벽 신	11	日	火
辰*	때 신//별이름 진	7	辰	土	訫	믿을 신	11	言	金
辛	매울 신	7	辛	金	兟	나아갈 신	12	儿	木

한자	뜻,음[검색어]	원획수	부수	자원오행
新	새 신	13	斤	金
脤	제육 신	13	肉	水
莘	족두리풀 신/나라이름 신	13	艸	木
蜃	큰조개 신	13	虫	水
愼*	삼갈 신//땅이름 진	14	心	火
腎	콩팥 신	14	肉	水
滇*	사람이름 신//고을이름 진	14	水	水
頤	눈크게뜨고볼 신	15	頁	火
鋠	둥근무쇠 신	15	金	金
駪	많을 신	16	馬	火
燊	성할 신	16	火	火
燼	불탄끝 신	18	火	火
濜*	물이름 신//급히흐를 진	18	水	水
薪	섶 신	19	艸	木
璶	옥돌 신	19	玉	金
藎	조개풀 신	20	艸	木
贐	전별할 신	21	貝	金
실	金 6字			
失	잃을 실	5	大	火*
実	열매 실	8	宀	木
室	집 실	9	宀	木
悉	다 실	11	心	火
實*	열매 실//이를 지	14	宀	木
蟋	귀뚜라미 실	17	虫	水
심	金 21字			
心	마음 심	4	心	火
伈	두려워할 심	6	人	火
沈*	즙 심//잠길 침	8	水	水
沁	스며들 심	8	水	水
甚	심할 심	9	甘	土
芯	골풀 심	10	艸	木
深	깊을 심	12	水	水
尋	찾을 심	12	寸	金*
愖	정성 심	13	心	火
審	살필 심	15	宀	木
葚	오디 심	15	艸	木
諗	고할 심	15	言	金
潯	물가 심	16	水	水
燖	삶을 심	16	火	火
諶	미더울 심	16	言	金

한자	뜻,음[검색어]	원획수	부수	자원오행	한자	뜻,음[검색어]	원획수	부수	자원오행
潯	즙낼 심	19	水	水					
鄩	고을이름 심	19	邑	土					
鐔	날밑 심	20	金	金					
灊*	강이름 심//강이름 첨	22	水	水					
譢	살필 심	22	言	金					
鱘	상어 심	23	魚	水					
십	金 3字								
什*	열사람 십//세간 집	4	人	火					
十	열 십	10	十	水					
拾*	열 십//주울 습	10	手	木					
쌍	金 2字								
双	두 쌍/쌍 쌍	4	又	水					
雙	두 쌍/쌍 쌍	18	隹	火					
씨	金 1字								
氏	성씨 씨	4	氏	火					
	ㅅ 끝								

한자	뜻,음[검색어]	원획수	부수	자원오행	한자	뜻,음[검색어]	원획수	부수	자원오행
아	土 51字				疴	병 아	10	广	水
丫	가닥 아	3	丨	火*	芽	싹 아	10	艸	木
牙	어금니 아/관아 아	4	牙	金	娥	예쁠 아	10	女	土
疋*	바를 아//짝필	5	疋	土	哦	읊조릴 아	10	口	水
亞	덮을 아	6	襾	金	婭	동서 아	11	女	土
我	나 아	7	戈	金	迓	마중할 아	11	辵	土
亜	버금 아	7	二	火*	啞	벙어리 아	11	口	水
児	아이 아	7	儿	水*	啊	어조사 아	11	口	水
庌	집 아	7	广	木	婐	아리따울 아	11	女	土
亞	버금 아	8	二	火*	婀	아리따울 아	11	女	土
妸	아름다울 아	8	女	土	訝	맞이할 아	11	言	金
兒*	아이 아//어릴 예	8	儿	水*	孲	어린아이 아	11	子	水
妿	여자스승 아	8	女	土	枒	가는비단 아	11	糸	木
枒	가장귀 아	8	木	木	椏	가장귀 아	12	木	木
砑	갈 아	9	石	金	雅	맑을 아/바를 아	12	隹	火
俄	아까 아	9	人	火	硪	바위 아	12	石	金
玡	옥같은뼈 아	9	玉	金	皒	흰빛 아	12	白	金
峨	높을 아	10	山	土	猗*	부드러울 아//불깐개 의	12	犬	土
峩	높을 아	10	山	土	裿	성한모양 아	12	示	木
笌	대순 아	10	竹	木	珴	홀 아	12	玉	金

한자	뜻,음[검색어]	원획수	부수	자원오행	한자	뜻,음[검색어]	원획수	부수	자원오행
眲	바랄 아	12	目	木	愕	놀랄 악	13	心	火
蛾	나방 아	13	虫	水	渥	두터울 악	13	水	水
衙	마을 아	13	行	火	握	쥘 악	13	手	木
莪	쑥 아	13	艸	木	萼	꽃받침 악	15	艸	木
阿	언덕 아	13	阜	土	樂*	노래 악//즐길 락//좋아할 요	15	木	木
錒	노구솥 아	13	金	金	腭	잇몸 악	15	肉	水
誐	좋을 아	14	言	金	諤	곧은말할 악	16	言	金
鴉	갈까마귀 아	15	鳥	火	鄂	나라이름 악	16	邑	土
餓	주릴 아	16	食	水	噩	놀랄 악	16	口	水
錏	경개 아	16	金	金	覨	오래볼 악	16	見	火
鵞	거위 아	18	鳥	火	鍔	칼날 악	17	金	金
鵝	거위 아	18	鳥	火	嶽	큰산 악	17	山	土
악	**土 24字**				顎	턱 악	18	頁	火
岳	큰산 악	8	山	土	鶚	물수리 악	20	鳥	火
咢	시끄럽게다툴 악	9	口	水	鰐	악어 악	20	魚	水
偓	악착할 악	11	人	火	齷	악착할 악	24	齒	金
堊	흰흙 악	11	土	土	齶	잇몸 악	24	齒	金
喔	닭울 악	12	口	水	**안**	**土 22字**			
惡*	악할 악//미워할 오	12	心	火	安	편안 안	6	宀	木
幄	휘장 악	12	巾	木	犴	들개 안/감옥 안	7	犬	土

한자	뜻,음[검색어]	원획수	부수	자원오행
晏	편안할 안	7	女	土
岸	언덕 안	8	山	土
侒	편안할 안	8	人	火
矸*	깨끗할 안//깨끗할 간	8	石	金
姲	여자의자 안	9	女	土
按	누를 안	10	手	木
晏	늦을 안	10	日	火
桉	안석 안	10	木	木
案	책상 안	10	木	木
洝	더운물 안	10	水	水
婩	고울 안	11	女	土
眼	눈 안	11	目	木
雁	기러기 안	12	隹	火
鴈	기러기 안	15	鳥	火
鞍	안장 안	15	革	金
鴈	불빛 안	16	火	火
銌	연한쇠 안	16	金	金
鮟	아귀 안	17	魚	水
顔	낯 안	18	頁	火
餫*	부를 안//접대할 온	19	食	水

한자	뜻,음[검색어]	원획수	부수	자원오행
알	土 12字			
穵	구멍 알/팔 알	6	穴	水
軋	삐걱거릴 알	8	車	火
訐	들추어낼 알	10	言	金
擖	뽑을 알	13	手	木
斡	돌 알	14	斗	火
嘠	새소리 알	14	口	水
頞	콧대 알	15	頁	火
閼	가로막을 알	16	門	木
遏	막을 알	16	辵	土
謁	뵐 알	16	言	金
鴶	뻐꾸기 알	17	鳥	火
擨	칠 알	24	手	木
암	土 20字			
岩	바위 암	8	山	土
唵	머금을 암	11	口	水
庵	암자 암	11	广	木
媕	머뭇거릴 암	12	女	土
嵓	바위 암	12	山	土
啽	잠꼬대 암	12	口	水

한자	뜻,음[검색어]	원획수	부수	자원오행	한자	뜻,음[검색어]	원획수	부수	자원오행
晻	어두울 암	12	日	火	卬	나 앙	4	卩	火*
嵒	바위 암	12	山	土	央	가운데 앙	5	大	土*
暗	어두울 암	13	日	火	仰	우러를 앙	6	人	火
菴	암자 암	14	艸	木	坱	먼지 앙	8	土	土
腤	고기삶을 암	15	肉	水	昂	밝을 앙	8	日	火
葊	암자 암	15	艸	木	枊	말뚝 앙	8	木	木
頷	끄덕일 암	16	頁	火	泱	깊을 앙	9	水	水
諳	외울 암	16	言	金	昻	밝을 앙	9	日	火
闇	어두울 암	17	門	木	怏	원망할 앙	9	心	火
癌	암 암	17	疒	水	殃	재앙 앙	9	歹	水
蓭	암자 암	17	艸	木	炴	불빛 앙	9	火	火
馣	향기로울 암	17	香	木	柍*	가운데 앙// 매화나무 영	9	木	木
黯	검을 암	21	黑	水	盎	동이 앙	10	皿	金
巖	바위 암	23	山	土	秧	모 앙	10	禾	木
압	土 4字				詇	슬기로울 앙	12	言	金
押	누를 압	9	手	木	鞅	가슴걸이 앙	14	革	金
狎	익숙할 압	9	犬	土	鴦	원앙 앙	16	鳥	火
鴨	오리 압	16	鳥	火	**애**	土 38字			
壓	누를 압	17	土	土	艾*	쑥 애//다스릴 예	8	艸	木
앙	土 17字				乂*	쑥 애//다스릴 예	8	艸	木

한자	뜻,음[검색어]	원획수	부수	자원오행	한자	뜻,음[검색어]	원획수	부수	자원오행
厓	언덕 애/흘길 애	8	厂	土*	漼	물가 애	15	水	水
哀	슬플 애	9	口	水	賹	사람이름 애	15	貝	金
娭	계집종 애	10	女	土	僾	어렴풋할 애	15	人	火
唉	물을 애	10	口	水	皚	흴 애	15	白	金
埃	티끌 애	10	土	土	噯	숨 애	16	口	水
啀	마실 애	11	口	水	騃	어리석을 애	17	馬	火
焕	빛날 애	11	火	火	曖	희미할 애	17	日	火
崕	언덕 애	11	山	土	隘	좁을 애	18	阜	土
崖	언덕 애	11	山	土	曖	가릴 애	18	目	木
挨	밀칠 애	11	手	木	璦	아름다운옥 애	18	玉	金
欸	한숨쉴 애	11	欠	金*	礙	거리낄 애	19	石	金
娸	기뻐할 애	11	女	土	藹	우거질 애	19	艸	木
捱	막을 애	12	手	木	譪	우거질 애	20	言	金
涯	물가 애	12	水	水	藹	우거질 애	22	艸	木
碍	거리낄 애	13	石	金	靄	아지랑이 애	24	雨	水
睚	눈초리 애	13	目	木	靉	구름낄 애	25	雨	水
愛	사랑 애	13	心	火	**액**	土 11字			
獃	어리석을 애	14	犬	土	厄	액 액	4	厂	水
敱	다스릴 애	14	攴	金	戹	좁을 액/재앙 액	5	戶	木
磑	맷돌 애/단단할 애	15	石	金	呝	닭소리 액	8	口	水

한자	뜻,음[검색어]	원획수	부수	자원오행	한자	뜻,음[검색어]	원획수	부수	자원오행
扼	누를 액	8	手	木	夜	밤 야	8	夕	水
掖	겨드랑이 액/낄 액	12	手	木	耶	어조사 야	9	耳	火
阨	막힐 액	12	阜	土	倻	가야 야	11	人	火
液	진 액	12	水	水	野	들 야	11	里	土
搤	조를 액	14	手	木	埜	들 야	11	土	土
腋	겨드랑이 액	14	肉	水	若*	반야 야//같을 약	11	艸	木
縊	목맬 액	16	糸	木	捓	야유할 야	11	手	木
額	이마 액	18	頁	火	琊	땅이름 야	12	玉	金
앵	土 8字				爺	아버지 야	13	父	木
嫈	새색시 앵	13	女	土	揶	야유할 야	13	手	木
罃	물동이 앵	16	缶	土	椰	야자나무 야	13	木	木
嚶	새지저귈 앵	20	口	水	惹	이끌 야	13	心	火
甖	양병 앵	20	缶	土	**약**	土 15字			
鶯	꾀꼬리 앵	21	鳥	火	約*	맺을 약//부절 요	9	糸	木
櫻	앵두 앵	21	木	木	弱	약할 약	10	弓	金*
鸎	꾀꼬리 앵	25	鳥	火	若*	같을 약//반야 야	11	艸	木
鸚	앵무새 앵	28	鳥	火	葯	꽃밥 약/약 약	15	艸	木
야	土 14字				蒻	구약나물 약	16	艸	木
也	잇기 야/어조사 야	3	乙	水*	篛	대이름 약	16	竹	木
冶	풀무 야	7	冫	水	龠	피리 약	17	龠	火

한자	뜻,음[검색어]	원획수	부수	자원오행	한자	뜻,음[검색어]	원획수	부수	자원오행
鸙	댓닭 약	21	鳥	火	椋	푸조나무 양	12	木	木
躍	뛸 약	21	足	土	揚	날릴 양	13	手	木
爚	불사를 약	21	火	火	楊	버들 양	13	木	木
藥	약 약	21	艸	木	敭	오를 양	13	攴	金
禴	봄제사 약	22	示	木	煬	쬘 양	13	火	火
籥	피리 약/열쇠 약	23	竹	木	暘	해돋이 양	13	日	火
躒	뽑을 약	24	足	土	瘍	헐 양	14	广	水
鑰	자물쇠 약	25	金	金	養	기를 양	15	食	水
양	土 41字				樣*	모양 양//상수리나무 상	15	木	木
羊	양 양	6	羊	土	漾	출렁거릴 양	15	水	水
佯	거짓 양	8	人	火	輰	수레 양	16	車	火
徉	노닐 양	9	彳	火	諹	칭찬할 양	16	言	金
易	볕 양	9	日	火	襄	도울 양	17	衣	木
眻	착하고아름다울 양	9	羊	土	陽	볕 양	17	阜	土
烊	구울 양	10	火	火	錫	당노 양	17	金	金
恙	병 양/근심할 양	10	心	火	颺	날릴 양	18	風	木
洋	큰바다 양	10	水	水	瀁	내이름 양	19	水	水
痒	가려울 양	11	广	水	癢	가려울 양	20	广	水
眻	눈아름다울 양	11	目	木	孃	아가씨 양	20	女	土
羕	길 양	11	羊	土	壤	흙덩이 양	20	土	土

한자	뜻,음[검색어]	원획수	부수	자원오행	한자	뜻,음[검색어]	원획수	부수	자원오행
懹	바랄 양/가려울 양	20	心	火	飫	물릴 어	13	食	水
攘	물리칠 양	21	手	木	瘀	어혈질 어	13	疒	水
瀼	흠치르르할 양	21	水	水	語	말씀 어	14	言	金
禳	제사이름 양	22	示	木	漁	고기잡을 어	15	水	水
穰	줄기 양	22	禾	木	衛*	멈출 어//깨끗할 소	16	行	火
蘘	양하 양	23	艸	木	禦	막을 어	16	示	木
讓	사양할 양	24	言	金	齬	어긋날 어	22	齒	金
釀	술빚을 양	24	酉	金	**억**	土 6字			
鑲	거푸집속 양	25	金	金	抑	누를 억	8	手	木
驤	머리 들 양	27	馬	火	億	억 억	15	人	火
어	土 16字				檍	감탕나무 억	17	木	木
於	어조사 어	8	方	土	憶	생각할 억	17	心	火
圄	옥 어	10	口	水*	臆	가슴 억	19	肉	火*
御	거느릴 어/막을 어	11	彳	火	繶	끈 억	19	糸	木
圉	마부 어/감옥 어	11	口	水*	**언**	土 20字			
敔	막을 어	11	攴	金	言	말씀 언	7	言	金
魚	물고기 어	11	魚	水	彦	선비 언	9	彡	火
唹	고요히웃을 어	11	口	水	彦	선비 언	9	彡	火
馭	말부릴 어	12	馬	火	匽	눕힐 언	9	匚	水
淤	진흙 어	12	水	水	偃	나부낄 언/쓰러질 언	11	人	火

한자	뜻,음[검색어]	원획수	부수	자원오행
焉	어찌 언	11	火	火
堰	둑 언	12	土	土
嶖	가파를 언	12	山	土
傿	에누리 언/ 고을이름 언	13	人	火
嫣	아름다울 언	14	女	土
嗎	즐길 언	14	口	水
漹	강이름 언	15	水	水
憮*	생각할 언//그칠 은	15	心	火
諺	언문 언	16	言	金
郾	고을이름 언	16	邑	土
鄢	고을이름 언	18	邑	土
鶠	봉새 언	20	鳥	火
鼴	두더쥐 언	22	鼠	水
鼹	두더쥐 언	23	鼠	水
讞	평의할 언	27	言	金
얼	土 6字			
乻*	음차자 얼//음차자 늘	9	乙	土*
臬	말뚝 얼	10	自	木
孽	서자 얼	19	子	水
糵	누룩 얼	22	米	木

한자	뜻,음[검색어]	원획수	부수	자원오행
蘖	그루터기 얼	23	艸	木
蘗	누룩 얼	23	米	木
엄	土 14字			
广	집 엄	3	广	木
奄	문득 엄	8	大	水*
俺	클 엄	10	人	火
崦	산이름 엄	11	山	土
掩	가릴 엄	12	手	木
淹	담글 엄	12	水	水
罨	그물 엄	14	网	木
醃	절일 엄	15	酉	金
閹	고자 엄	16	門	木
嚴	엄할 엄	17	厂	水
龑	고명할 엄	20	龍	土
嚴	엄할 엄	20	口	水
儼	엄연할 엄	22	人	火
曮	해다닐 엄	24	日	火
업	土 4字			
業	업 업	13	木	木
嶪	높고험할 업	16	山	土

한자	뜻,음[검색어]	원획수	부수	자원오행
嶪	험준할 업	16	山	土
鄴	위나라서울 업	20	邑	土
에	土 2字			
恚	성낼 에	10	心	火
曀	음산할 에	16	日	火
엔	土 1字			
円	화폐단위 엔	4	冂	土
여	土 21字			
予	나 여/줄 여	4	亅	金
如	같을 여	6	女	土
伃	궁녀 여	6	人	火
余	나 여/남을 여	7	人	火
汝	너 여	7	水	水
妤	궁녀 여	7	女	土
伽	고르게할 여	8	人	火
忬	미리 여	8	心	火
舁	마주들 여	10	臼	土
洳	강이름 여	10	水	水
悆*	기뻐할 여// 느슨해질 서	11	心	火
悇	근심할 여	11	心	火

한자	뜻,음[검색어]	원획수	부수	자원오행
茹	먹을 여	12	艸	木
艅	배이름 여	13	舟	木
與	더불 여/줄 여	14	臼	土
餘	남을 여	16	食	水
輿	수레 여	17	車	火
歟	어조사 여	18	欠	金*
礖	돌이름 여	19	石	金
璵	옥 여	19	玉	金
轝	수레 여	21	車	火
역	土 15字			
亦	또 역	6	亠	水*
役	부릴 역	7	彳	火
易*	바꿀 역//쉬울 이	8	日	火
疫	전염병 역	9	疒	水
域	지경 역	11	土	土
減	빨리흐를 역	12	水	水
暘	해반짝날 역	12	日	火
逆	거스를 역	13	辶	土
閾	문지방 역	16	門	木
嶧	산이름 역	16	山	土

한자	뜻,음[검색어]	원획수	부수	자원오행	한자	뜻,음[검색어]	원획수	부수	자원오행
懌	기뻐할 역	17	心	火	肙	장구벌레 연	9	肉	水
曎	빛날 역	17	日	火	埏	땅가장자리 연	10	土	土
繹	실뽑을 역	19	糸	木	娫	빛날 연	10	女	土
譯	번역할 역	20	言	金	烟	연기 연	10	火	火
驛	역 역	23	馬	火	娟	예쁠 연	10	女	土
연	土 74字				宴	잔치 연	10	宀	木
均*	따를 연//고를 균	7	土	土	研	갈 연/벼루 연	11	石	金
姸	고울 연	7	女	土	挻	늘일 연	11	手	木
延	늘일 연	7	廴	木	捐	버릴 연	11	手	木
困	못 연	7	囗	水*	硱	벼루 연	11	石	金
沇*	강이름 연//흐를 윤	8	水	水	悁	성낼 연	11	心	火
兖	오늬 연/땅이름 연	8	儿	土*	涓	시내 연	11	水	水
次	침 연	8	水	水	軟	연할 연	11	車	火
挻	움직일 연	8	手	木	涎	침 연	11	水	水
姸	고울 연	9	女	土	珚	옥이름 연	11	玉	金
衍	넓을 연	9	行	水*	然	불탈 연/그럴 연	12	火	火
沿	물따라갈 연	9	水	水	堧	빈터 연	12	土	土
兗	오늬 연/땅이름 연	9	儿	土*	淵	못 연	12	水	水
姢	예쁠 연	9	女	土	硯	벼루 연	12	石	金
奭	가냘플 연	9	而	水	胭	연지 연	12	肉	水

한자	뜻,음[검색어]	원획수	부수	자원오행
淵	못 연	13	水	水
鉛	납 연	13	金	金
筵	대자리 연	13	竹	木
掾	인연 연	13	手	木
涎	물이름 연	13	水	水
莚	벋을 연	13	艸	木
椽	서까래 연	13	木	木
煙	연기 연	13	火	火
楄	나무굽을 연	13	木	木
鳶	솔개 연	14	鳥	火
瑌	옥돌 연	14	玉	金
碝	옥돌 연	14	石	金
漣*	물창일할 연//물이름 계	14	水	水
褋	배래기 연	14	示	木
郔	땅이름 연	14	邑	土
蜎	장구벌레 연	15	虫	水
嬿	여자의자태 연	15	女	土
緣	인연 연	15	糸	木
演	펼 연	15	水	水
戭*	창 연//창 인	15	戈	金

한자	뜻,음[검색어]	원획수	부수	자원오행
鋋	작은창 연	15	金	金
輭	연할 연	16	車	火
燕	제비 연/잔치 연	16	火	火
燃	불탈 연	16	火	火
橪	멧대추나무 연	16	木	木
鷰*	솔개 연//제비 현	16	鳥	火
縯	길 연	17	糸	木
潥*	침 연//침 선	17	水	水
壖	빈터 연	17	土	土
櫞	구연나무 연	19	木	木
嚥	삼킬 연	19	口	水
嬿	아름다울 연	19	女	土
瓀	옥돌 연	19	玉	金
蠕	꿈틀거릴 연	20	虫	水
曣	청명할 연	20	日	火
瀾	못 연	21	水	水
臙	연지 연	22	肉	水
醼	잔치 연	23	酉	金
讌	이야기할 연	23	言	金
酀	땅이름 연	23	邑	土

한자	뜻,음[검색어]	원획수	부수	자원오행	한자	뜻,음[검색어]	원획수	부수	자원오행
열	土 7字				閻	마을 염	16	門	木
咽*	목멜 열//목구멍 인	9	口	水	嬮	얌전할 염	17	女	土
悅	기뻐할 열	11	心	火	懕	편안할 염	18	心	火
說*	기뻐할 열//말씀 설//달랠 세	14	言	金	檿	산뽕나무 염	18	木	木
熱	더울 열	15	火	火	艶	고울 염	19	色	土
噎	목멜 열	15	口	水	饜	포식할 염	23	食	水
閱	셀 열	15	門	金*	魘	잠꼬대할 염	24	鬼	火
潱	물흐르는모양 열	16	水	水	艷	고울 염	24	色	土
염	土 22字				鹽	소금 염	24	鹵	水
冉	나아갈 염	5	冂	土	黶	사마귀 염	26	黑	水
炎*	불꽃 염//아름다울 담	8	火	火	灩	출렁거릴 염	32	水	水
染	물들 염	9	木	木	**엽**	土 10字			
苒	풀우거질 염	11	艸	木	枼	나뭇잎 엽	9	木	木
焰	불꽃 염	12	火	火	偞	가벼울 엽	11	人	火
扊	문빗장 염	12	戶	木	燁*	환히비칠 엽//이글거릴 황	14	火	火
猒	물릴 염	12	犬	土	葉*	잎 엽//땅이름 섭	15	艸	木
琰	옥 염	13	玉	金	曄	빛날 엽	16	日	火
髯	구렛나루 염	14	髟	火	爗	빛날 엽	16	火	火
厭	싫어할 염	14	厂	水	曅	빛날 엽	16	日	火
槏*	난간 염//문설주 겸	14	木	木	瞱	노려볼 엽	16	目	木

한자	뜻,음[검색어]	원획수	부수	자원오행	한자	뜻,음[검색어]	원획수	부수	자원오행
爗	빛날 엽	20	火	火	楹	기둥 영	13	木	木
靨	보조개 엽	23	面	火	朠	달빛 영	13	月	水
영	土 60字				塋	무덤 영	13	土	土
永	길 영/읊을 영	5	水	水	渶	물맑을 영	13	水	水
昊*	클 영//햇빛 대	7	日	火	暎	비칠 영	13	日	火
咏	읊을 영	8	口	水	煐	빛날 영	13	火	火
栐	나무이름 영	9	木	木	郢	초나라서울 영	14	邑	土
映	비칠 영	9	日	火	碤	물속돌 영	14	石	金
栄	영화 영	9	木	木	榮	영화 영/꽃 영	14	木	木
盈	찰 영	9	皿	水*	瑛	옥빛 영	14	玉	金
泳	헤엄칠 영	9	水	水	賏	목치장 영	14	貝	金
荣	영화 영	9	木	木	瞙	움펑눈 영	14	木	木
柍*	매화나무 영// 가운데 앙	9	木	木	潁	강이름 영	15	水	水
迎	맞을 영	11	辶	土	影	그림자 영	15	彡	火
浧	가득찰 영	11	水	水	瑩*	밝을 영//의혹할 형	15	玉	金
英	꽃부리 영	11	艸	木	禜	재앙막는제사 영	15	示	木
偀	꽃부리 영	11	人	火	縈	얽힐 영	16	糸	木
盷	똑바로볼 영	12	目	木	穎	이삭 영	16	禾	木
詠	읊을 영	12	言	金	嬴	찰 영	16	女	土
霙	깊은못 영	12	雨	水	嶸	가파를 영	17	山	土

한자	뜻,음[검색어]	원획수	부수	자원오행
營	경영할 영	17	火	火
鍈	방울소리 영	17	金	金
嬰	어린아이 영	17	女	土
霙	진눈깨비 영	17	雨	水
謍	작은소리 영	17	言	金
濴	작은물모양 영	18	水	水
濚	물졸졸흐를 영	18	水	水
韺	풍류이름 영	18	音	金
嚶	소리 영	19	音	金
瀛	바다 영	20	水	水
蠑	영원 영	20	虫	水
贏	남을 영	20	貝	金
廮	편안할 영	20	广	木
孾	어린아이 영	20	子	水
鐥	물릴 영	20	金	金
懧	호위할 영	21	心	火
瀯	물졸졸흐를 영	21	水	水
攖	얽힐 영	21	手	木
灐	질펀할 영	21	水	水
瓔	옥돌 영	22	玉	金

한자	뜻,음[검색어]	원획수	부수	자원오행
癭	혹 영	22	广	水
蘡	국화 영	22	艸	木
纓	갓끈 영	23	糸	木
예	土 68字			
乂	벨 예	2	丿	金
刈	벨 예	4	刀	金
曳	끌 예	6	曰	金*
医*	동개 예//의원 의	7	匸	土*
兒*	어릴 예//아이 아	8	儿	水*
艾*	다스릴 예//쑥 애	8	艸	木
艾*	다스릴 예//쑥 애	8	艸	木
呭	수다스러울 예	8	口	水
枘	나무이름 예	8	木	木
汭	물굽이 예	8	水	水
枘	장부 예	8	木	木
枻*	노 예//도지개 설	9	木	木
帠	법 예	9	巾	木
羿	사람이름 예	9	羽	金*
拽	끌 예	10	手	木
芮	작고연할 예	10	艸	木

한자	뜻,음[검색어]	원획수	부수	자원오행	한자	뜻,음[검색어]	원획수	부수	자원오행
倪	어린이 예/다시난이 예	10	人	火	嫛	갓난아이 예/유순할 예	14	女	土
琊	옥돌 예	10	玉	金	嬿	유순할 예	14	女	土
蜹	파리매 예	10	虫	水	勱	수고로울 예	14	力	土
芸*	재주 예//평지 운	10	艸	木	鄨	나라이름 예	15	邑	土
堄	성가퀴 예	11	土	土	銳	날카로울 예	15	金	金
埶	재주 예	11	土	土	藝	재주 예	15	土	土
婗	갓난아이 예	11	女	土	嬖	다스릴 예	15	辛	金
汭	물가 예	12	水	水	說*	엿볼 예//떠볼 나	15	言	金
睿*	밝을 예//준설할 준	12	谷	火*	瘱	고요할 예	16	广	水
掜	비길 예	12	手	木	橤	꽃술 예	16	木	木
猊	사자 예	12	犬	土	瞖	흐릴 예	16	目	木
惢*	꽃술 예//사람이름 쇄	12	心	火	霓	무지개 예	16	雨	水
跇	뛰어넘을 예	12	足	土	豫	미리 예	16	豕	水
詍	수다스러울 예	12	言	金	叡	밝을 예	16	又	火*
預	맡길 예/미리 예	13	頁	火	獩	민족이름 예	17	犬	土
詣	이를 예	13	言	金	蓺	심을 예	17	艸	木
裔	후손 예/자락 예	13	衣	木	翳	깃일산 예	17	羽	火
睨	곁눈질할 예	13	目	木	濊	더러울 예	17	水	水
蜺	애매미 예/무지개 예	14	虫	水	繄	창전대 예	17	糸	木
睿	슬기 예	14	目	火*	蕊	꽃술 예	18	艸	木

한자	뜻,음[검색어]	원획수	부수	자원오행
穢	거칠 예	18	禾	木
縶	드리워질 예	18	糸	木
毉	아름다울 예	19	殳	金
薉	우거질 예	19	艸	木
鯢	도룡농 예	19	魚	水
叡	밝을 예	19	土	火*
麑	사자 예	19	鹿	土
譽	기릴 예/명예 예	21	言	金
藝	재주 예/심을 예	21	艸	木
鷖	갈매기 예	22	鳥	火
蕊	꽃술 예	22	艸	木
囈	잠꼬대 예	22	口	水
오	土 69字			
午	낮 오	4	十	火*
五	다섯 오	5	二	土*
伍	다섯사람 오	6	人	火
仵	짝 오	6	人	火
圬	흙손 오	6	土	土
弙	활겨눌 오	6	弓	火
吾	나 오	7	口	水
汙	더러울 오	7	水	水
污	더러울 오	7	水	水
吳	나라이름 오	7	口	水
忤	거스를 오	8	心	火
昈	밝을 오	8	日	火
扷	헤아릴 오	8	手	木
朏	밝을 오	8	月	水
汻	물가 오	8	水	水
俁	클 오	9	人	火
俉	맞이할 오	9	人	火
迕	에돌 오	10	辵	土
唔	글읽는소리 오	10	口	水
烏	까마귀 오	10	火	火
娛	즐길 오	10	女	土
浯	강이름 오	11	水	水
敖	거만할 오	11	攴	金
悟	깨달을 오	11	心	火
捂	거스를 오	11	手	木
迓	만날 오/거스를 오	11	辵	土
梧	오동나무 오	11	木	木

한자	뜻,음[검색어]	원획수	부수	자원오행
晤	총명할 오/만날 오	11	日	火
唔	만날 오/거스를 오	11	口	水
牾	거스를 오	11	牛	土
惡*	미워할 오//악할 악	12	心	火
珸	옥돌 오	12	玉	金
琟	옥돌 오	12	玉	金
傲	거만할 오	13	人	火
奥	깊을 오	13	大	木
塢	둑 오	13	土	土
筽	버들고리 오	13	竹	木
嗚	슬플 오	13	口	水
蜈	지네 오	13	虫	水
募	풀이름 오	13	艸	木
聖	들을 오	13	耳	火
嫯	교만할 오	14	女	土
誤	그르칠 오	14	言	金
嗷	시끄러울 오	14	口	水
寤	잠깰 오	14	宀	火*
逜	깨우칠 오	14	辵	土
鄔	고을이름 오	14	邑	土
獒	개 오	15	犬	土
傲	오만할 오	15	心	火
熬	볶을 오	15	火	火
噁	성낼 오	15	口	水
墺	물가 오	16	土	土
窹	부엌 오	16	穴	水
澳	깊을 오	17	水	水
聱	듣지아니할 오	17	耳	火
懊	한할 오	17	心	火
燠*	따듯할 오//따듯할 욱//위로할 우	17	火	火
隖	땅이름 오	17	邑	土
遨	놀 오	18	辵	土
謷	헐뜯을 오	18	言	金
鏖	오살할 오	19	金	金
鏊	번철 오	19	金	金
襖	웃옷 오	19	衣	木
鼯	날다람쥐 오	20	鼠	水
顤	높고클 오	20	頁	火
隩	물굽이 오	21	阜	土
驁	준마 오	21	馬	火

한자	뜻,음[검색어]	원획수	부수	자원오행
鰲	자라 오	22	魚	水
鼇	자라 오	24	黽	土
옥	土 6字			
玉	구슬 옥	5	玉	金
沃	기름질 옥/물댈 옥	8	水	水
屋	집 옥	9	尸	木*
鈺	보배 옥	13	金	金
獄	옥 옥	14	犬	土
鋈	도금 옥	15	金	金
온	土 25字			
昷	어질 온	9	日	火
盜	온화할 온	10	皿	水*
媼	할머니 온	12	女	土
媪	할머니 온	13	女	土
暚	따뜻할 온	13	日	火
榲	기둥 온	14	木	木
氳	기운어릴 온	14	气	水
溫	따뜻할 온/쌓을 온	14	水	水
慍	성낼 온	14	心	火
熅	숯불 온	14	火	火

한자	뜻,음[검색어]	원획수	부수	자원오행
穩	편안할 온	14	禾	木
稳	성한모양 온	15	禾	木
瑥	사람이름 온	15	玉	金
瘟	돌림병 온	15	疒	水
億*	안온할 온//기댈 은	16	人	火
縕	헌솜 온	16	糸	木
穏	편안할 온	16	禾	木
醞	빚을 온	17	酉	金
轀	와거 온	17	車	火
饂*	접대할 온//배부를 안	19	食	水
韞	갈무리 온	19	韋	金
薀	붕어마름 온/쌓을 온	19	艸	木
穩	편안할 온	19	禾	木
馧	향기로울 온	19	香	木
蘊	쌓을 온/붕어마름 온	22	艸	木
올	土 4字			
兀	우뚝할 올	3	儿	土*
杌	나무그루터기 올	7	木	木
嗢	목멜 올	13	口	水
膃	살질 올	16	肉	水

한자	뜻,음[검색어]	원획수	부수	자원오행
옹	土 20字			
瓮	독 옹	9	瓦	土
禺	어리석을 옹	9	内	土*
翁	늙은이 옹	10	羽	火
邕	막을 옹	10	邑	土
喁	벌룸거릴 옹	12	口	水
雍	화할 옹	13	隹	火
燰	사람이름 옹	13	火	火
滃	구름일 옹	14	水	水
搹	낄 옹	14	手	木
蕹	장다리 옹	16	艸	木
壅	막을 옹	16	土	土
擁	낄 옹	17	手	木
顒	엄숙할 옹	18	頁	火
甕	독 옹	18	瓦	土
癕	악창 옹	18	疒	水
雝	화락할 옹	18	隹	火
罋	항아리 옹	19	缶	土
廱	학교 옹	21	广	木
饔	아침밥 옹	22	食	水

한자	뜻,음[검색어]	원획수	부수	자원오행
癰	악창 옹	23	广	水
와	土 19字			
瓦	기와 와	5	瓦	土
囮	후림새 와	7	口	土
吪	움직일 와	7	口	水
臥	누울 와	8	臣	土*
枙	옹이 와	8	木	木
哇	토할 와	9	口	水
娃*	예쁠 와//예쁠 왜	9	女	土
窊	우묵할 와	10	穴	水
洼	웅덩이 와	10	水	水
訛	그릇될 와	11	言	金
媧	날씬할 와/과감할 와	11	女	土
蛙	개구리 와	12	虫	水
猧	발바리 와	13	犬	土
渦	소용돌이 와	13	水	水
窩	움집 와	14	穴	水
窪	웅덩이 와	14	穴	水
蝸	달팽이 와	15	虫	水
萵	상추 와	15	艸	木

한자	뜻,음[검색어]	원획수	부수	자원오행
譌	잘못될 와	19	言	金
완	土 34字			
刓	깍을 완	6	刀	金
岏	산뾰족할 완	7	山	土
完	완전할 완	7	宀	木
妧	좋을 완	7	女	土
抏	꺽을 완/희롱할 완	8	手	木
宛*	완연할 완//맺힐 울	8	宀	木
忨	탐할 완	8	心	火
杬*	어루만질 완//나무이름 원	8	木	木
玩	희롱할 완	9	玉	金
垸	바를 완	10	土	土
盌	주발 완	10	皿	金
唍	빙그레웃는모양 완	10	口	水
梡*	도마 완//도마 관	11	木	木
浣	빨 완	11	水	水
婉*	순할 완//순할 원	11	土	土
婠	품성좋을 완	11	女	土
莞	사람이름 완	11	言	金
掄	문지를 완	11	手	木

한자	뜻,음[검색어]	원획수	부수	자원오행
涴	물굽이쳐흐를 완	12	水	水
阮*	나라이름 완//나라이름 원	12	阜	土
琓	옥이름 완	12	玉	金
椀	주발 완	12	木	木
惋	한탄할 완	12	心	火
脘	위 완	13	肉	水
碗	사발 완	13	石	金
頑	완고할 완	13	頁	火
莞	왕골 완	13	艸	木
琬	홀 완	13	玉	金
腕	팔뚝 완	14	肉	水
輐	둥글 완	14	車	火
緩	느릴 완	15	糸	木
豌	완두 완	15	豆	木
翫	희롱할 완	15	羽	火
鋺*	주발 완//저울판 원	16	金	金
왈	土 1字			
曰	가로 왈	4	曰	火
왕	土 9字			
王	임금 왕	5	玉	金

한자	뜻,음[검색어]	원획수	부수	자원오행
往	갈 왕	8	彳	火
枉	굽을 왕	8	木	木
汪	넓을 왕	8	水	水
旺	왕성할 왕	8	日	火
迬	갈 왕	12	辵	土
淎	큰물 왕	12	水	水
晎	빛고울 왕	12	日	火
瀇	깊을 왕	19	水	水
왜	土 5字			
歪	기울 왜	9	止	土
娃*	예쁠 왜//예쁠 와	9	女	土
倭	왜나라 왜	10	人	火
媧	사람이름 왜	12	女	土
矮	난쟁이 왜	13	矢	金
외	土 15字			
外	바깥 외	5	夕	火*
畏	두려워할 외	9	田	土
偎	가까이할 외	11	人	火
崴	높을 외	12	山	土
嵬	꾸불꾸불할 외	12	山	土

한자	뜻,음[검색어]	원획수	부수	자원오행
嵬	높을 외	13	山	土
煨	묻은불 외	13	火	火
猥	외람할 외	13	犬	土
渨	빠질 외	13	水	水
愄	착할 외	13	心	火
磈	돌우툴두툴할 외	14	石	金
磈	돌 외	15	石	金
聭	귀머거리 외	18	耳	火
隗	높을 외	18	阜	土
巍	높고클 외	21	山	土
요	土 52字			
幺	작을 요	3	幺	水
夭	일찍죽을 요/어릴 요	4	大	水*
凹	오목할 요	5	山	水
妖	요사할 요	7	女	土
殀	일찍죽을 요	8	歹	水
坳	우묵할 요	8	土	土
枖	무성한모양 요	8	木	木
窈	깊을 요	9	穴	水
姚	예쁠 요	9	女	土

한자	뜻,음[검색어]	원획수	부수	자원오행	한자	뜻,음[검색어]	원획수	부수	자원오행
要	요긴할 요/허리 요	9	襾	金	墝	메마른땅 요	15	土	土
拗	우길 요	9	手	木	嬈	번거로울 요/아리따울 요	15	女	土
祅	재앙 요	9	示	木	瑤	아름다운옥 요	15	玉	金
約*	부절 요//맺을 약	9	糸	木	樂*	좋아할 요//노래 악//즐길 락	15	木	木
垚	흙높을 요	9	土	土	腰	허리 요	15	肉	水
窈	고요할 요	10	穴	水	僥	구할 요	15	人	火
宎	움평눈 요	10	穴	水	徼	돌 요	16	彳	火
姚	빛날 요	10	火	火	橈	굽을 요/노 요	16	木	木
偠	날씬할 요	11	人	火	澆	물댈 요	16	水	水
珧	강요주 요	11	玉	金	謠	노래 요	17	言	金
喓	벌레소리 요	12	口	水	遙	멀 요	17	辵	土
堯	요임금 요/높을 요	12	土	土	繇	역사 요	17	糸	木
徭	역사 요	13	彳	火	繞	두를 요	18	糸	木
喲	기꺼울 요	13	口	水	曜	빛날 요	18	日	火
僥	요행 요	14	人	火	燿	빛날 요	18	火	火
搖	흔들 요	14	手	木	蟯	요충 요	18	虫	水
暚	햇빛 요	14	日	火	蕘	땔나무 요	18	艸	木
榣	큰나무 요	14	木	木	遶	두를 요	19	辵	土
窯	기와굽는가마 요	15	穴	水	擾	시끄러울 요/길들일 요	19	手	木
嶢	높을 요	15	山	土	邀	맞을 요	20	辵	土

한자	뜻,음[검색어]	원획수	부수	자원오행	한자	뜻,음[검색어]	원획수	부수	자원오행
耀	빛날 요	20	羽	火	埇	길돋을 용	10	土	土
饒	넉넉할 요	21	食	水	容	얼굴 용	10	宀	木
鷂	새매 요	21	鳥	火	庸	쓸 용	11	广	木
욕	土 8字				涌	물솟을 용	11	水	水
辱	욕될 욕	10	辰	土	舂	찧을 용	11	臼	金*
浴	목욕할 욕	11	水	水	恿	용감할 용	11	心	火
欲	하고자할 욕	11	欠	金*	硧	숫돌 용	12	石	金
溽	젓을 욕	14	水	水	俗	익숙할 용	12	人	火
慾	욕심 욕	15	心	火	茸	풀날 용	12	艸	木
蓐	깔개 욕	16	艸	木	湧	물솟을 용	13	水	水
縟	채색 욕	16	糸	木	蛹	번데기 용	13	虫	水
褥	요 욕	16	衣	木	嵱	산이름 용	13	山	土
용	土 37字				傭	품팔 용	13	人	火
冗	한가로울 용	4	冖	木*	媶	예쁜모양 용	13	女	土
用	쓸 용	5	用	水	慂	권할 용	14	心	火
宂	한가로울 용	5	宀	木	墉	담 용	14	土	土
甬	길 용	7	用	水	踊	뛸 용	14	足	土
勇	날랠 용	9	力	土	溶	녹을 용	14	水	水
俑	목우 용	9	人	火	榕	벵골보리수 용	14	木	木
戜	사나울 용	10	戈	金	熔	쇠녹일 용	14	火	火

한자	뜻,음[검색어]	원획수	부수	자원오행	한자	뜻,음[검색어]	원획수	부수	자원오행
慵	게으를 용	15	心	火	吁	탄식할 우	6	口	水
槦	나무이름 용	15	木	木	优	넉넉할 우/뛰어날 우	6	人	火
瑢	패옥소리 용	15	玉	金	扜	당길 우/지휘할 우	7	手	木
慂	어리석을 용	15	心	火	佑	도울 우	7	人	火
踴	뛸 용	16	足	土	宋	비 우	7	水	水
蓉	연꽃 용	16	艸	木	杅	사발 우	7	木	木
趙	갈 용	16	走	火	旴	클 우	7	日	火
聳	솟을 용	17	耳	火	吘	화합할 우	7	口	水
鎔	쇠녹일 용	18	金	金	扝	당길 우	7	手	木
鏞	종 용	19	金	金	雨	비 우	8	雨	水
우	土 76字				盂	사발 우	8	皿	金
又	또 우	2	又	水	玗	옥돌 우	8	玉	金
于	어조사 우	3	二	水*	盱	쳐다볼 우	8	目	木
尤	더욱 우	4	尢	土	宇	들창 우/집 우	8	穴	水
友	벗 우	4	又	水	紆	굽을 우	9	糸	木
牛	소 우	4	牛	土	疣	혹 우	9	广	水
右	오른쪽 우	5	口	水	禹	하우씨 우	9	内	土*
羽	깃 우	6	羽	火	芋*	토란 우//클 후	9	艸	木
圩	오목할 우	6	土	土	竽	피리 우	9	竹	木
宇	집 우	6	宀	木	俁	클 우	9	人	火

한자	뜻,음[검색어]	원획수	부수	자원오행
邘	땅이름 우	10	邑	土
祐	도울 우	10	示	木
迂	에돌 우	10	辵	土
訏	클 우	10	言	金
雩	기우제 우	11	雨	水
盂	물소용돌이치며 흐를 우	11	皿	水*
偶	짝 우	11	人	火
釪	창고달 우	11	金	金
偊	혼자걸을 우	11	人	火
訧	허물 우	11	言	金
禑	고을이름 우	11	示	木
堯	날 우	12	宀	火
堣	모퉁이 우	12	土	土
庽	부칠 우	12	广	木
寓	부칠 우	12	宀	木
嵎	산굽이 우	12	山	土
寓	집 우	12	宀	木
愚	기쁠 우	13	心	火
麀	암사슴 우	13	鹿	土
愚	어리석을 우	13	心	火

한자	뜻,음[검색어]	원획수	부수	자원오행
虞	염려할 우	13	虍	火*
暍	사람이름 우	13	日	火
湡	강이름 우	13	水	水
楀	나무이름 우	13	木	木
逎	가는모양 우	13	辵	土
霅	물소리 우/깃 우	14	雨	水
禑	복 우	14	示	木
瑀	패옥 우	14	玉	金
慪	아낄 우	15	心	金
憂	근심 우	15	心	火
郵	우편 우	15	邑	土
耦	나란히갈 우	15	耒	金*
蘮	풀이름 우	15	艸	木
遇	만날 우	16	辵	土
踽	외로울 우	16	足	土
鄅	나라이름 우	16	邑	土
鍝	귀고리 우	17	金	金
優	넉넉할 우	17	人	火
隅	모퉁이 우	17	阜	土
燠*	위로할 우//따듯할 오//따듯할 욱	17	火	火

한자	뜻,음[검색어]	원획수	부수	자원오행	한자	뜻,음[검색어]	원획수	부수	자원오행
濿	시내 우	17	水	水	운	土 32字			
譌	망령될 우	18	言	金	云	이를 운/구름 운	4	二	水*
麌	수사슴 우	18	鹿	土	夽	높을 운	7	大	木
瀀	어살 우/넉넉할 우	19	水	水	妘	여자의자 운	7	女	土
耰	곰방메 우	21	耒	金*	沄	돌아흐를 운	8	水	水
藕	연뿌리 우	21	艸	木	抎	잃을 운	8	手	木
齲	충치 우	24	齒	金	耘	김맬 운	10	耒	金*
욱	土 12字				紜	어지러울 운	10	糸	木
旭	아침해 욱	6	日	火	芸*	평지 운//재주 예	10	艸	木
昱	햇빛밝을 욱	9	日	火	員*	더할 운//인원 원	10	口	水
彧	문채 욱	10	彡	火	雲	구름 운	12	雨	水
栯	산앵두 욱	10	木	木	惲	혼후할 운	13	心	火
勖	힘쓸 욱	11	力	土	暈*	어지러울 운//무리 훈	13	日	火
煜	빛날 욱	13	火	火	韵	운 운	13	音	金
頊	멍할 욱	13	頁	火	媼	여자의자 운	13	女	土
稶	서직무성할 욱	13	禾	木	熉	노란모양 운	14	火	火
郁	성할 욱	13	邑	土	殞	죽을 운	14	歹	水
稢	서직무성할 욱	15	禾	木	溳	강이름 운	14	水	水
熽	문채나는모양 욱	16	彡	火	賱	구름일 운/떨어질 운	15	穴	水
燠*	따듯할 욱//따듯할 오//위로할 우	17	火	火	橒	나무무늬 운	16	木	木

한자	뜻,음[검색어]	원획수	부수	자원오행
賱	넉넉할 운	16	貝	金
運	옮길 운	16	辵	土
篔	왕대 운	16	竹	木
澐	큰물결 운	16	水	水
蝹	굼틀거릴 운	16	虫	水
鄆	고을이름 운	16	邑	土
鄖	나라이름 운	17	邑	土
霣	떨어질 운	18	雨	水
隕	떨어질 운	18	阜	土
篔	왕대 운	18	竹	木
蕓	평지 운	18	艸	木
顚*	둥글 운//둥글 혼	19	頁	火
韻	운 운	19	音	金
을	土 7字			
乻	땅이름 울	4	乙	木
宛*	맺힐 울//완연할 완	8	宀	土*
菀	무성할 울	14	艸	木
蔚	답답할 울	17	艸	木
黦	검을 울	18	黑	水
鬱	답답할 울/울창할 울	29	鬯	木

한자	뜻,음[검색어]	원획수	부수	자원오행
灪	큰물 울	33	水	水
웅	土 3字			
雄	수컷 웅	12	隹	火
傛	다스릴 웅	13	人	火
熊	곰 웅	14	灬	火
원	土 53字			
元	으뜸 원	4	儿	木
沅	강이름 원	8	水	水
杬*	나무이름 원//어루만질 완	8	木	木
朊	희미할 원	8	月	水
姂	얌전할 원	8	女	土
負	수효 원	9	貝	金
怨	원망할 원	9	心	火
爰	이에 원/당길 원	9	爪	木*
垣	담 원	9	土	土
盶	볼 원	9	目	木
洹*	물이름 원//세차게흐를 환	10	水	水
袁	옷길 원	10	衣	木
原	언덕 원/근원 원	10	厂	土*
冤	원통할 원	10	冖	水

한자	뜻,음[검색어]	원획수	부수	자원오행	한자	뜻,음[검색어]	원획수	부수	자원오행
員*	인원 원//더할 운	10	口	水	源	근원 원	14	水	水
悗	즐거워할 원	10	人	火	猿	원숭이 원	14	犬	土
芫	팥꽃나무 원	10	艸	木	愿	원할 원	14	心	火
笂	대무늬 원	10	竹	木	榬	얼레 원	14	木	木
婉*	순할 원//순할 완	11	女	土	褑	패옥띠 원	15	衣	木
苑	나라동산 원	11	艸	木	院	집 원	15	阜	土
寃	원통할 원	11	宀	水*	鴛	원앙 원	16	鳥	火
邧	고을이름 원	11	邑	土	鋺*	저울판 원//주발 완	16	金	金
媛	여자 원	12	女	土	蒝	우거진모양 원	16	艸	木
阮*	나라이름 원// 나라이름 완	12	阜	土	轅	끌채 원	17	車	火
援	도울 원	13	手	木	遠	멀 원	17	辵	土
園	동산 원	13	口	木*	黿	자라 원	17	黽	土
圓	둥글 원	13	口	土	諼	천천히말할 원	17	言	金
嫄	사람이름 원	13	女	土	薗	동산 원	19	艸	木
猨	원숭이 원	13	犬	土	鶢	원추새 원	19	鳥	火
湲	흐를 원	13	水	水	願	원할 원	19	頁	火
楥	신골 원	13	木	木	騵	절따말 원	20	馬	火
瑗	구슬 원	14	玉	金	薳*	애기풀 원//성씨 위	20	艸	木
滾	물흐를 원	14	水	水	邍	넓은들판 원	23	辵	土
蜿	굼틀거릴 원	14	虫	水	월			土 6字	

한자	뜻,음[검색어]	원획수	부수	자원오행	한자	뜻,음[검색어]	원획수	부수	자원오행
月	달 월	4	月	水	渭	물이름 위	13	水	水
刖	벨 월	6	刀	金	痿	마비될 위	13	疒	水
滅	큰물 월	9	水	水	暐	햇빛 위	13	日	火
越	넘을 월	12	走	火	煒*	빨갈 위//빛 휘	13	火	火
粵	어조사 월/ 나라이름 월	12	米	木	骫	굽을 위	13	骨	金
鉞	도끼 월	13	金	金	湋	물돌아흐를 위	13	水	水
위	**土 44字**				煟	불빛 위	13	火	火
危	위태할 위	6	卩	金*	瑋	옥 위	14	玉	金
位	자리 위	7	人	火	僞	거짓 위	14	人	火
委	맡길 위	8	女	土	萎	시들 위	14	艹	木
韋	가죽 위	9	韋	金	透	구불구불갈 위	15	辵	土
威	위엄 위	9	女	土	葳	둥글레 위	15	艹	木
洈	물이름 위	10	水	水	諉	번거롭게할 위	15	言	金
胃	위장 위	11	肉	水	緯	씨 위	15	糸	木
尉	벼슬이름 위	11	寸	土	禕	아름다울 위	15	衣	木
偉	클 위	11	人	火	慰	위로할 위	15	心	火
圍	에워쌀 위	12	囗	土	熨	더운찜질할 위	15	火	火
喟	한숨쉴 위	12	口	水	衛	지킬 위	15	行	火
幃	휘장 위	12	巾	木	葦	갈대 위	15	艹	木
爲	할 위	12	爪	金	蝟	고슴도치 위	15	虫	水

한자	뜻,음[검색어]	원획수	부수	자원오행	한자	뜻,음[검색어]	원획수	부수	자원오행
違	어긋날 위	16	辵	土	乳	젖 유	8	乙	水*
衛	지킬 위	16	行	火	臾	잠깐 유	8	臼	土
謂	이를 위	16	言	金	岰	산굽이 유	8	山	土
餧	먹일 위	17	食	水	俞	대답할 유	9	人	土*
闈	문 위	17	門	木	幽	그윽할 유/검을 유	9	幺	火*
韙	옳을 위	18	韋	金	油	기름 유	9	水	水
蔿	애기풀 위	18	艸	木	宥	너그러울 유	9	宀	木
魏	나라이름 위	18	鬼	火	囿	동산 유	9	口	木*
鄬	땅이름 위	19	邑	土	柔	부드러울 유	9	木	木
蒍*	성씨 위//애기풀 원	20	艸	木	柚	유자 유	9	木	木
韡	활짝필 위	21	韋	金	兪	대답할 유	9	入	土*
유	土 109字				泑	물빛검을 유	9	水	水
尤	망설일 유	4	一	木*	姷	짝 유	9	女	土
由	말미암을 유	5	田	木*	羑	착한말할 유	9	羊	土
幼	어릴 유	5	幺	火*	洧	강이름 유	10	水	水
有	있을 유	6	月	水	秞	무성할 유	10	禾	木
酉	닭 유/열째지지 유	7	酉	金	聈	교요할 유	11	耳	火
攸	바 유	7	攴	金	蚰	그리마 유	11	虫	水
侑	권할 유	8	人	火	蚴	굼틀거릴 유	11	虫	水
呦	울 유	8	口	水	悠	멀 유	11	心	火

한자	뜻,음[검색어]	원획수	부수	자원오행	한자	뜻,음[검색어]	원획수	부수	자원오행
婑	아리따울 유	11	女	土	猶	오히려 유/원숭이 유	13	犬	土
唯	오직 유	11	口	水	珛	옥돌 유	13	玉	金
帷	휘장 유	11	巾	木	楢	졸참나무 유/화툿불피울 유	13	木	木
桵	두릅나무 유	11	木	木	揉	주무를 유	13	手	木
淢	흐를 유	11	水	水	愉	즐거울 유	13	心	火
庾	곳집 유	12	广	木	游	헤엄칠 유	13	水	水
釉	광택 유	12	采	金*	歈	노래 유	13	欠	金*
喩	깨우칠 유	12	口	水	荽	고수풀 유	13	艸	木
惟	생각할 유	12	心	火	煣	나무구부릴 유	13	火	火
甤	열매드리워진모양 유	12	生	水*	需*	연할 유//기다릴 수	14	雨	水
媀	예쁜체할 유	12	女	土	綏	갓끈 유	14	糸	木
媮	즐거워할 유	12	女	土	瘐	병들 유	14	广	水
莠	가라지 유	13	艸	木	誘	꾈 유	14	言	金
渞	깊을 유	13	水	水	維	벼리 유/오직 유	14	糸	木
猷	꾀 유	13	犬	土	瘉	병나을 유	14	广	水
愈	나을 유	13	心	火	瑜	아름다운옥 유	14	玉	金
裕	넉넉할 유	13	衣	木	瑈	옥이름 유	14	玉	金
楡	느릅나무 유	13	木	木	逌	웃을 유	14	辵	土
湀	물이름 유	13	水	水	窬	협문 유	14	穴	水
揄	끌 유	13	手	木	畴	비옥한밭 유	14	田	土

한자	뜻,음[검색어]	원획수	부수	자원오행	한자	뜻,음[검색어]	원획수	부수	자원오행
褕	고울 유	15	衣	木	鍮	놋쇠 유	17	金	金
蝓	하루살이 유	15	虫	水	鮪	참다랑어 유	17	魚	水
牖	들창 유	15	片	木	孺	젖먹이 유	17	子	水
窬	이지러질 유	15	穴	水	嬬	아내 유	17	女	土
糅	섞을 유	15	米	木	曘	햇빛 유	18	日	火
萸	수유 유	15	艸	木	蕕	누린내풀 유	18	艸	木
腴	살찔 유	15	肉	水	鞣	가죽 유	18	革	金
渝	흐를 유	15	水	水	蕤	꽃 유	18	艸	木
趉*	달릴 유//움직일 추	15	走	火	癒	병나을 유	18	广	水
楢	태울 유	15	木	木	濡	적실 유	18	水	水
緌	잡색비단 유	15	糸	木	鼬	족제비 유	18	鼠	水
踰	넘을 유	16	足	土	燸	따듯할 유	18	火	火
逾	넘을 유	16	辵	土	譌	나아갈 유	18	言	金
遊	놀 유	16	辵	土	濰	강이름 유	18	水	水
蹂	밟을 유	16	足	土	遺	떼지어놀 유	19	水	水
儒	선비 유	16	人	火	壝	제단의담 유	19	土	土
諛	아첨할 유	16	言	金	遺	남길 유	19	辵	土
諭	깨우칠 유	16	言	金	蕠	목이버섯 유	20	艸	木
鄃	고을이름 유	16	邑	土	讘	성낼 유	23	言	金
黝	검푸른빛 유	17	黑	水	顬	부를 유	26	龠	火

한자	뜻,음[검색어]	원획수	부수	자원오행	한자	뜻,음[검색어]	원획수	부수	자원오행
籲	부를 유	32	竹	木	閏	윤달 윤	12	門	火*
육	**土 6字**				萮	풀뿌리 윤	13	艸	木
肉	고기 육	6	肉	水	閨	윤달 윤	13	門	火*
育	기를 육	10	肉	水	潣	물 깊고 넓을 윤	15	大	水*
堉	기름진땅 육	11	土	土	鋆	금 윤	15	金	金
淯	강이름 육	12	水	水	閏	윤달 윤	15	門	火*
毓	기를 육	14	母	土	橍	나무이름 윤	16	木	木
儥	팔 육	17	人	火	潤	불을 윤/윤택할 윤	16	水	水
윤	**土 20字**				贇*	예쁠 윤//예쁠 빈	18	貝	金
允	맏 윤/진실로 윤	4	儿	土*	**율**	**土 11字**			
尹	다스릴 윤	4	尸	水	聿	붓 율	6	聿	火
勻*	나눌 윤//고를 균	4	勹	金	汨*	흐를 율//골몰할 골	8	水	水
匀*	나눌 윤//고를 균	4	勹	金	欥*	오직 율//기뻐할 일	8	欠	火
沇*	흐를 윤//강이름 연	8	水	水	矞	송곳질할 율	12	矛	金
昀	햇빛 윤	8	日	火	葎	명아주 율	12	艸	木
玧*	귀막이구슬 윤//붉은구슬 문	9	玉	金	颭	큰바람 율	13	風	木
胤	이을 윤	11	肉	水	建*	걸어가는모양 율//세울건/엎지를건	13	廴	土
徹	이을 윤	11	彳	火	潏	사주 율	16	水	水
阭	높을 윤	12	阜	土	燏	빛날 율	16	火	火
鈗	병기 윤	12	金	金	鴥	빨리날 율	16	鳥	火

한자	뜻,음[검색어]	원획수	부수	자원오행
霱*	상서로운구름 율// 상서로운구름 휼	20	雨	水
융	土 5字			
戎	병장기 융/오랑캐 융	6	戈	金
狨	원숭이이름 융	10	犬	土
絨	가는베 융	12	糸	木
融	녹을 융	16	虫	水
瀜	물깊고넓은모양 융	20	水	水
은	土 40字			
圻*	지경 은//경기 기	7	土	土
听	웃을 은	7	口	水
听	두날도끼 은	8	斤	金
垠	지경 은	9	土	土
訔	언쟁할 은	10	言	金
浪	물가 은	10	水	水
圁	물이름 은	10	口	水*
殷	성할 은/은나라 은	10	殳	金
垽	앙금 은	10	土	土
恩	은혜 은	10	心	火
珢	옥돌 은	11	玉	金
猌	으르렁거릴 은	11	犬	土
訢	화평할 은	11	言	金
慇	괴로워할 은	14	心	火
溵	물소리 은	14	水	水
潳	물이름 은	14	水	水
銀	은 은	14	金	金
憖	삼갈 은	14	心	火
璌	옥 은	15	玉	金
誾	온화할 은	15	言	金
憖*	그칠 은//생각할 언	15	心	火
磤	우렛소리 은	15	石	金
億*	기댈 은//안온할 온	16	人	火
憗	억지로 은	16	心	火
蒑	풀빛푸른 은	16	艸	木
蒽	풀이름 은	16	艸	木
檃	도지개 은	17	木	木
嶾	산높을 은	17	山	土
濦	강이름 은	18	水	水
鄞	고을이름 은	18	邑	土
檼	마룻대 은	18	木	木
嚚	어리석을 은	18	口	水

한자	뜻,음[검색어]	원획수	부수	자원오행	한자	뜻,음[검색어]	원획수	부수	자원오행
槻	은행나무 은	18	木	木	廕	덮을 음	14	广	木
誾	온화할 은	19	門	金*	陰	그늘 음	16	阜	土
齗	잇몸 은	19	齒	金	噾	크게 외칠 음	17	口	水
繸	꿰맬 은	20	糸	木	蔭	그늘 음	17	艸	木
癮	속병 은	22	广	水	霪	장마 음	19	雨	水
隱	숨을 은	22	阜	土	馨	화할 음	20	音	金
蘟	나물이름 은	23	艸	木	**읍**	**土 6字**			
齰	이가지런할 은	27	齒	金	邑	고을 읍	7	邑	土
을	**土 3字**				泣	울 읍	9	水	水
乙	새 을	1	乙	木	悒	근심할 읍	11	心	火
圪	흙더미우뚝할 은	6	土	土	挹	뜰 읍	11	手	木
鳦	제비 을	12	鳥	火	浥	젖을 읍	11	水	水
음	**土 13字**				揖	읍할 읍	13	手	木
吟	읊을 음	7	口	水	**응**	**土 5字**			
音	소리 음/그늘 음	9	音	金	凝	엉길 응	16	冫	水
崟	험준할 음	11	山	土	應	응할 응	17	心	火
淫	음란할 음	12	水	水	膺	가슴 응	19	肉	土*
喑	벙어리 음	12	口	水	矓	응시할 응	22	目	木
愔	조용할 음	13	心	火	鷹	매 응	24	鳥	火
飮	마실 음	13	食	水	**의**	**土 35字**			

한자	뜻,음[검색어]	원획수	부수	자원오행
衣	옷 의	6	衣	木
矣	어조사 의	7	矢	金
医*	의원 의//동개 예	7	匸	金
依	의지할 의	8	人	火
宜	마땅 의	8	宀	木
娊	여자의자 의	9	女	土
倚	의지할 의	10	人	火
凒	눈서리쌓일 의	12	冫	水
猗*	불깐개 의// 부드러울 아	12	犬	土
椅	의자 의	12	木	木
欹	아 의	12	欠	金*
義	옳을 의	13	羊	土
意	뜻 의	13	心	火
疑	의심할 의	14	疋	土
禕	아름다울 의	14	示	木
毅	굳셀 의	15	殳	金
漪	잔물결 의	15	水	水
誼	옳을 의	15	言	金
儀	거동 의	15	人	火
儗	참람할 의	16	人	火

한자	뜻,음[검색어]	원획수	부수	자원오행
劓	코벨 의	16	刀	金
螘	개미 의	16	虫	水
嶷	산이름 의	17	山	土
擬	헤아릴 의	18	手	木
醫	의원 의/단술 의	18	酉	金
礒	바위 의	18	石	金
艤	배댈 의	19	舟	木
薏	율무 의	19	艸	木
蟻	개미 의	19	虫	水
議	의논할 의	20	言	金
薿	우거질 의	20	艸	木
鄾	땅이름 의	20	邑	土
饐	쉴 의	21	食	水
懿	아름다울 의	22	心	火
鸃	금계 의	24	鳥	火
이	土 58字			
二	두 이	2	二	木
已	이미 이	3	己	土
尒	너 이	5	小	水
以	써 이	5	人	火

한자	뜻,음[검색어]	원획수	부수	자원오행	한자	뜻,음[검색어]	원획수	부수	자원오행
耳	귀 이	6	耳	火	洢	저 이	10	水	水
弛	늦출 이	6	弓	金*	洱	강이름 이	10	水	水
而	말이을 이	6	而	水	恞	기뻐할 이	10	心	火
夷	오랑캐 이	6	大	火*	栭	두공 이	10	木	木
伊	저 이	6	人	火	珥	귀고리 이	11	玉	金
杝	피나무 이	7	木	木	異	다를 이	11	田	土
侇	버금 이	8	人	火	痍	상처 이	11	疒	水
易*	쉬울 이//바꿀 역	8	日	火	移	옮길 이	11	禾	木
隶	미칠 이	8	隶	水	苡	질경이 이	11	艸	木
怡	기쁠 이	9	心	火	珆	옥돌 이	11	玉	金
咿	선웃음칠 이	9	口	水	聏	화할 이	12	耳	火
姫*	아름다울 이//즐거워할 희	9	己	土	貽	끼칠 이	12	貝	金
姨	여자의 자 이	9	女	土	羡*	고을이름 이//부러워할 선	12	羊	土
姨	이모 이	9	女	土	貳	두 이	12	貝	金
峓	산이름 이	9	山	土	萓	벨 이	12	艸	木
貤	겹칠 이	10	貝	金	迤	비스듬할 이	12	辵	土
栮	목이버섯 이	10	木	木	胰	힘줄 질길 이	12	肉	水
珆*	옥돌 이//옥무늬 태	10	玉	金	媐	기쁠 이	12	女	土
訑	으쓱거릴 이	10	言	金	敡	업신여길 이	12	攴	金
洟	콧물 이	10	水	水	詒*	보낼 이//속일 태	12	言	金

한자	뜻,음[검색어]	원획수	부수	자원오행
肄	익힐 이	13	聿	火
廙	공경할 이	14	广	木
爾	너이/꽃많고 성한모양 이	14	爻	火
飴	엿 이	14	食	水
貳	두 이	14	人	火
歋	서로웃을 이	14	欠	火
鉰	갈고리 이	14	金	金
陑	땅이름 이	14	阜	土
頤	턱 이	15	頁	火
彝	떳떳할 이	16	彐	火
鴯	제비 이	17	鳥	火
彜	떳떳할 이/ 제기이름 이	18	彐	火
薾	번성할 이	20	艸	木
邇	가까울 이	21	辵	土
익	土 12字			
弋	주살 익	3	弋	金
杙	말뚝 익	7	木	木
益	더할 익	10	皿	水*
翊	다음날 익	11	羽	火
翊	도울 익	11	羽	火

한자	뜻,음[검색어]	원획수	부수	자원오행
釴	솥귀 익	11	金	金
檌	배 익	14	木	木
熤	사람이름 익	15	火	火
謚	웃을 익	17	言	金
翼	날개 익	17	羽	火
瀷	강이름 익	21	水	水
鷁	익조 익	21	鳥	火
인	土 46字			
人	사람 인	2	人	火
儿	어진사람 인	2	儿	木
刃	칼날 인	3	刀	金
引	끌 인	4	弓	火
仁	어질 인	4	人	火
仞	길 인	5	人	火
印	도장 인	6	卩	木*
忈	어질 인	6	心	火
因	인할 인	6	口	水*
忎	어질 인	7	心	火
洇	젓어맞붙을 인	7	水	水
牣	찰 인	7	牛	土

한자	뜻,음[검색어]	원획수	부수	자원오행	한자	뜻,음[검색어]	원획수	부수	자원오행
忍	참을 인	7	心	火	鉶	주석 인	12	金	金
扤	집을 인	7	手	木	靷	가슴걸이 인	13	革	金
咽*	목구멍 인//목멜 열	9	口	水	湮	묻힐 인	13	水	水
姻	혼인 인/시집갈 인	9	女	土	歅	의심할 인	13	欠	火
氤	기운어릴 인	10	气	水	㯃	작은북 인	14	日	金*
茵	풀이름 인	10	艸	木	鞇	작은북 인	14	日	金*
洇	빠질 인	10	水	水	認	알 인	14	言	金
蚓	지렁이 인	10	虫	水	禋	제사지낼 인	14	示	木
捆	의지할 인	10	手	木	夤	공경할 인	14	夕	木*
寅	범 인/세째지지 인	11	宀	木	戭*	창 인//창 연	15	戈	金
䄄	벼꽃 인	11	禾	木	諲	공경할 인	16	言	金
祵	제사지낼 인	11	示	木	璌	사람이름 인	16	玉	金
牣	찰 인	11	牛	土	膧	등심 인	17	肉	水
婣	혼인 인/시집갈 인	12	女	土	瀆	물줄기 인	18	水	水
絪	기운 인	12	糸	木	**일**		土 17字		
堙	막을 인	12	土	土	一	한 일	1	一	木
裀	요 인	12	衣	木	日	날 일	4	日	火
茵	수레깔개 인/사철쑥 인	12	艸	木	劮	편안할 일	7	力	土
靭	질길 인	12	革	金	佚	편안할 일	7	人	火
靭	질길 인	12	韋	金	佾	춤줄 일	8	人	火

한자	뜻,음[검색어]	원획수	부수	자원오행
昣*	기뻐할 일//오직 율	8	欠	火
姪*	방탕할 일//조카 질	8	女	土
泆	음탕할 일	9	水	水
苢	풀이름 일	10	艸	木
洩	물가언덕 일/방탕할 일	10	水	水
壹	한 일/갖은한 일	12	士	木
軼	앞지를 일	12	車	火
逸	달아날 일	14	辵	土
溢	넘칠 일	14	水	水
馹	역말 일	14	馬	火
逸	달아날 일	15	辵	土
鎰	무게이름 일	18	金	金
임	土 17字			
壬	북방 임	4	士	水*
任	맡길 임/맞을 임	6	人	火
妊	임신할 임	7	女	土
姙	임신할 임	9	女	土
恁	생각할 임	10	心	火
衽	옷섶 임	10	衣	木
紝	짤 임	10	糸	木

한자	뜻,음[검색어]	원획수	부수	자원오행
訨	생각할 임	11	言	金
荏	들깨 임	12	艸	木
絍	짤 임	12	糸	木
袵	옷섶 임	12	衣	木
誑	믿을 임	13	言	金
稔	여물 임	13	禾	木
餁	익힐 임	13	食	水
賃	품삯 임	13	貝	金
銋	젓을 임	14	金	金
腍	맛좋을 임	14	肉	水
입	土 3字			
入	들 입	2	入	木
卄	스물 입	3	十	水
廿	스물 입	4	廾	水*
잉	土 5字			
仍	인할 잉	4	人	火
孕	임신할 잉	5	子	水
芿	새로돋은풀 잉	10	艸	木
剩	남을 잉	12	刀	金
媵	줄 잉	13	女	土

한자	뜻,음[검색어]	원획수	부수	자원오행
	○ 끝			
한자	뜻,음[검색어]	원획수	부수	자원오행

한자	뜻,음[검색어]	원획수	부수	자원오행
한자	뜻,음[검색어]	원획수	부수	자원오행

한자	뜻,음[검색어]	원획수	부수	자원오행	한자	뜻,음[검색어]	원획수	부수	자원오행
자	金 57字				眦	흘길 자	10	目	木
子	아들 자	3	子	水	恣	방자할 자	10	心	火
仔	자세할 자	5	人	火	兹	무성할 자	10	玄	火
字	글자 자	6	子	水	牸	암소 자	10	牛	土
自	스스로 자	6	自	木	疵	허물 자	10	疒	水
孖	쌍둥이 자	6	子	水	眥	흘길 자	10	目	木
孜	힘쓸 자	7	子	水	者	놈 자	11	老	土
炙*	구을 자//구을 적	8	火	火	瓷	사기그릇 자	11	瓦	土
呰	흠 자	8	口	水	紫	자줏빛 자	11	糸	木
秄	북을돋을 자	8	禾	木	茈	지치 자	11	艸	木
姉	윗누이 자	8	女	土	胾	고깃점 자	12	肉	水
姊	윗누이 자	8	女	土	粢	기장 자	12	米	木
刺*	찌를 자//찌를 척	8	刀	金	滋	무성할 자	12	艸	木
泚	강이름 자	9	水	水	貲	재물 자	12	貝	金
蚸	며루 자	9	虫	水	茨	지붕일 자	12	艸	木
姿	모양 자	9	女	土	觜	별이름 자	12	角	木
咨	물을 자	9	口	水	訾	헐뜯을 자	12	言	金
籽	북돋을 자	9	耒	水*	詠	꾀할 자	12	言	金
柘	산뽕나무 자	9	木	木	孳	부지런할 자	13	子	水
籽	씨앗 자	9	米	木	煮	삶을 자	13	火	火

한자	뜻,음[검색어]	원획수	부수	자원오행
雌	암컷 자	13	隹	火
資	재물 자	13	貝	金
滋	불을 자	14	水	水
慈	사랑 자	14	心	火
莿	까그라기 자	14	艸	木
磁	자석 자	15	石	金
髭	윗수염 자	15	髟	火
褯*	포대기 자//자리 석	16	衣	木
諮	물을 자	16	言	金
赭	붉은흙 자	16	赤	火
鮓	생선젓 자	16	魚	水
孋	너그럽고순할 자	17	女	土
蔗	사탕수수 자	17	艸	木
顪	윗수염 자	17	頁	火
鎡	호미 자	18	金	金
藉	깔개 자	20	艸	木
鷀	가마우지 자	21	鳥	火
鷓	자고 자	22	鳥	火
작	金 26字			
勺	구기 작	3	勹	金

한자	뜻,음[검색어]	원획수	부수	자원오행
均	흙자국 작	6	土	土
灼	불사를 작	7	火	火
汋	샘솟을 작	7	水	水
犳	표범 작	7	犬	土
作	지을 작	7	人	火
岝	높을 작	8	山	土
姡	얌전할 작	8	女	土
柞	조롱나무 작	9	木	木
斫	벨 작	9	斤	金
怍	부끄러워할 작	9	心	火
昨	어제 작	9	日	火
炸	터질 작	9	火	火
芍	함박꽃 작	9	艸	木
酌	술부을 작	10	酉	金
雀	참새 작	11	隹	火
婥	예쁠 작	11	女	土
舃*	까치 작//신 석	12	臼	土
焯	밝을 작	12	火	火
碏	공경할 작	13	石	金
斮	쪼갤 작	13	斤	金

한자	뜻,음[검색어]	원획수	부수	자원오행	한자	뜻,음[검색어]	원획수	부수	자원오행
綽	너그러울 작	14	糸	木	簪	비녀 잠/빠를 잠	18	竹	木
爵	술잔 작	18	爪	金	蠶	누에 잠	24	虫	水
鵲	까치 작	19	鳥	火	**잡**	金 6字			
嚼	씹을 작	21	口	水	卡	지킬 잡	5	卜	金*
皭	흴 작	23	白	金	眨	깜짝일 잡	10	目	木
잔	金 7字				磼	높을 잡	17	石	金
剗	깎을 잔	10	刀	金	襍	섞일 잡	17	衣	木
棧	잔교 잔	12	木	木	雜	섞일 잡	18	隹	火
孱	잔약할 잔	12	子	水	囃	메기는소리 잡	21	口	水
殘	잔인할 잔/남을 잔	12	歹	水	**장**	金 62字			
盞	잔 잔	13	皿	金	丈	어른 장	3	一	木
潺	졸졸흐를 잔	16	水	水	仉	성씨 장	4	人	火
驏	안장없는말 잔	22	馬	火	仗	의장 장	5	人	火
잠	金 8字				庄	전장 장	6	广	土*
岑	봉우리 잠	7	山	土	匠	장인 장	6	匚	土
涔	괸물 잠	11	水	水	壮	장할 장	6	士	木
箴	경계 잠	15	竹	木	妝	단장할 장	7	女	土
暫	잠깐 잠	15	日	火	壯	장할 장	7	士	木
潛	무자맥질할 잠	16	水	水	杖	지팡이 장	7	木	木
潜	무자맥질할 잠	16	水	水	長	길 장/어른 장	8	長	木

한자	뜻,음[검색어]	원획수	부수	자원오행	한자	뜻,음[검색어]	원획수	부수	자원오행
狀*	문서 장//형상 상	8	犬	土	墇	막을 장	14	土	土
戕	죽일 장	8	戈	金	嵣	산높을 장	14	山	土
牂	숫양 장	10	羊	土	獎	권면할 장	15	犬	木
牂	암양 장	10	爿	木	獐	노루 장	15	犬	土
将	장수 장	10	寸	土	樟	녹나무 장	15	木	木
奬	클 장	10	大	木	漳	물이름 장	15	水	水
章	글 장	11	立	金	暲	밝을 장	15	日	火
張	베풀 장	11	弓	金*	葬	장사지낼 장	15	艸	木
帳	장막 장	11	巾	木	漿	즙 장	15	水	水
將	장수 장	11	寸	土	腸	창자 장	15	肉	水
粧	단장할 장	12	米	木	嬙	궁녀 장	16	女	土
場	마당 장	12	土	土	廧	담 장	16	广	木
掌	손바닥 장	12	手	木	墻	담 장	16	土	土
裝	꾸밀 장	13	衣	木	瘴	장기 장	16	疒	水
傽	두려워할 장	13	人	火	璋	홀 장	16	玉	金
莊	엄할 장/전장 장	13	艸	木	糚	단장할 장	17	米	木
嶂	산봉우리 장	14	山	土	牆	담 장	17	爿	木
萇	양도 장	14	艸	木	檣	돛대 장	17	木	木
奬	장려할 장	14	大	木	餦	엿 장	17	食	水
臧	착할 장/오장 장	14	臣	水*	蔣	줄풀 장	17	艸	木

한자	뜻,음[검색어]	원 획수	부수	자원 오행	한자	뜻,음[검색어]	원 획수	부수	자원 오행
鄣	고을이름 장/막을 장	18	邑	土	哉	비롯할 재,어조사 재	9	口	水
醬	장 장	18	酉	金	条	재계할 재	9	攵	水
違	드러낼 장	18	辵	土	栽	심을 재	9	土	土
鏘	금옥소리 장	19	金	金	財	재물 재	10	貝	金
障	막을 장	19	阜	土	宰	재상 재	10	宀	木
薔	장미 장	19	艸	木	栽	심을 재	10	木	木
藏	감출 장/오장 장	20	艸	木	捱	손바닥에받을 재	11	手	木
贓	장물 장	21	貝	金	梓	가래나무 재	11	木	木
麞	노루 장	22	鹿	土	釴	날카로울 재	11	金	金
檣	장롱 장	22	木	木	崽	자식 재	12	山	土
蘠	장미 장	23	艸	木	裁	마를 재	12	衣	木
臟	오장 장	24	肉	水	載	실을 재	13	車	火
재	金 29字				溨	맑을 재	13	水	水
才	재주 재	4	手	木	滓	찌거기 재	14	水	水
再	두 재	6	冂	木*	溨	물이름 재	14	水	水
在	있을 재	6	土	土	榟	가래나무 재	14	木	木
扗	있을 재	7	手	木	賊	재물 재	16	貝	金
材	재목 재	7	木	木	縡	일 재	16	糸	木
灾	재앙 재	7	火	火	齋	재계할 재/집 재	17	齊	土
災	재앙 재	7	火	火	騂	얼룩말 재	20	馬	火

한자	뜻,음[검색어]	원획수	부수	자원오행	한자	뜻,음[검색어]	원획수	부수	자원오행
齎	탄식하는소리 재	21	齊	土	杼	북 저	8	木	木
纔	겨우 재	23	糸	木	咀	씹을 저/저주할 저	8	口	水
쟁	金 8字				牴	부딪힐 저/숫양 저	9	牛	土
爭	다툴 쟁	8	爪	火*	沮	막을 저	9	水	水
崝	가파를 쟁	11	山	土	抵	막을 저	9	手	木
猙	짐승이름 쟁	12	犬	土	柢	뿌리 저	9	木	木
琤	옥소리 쟁	13	玉	金	狙	원숭이 저/엿볼 저	9	犬	土
箏	쟁 쟁	14	竹	木	怚	지혜 저	9	心	火
諍	간할 쟁	15	言	金	疽	등창 저	10	疒	水
錚	쇳소리 쟁	16	金	金	蛆	구더기 저	11	虫	水
鎗	종소리 쟁	18	金	金	罝	토끼그물 저	11	网	木
저	金 47字				紵	모시 저	11	糸	木
氐	근본 저	5	氏	火	苧	모시풀 저	11	艸	木
宁	뜰 저	5	宀	木	苴	깔 저	11	艸	木
低	낮을 저	7	人	火	袛	속적삼 저	11	衣	木
佇	우두커니설 저	7	人	火	羝	숫양 저	11	羊	土
杵	공이 저	8	木	木	詆	꾸짖을 저	12	言	金
姐	누이 저/교만할 저	8	女	土	觝	닿을 저	12	角	木
岨	돌산 저	8	山	土	貯	쌓을 저	12	貝	金
底	밑 저	8	广	木	詛	저주할 저	12	言	金

한자	뜻,음[검색어]	원획수	부수	자원오행	한자	뜻,음[검색어]	원획수	부수	자원오행
邸	집 저	12	邑	土	吊	이를 적	6	口	水
諸	슬기로울 저	12	言	金	赤	붉을 적	7	赤	火
楮	닥나무 저	13	木	木	的	과녁 적/밝을 적	8	白	金
猪	돼지 저/웅덩이 저	13	犬	土	炙*	구울 적//구울 자	8	火	火
渚	물가 저	13	水	水	狄	오랑캐 적	8	犬	土
雎	물수리 저	13	隹	火	玓	빛날 적	8	玉	金
菹	김치 저/늪 저	14	艸	木	寂	고요할 적	11	宀	木
這	이 저	14	辵	土	笛	피리 적	11	竹	木
樗	가죽나무 저/저포 저	15	木	木	商	밑동 적	11	口	水
著	나타날 저	15	艸	木	迪	나아갈 적	12	辵	土
褚	솜옷 저	15	衣	木	勣	공적 적	13	力	土
箸	젓가락 저	15	竹	木	賊	도둑 적	13	貝	金
潴	웅덩이 저	16	水	水	荻	물억새 적	13	艸	木
陼	물가 저	17	阜	土	跡	발자취 적	13	足	土
儲	쌓을 저	18	人	火	駒	별박이 적	13	馬	火
躇	머뭇거릴 저	20	足	土	迹	자취 적	13	辵	土
齟	어긋날 저	20	齒	金	翟	꿩 적	14	羽	火
瀦	웅덩이 저	20	水	水	逖	멀 적	14	辵	土
藷	사탕수수 저	22	艸	木	荶	연밥 적	14	艸	木
적	金 35字				嫡	정실 적	14	女	土

한자	뜻,음[검색어]	원획수	부수	자원오행	한자	뜻,음[검색어]	원획수	부수	자원오행
敵	대적할 적	15	攴	金	吮	빨 전	7	口	水
摘	딸 적	15	手	木	屇	구멍 전	8	尸	水
滴	물방울 적	15	水	水	典	법 전	8	八	金
樀	추녀 적	15	木	木	佺	신선이름 전	8	人	火
磧	서덜 적	16	石	金	津*	나아갈 전//나아갈 점	8	聿	火
積	쌓을 적	16	禾	木	甽	밭갈 전	9	田	土
樀*	망치 적//더기 덕	16	木	木	前	앞 전/자를 전	9	刀	金
績	길쌈할 적	17	糸	木	畑	화전 전	9	田	土
謫	귀양갈 적	18	言	金	沴*	흐트러질 전//해칠 려	9	水	水
適	맞을 적	18	辵	土	姾	야자의자 전	9	女	土
蹟	자취 적	18	足	土	洀	물결퍼질 전	9	水	水
鏑	화살촉 적	19	金	金	旃	기 전	10	方	土
籍	문서 적	20	竹	木	栴	단향목 전	10	木	木
覿	볼 적	22	見	火	栓	마개 전	10	木	木
糴	쌀살 적	22	米	木	展	펼 전	10	尸	水
전	金 91字				悛	고칠 전	11	心	火
田	밭 전	5	田	土	痊	나을 전	11	疒	水
全	온전할 전	6	入	土*	專	오로지 전	11	寸	土
甸	경기 전	7	田	土	剪	가위 전/깎을 전	11	刀	金
佃	밭갈 전	7	人	火	朘	줄어들 전	11	月	水

한자	뜻,음[검색어]	원획수	부수	자원오행	한자	뜻,음[검색어]	원획수	부수	자원오행
牋	종이 전	12	片	木	塼	벽돌 전	14	土	土
奠	정할 전/제사 전	12	大	木	銓	사람가릴 전	14	金	金
筌	통발 전	12	竹	木	嫥	오로지 전	14	女	土
荃	향초 전	12	艸	木	搌	닦을 전	14	手	木
飦	죽 전	12	食	水	璑	옥이름 전	14	玉	金
瑱	귀막이옥 전	13	玉	金	搷	칠 전	14	手	木
煎	달일 전	13	火	火	賟	넉넉할 전	15	貝	金
塡*	메울 전//진정할 진	13	土	土	廛	가게 전	15	广	木
電	번개 전	13	雨	水	鋑	끌 전	15	金	金
鈿	비녀 전	13	金	金	翦	자를 전	15	羽	火
輇	상여 전	13	車	火	篆	전자 전	15	竹	木
詮	설명할 전	13	言	金	箭	화살 전	15	竹	木
湔	씻을 전	13	水	水	錢	돈 전	16	金	金
揃	자를 전/기록할 전	13	手	木	甎	벽돌 전	16	瓦	土
殿	전각 전	13	殳	金	磚	벽돌 전	16	石	金
傳	전할 전	13	人	火	靦	뻔뻔스러울 전	16	面	火
雋*	살찐고기 전//영특할 준	13	隹	火	鋻	가마 전	16	金	金
箋	찌지 전	14	竹	木	戰	싸움 전	16	戈	金
腆	두터울 전	14	肉	水	靛	청대 전	16	青	木
戩	다할 전	14	戈	金	竱*	같을 전//같을 단	16	立	金

한자	뜻,음[검색어]	원획수	부수	자원오행	한자	뜻,음[검색어]	원획수	부수	자원오행
槫	나무혹 전	16	木	木	躔	궤도 전	22	足	土
輾	돌아누울 전	17	車	火	籛	언치 전	22	竹	木
氈	모전 전	17	毛	火	顫	떨 전	22	頁	火
澶	물고요히흐를 전	17	水	水	巓	산꼭대기 전	22	山	土
餞	보낼 전	17	食	水	癲	미칠 전	24	广	水
澱	앙금 전	17	水	水	鸇	송골매 전	24	鳥	火
腨	저민고기 전/ 녹로대 전	17	肉	水	鱣	잉어 전	24	魚	水
轉	구를 전	18	車	火	**절**	金 13字			
癜	어루러기 전	18	广	水	切*	끊을 절//온통 체	4	刀	金
顓	오로지 전	18	頁	火	岊	산굽이 절	7	山	土
饘	된죽 전	18	食	水	折	꺽을 절	8	手	木
羶	누린내 전	19	羊	土	浙	강이름 절	11	水	水
鬋	귀밑머리늘어질 전	19	髟	火	晢*	밝을 절// 별반짝반짝할 제	11	日	火
顛	정수리 전/넘어질 전	19	頁	火	絕	끊을 절	12	糸	木
瀍	강이름 전	19	水	水	絶	끊을 절	12	糸	木
邅	머뭇거릴 전	20	辵	土	晰*	힐끗볼 절// 힐끗볼 체	12	目	木
鐫	새길 전	21	金	金	截	끊을 절	14	戈	金
纏	얽을 전	21	糸	木	墆*	쌓을 절//가릴 체	14	土	土
囀	지저귈 전	21	口	水	節	마디 절	15	竹	木
廛	가게 전	22	邑	土	癤	부스럼 절	20	广	水

한자	뜻,음[검색어]	원획수	부수	자원오행
竊	훔칠 절	22	穴	水
점	金 23字			
占	점령할 점/점칠 점	5	卜	火
佔	엿볼 점	7	人	火
店	가게 점	8	广	木
岾	땅이름 점	8	山	土
奌	점 점	8	大	木
聿*	나아갈 점//나아갈 전	8	聿	火
坫	토대 점	8	土	土
点	점 점	9	火	火
玷	이지러질 점/헤아릴 점	10	玉	金
粘	붙을 점	11	米	木
蛅	쐐기 점	11	虫	水
苫	이엉 점	11	艸	木
笘	회초리 점	11	竹	木
覘	엿볼 점	12	見	火
颭	물결일 점	14	風	木
墊	빠질 점	14	土	土
漸	점진할 점	15	水	水
鮎	메기 점	16	魚	水

한자	뜻,음[검색어]	원획수	부수	자원오행
霑	젖을 점	16	雨	水
蔪	우거질 점	17	艸	木
點	점 점	17	黑	水
黏	차질 점	17	黍	木
簟	대자리 점	18	竹	木
접	金 9字			
跕	밟을 접	12	足	土
接	이을 접	12	手	木
椄	접붙일 접	12	木	木
楪	마루 접	13	木	木
蜨	나비 접	14	虫	水
蝶	나비 접	15	虫	水
摺	접을 접	15	手	木
蹀	밟을 접	16	足	土
鰈	가자미 접	20	魚	水
정	金 113字			
丁	넷째천간 정	2	一	火*
井	우물 정	4	二	水*
仃	홀로걸을 정	4	人	火
正	바를 정/정월 정	5	止	土

한자	뜻,음[검색어]	원획수	부수	자원오행
叮	신신당부할 정	5	口	水
圢	평탄한모양 정	5	土	土
奵	얼굴좋을 정	5	女	土
灯	불 정	6	火	火
汀	물가 정	6	水	水
朾	칠 정	6	木	木
呈	드릴 정/한도 정	7	口	水
町	밭두둑 정	7	田	土
姃	엄전할 정	7	女	土
玎	옥소리 정	7	玉	金
廷	조정 정	7	廴	木
疔	정 정	7	广	水
伀	황급할 정	7	人	火
盯	똑바로볼 정	7	目	木
穽	조금찌를 정	7	穴	水
矴	닻 정	7	石	金
妵	단정할 정	8	女	土
政	정사 정/칠 정	8	攴	金
定	정할 정/이마 정	8	宀	木
征	갈 정	8	彳	火

한자	뜻,음[검색어]	원획수	부수	자원오행
洴	물모양 정/함정 정	8	水	水
貞	곧을 정	9	貝	金
侹	평탄할 정	9	人	火
怔	황겁할 정	9	心	火
訂	바로잡을 정	9	言	金
炡	빛날 정/구울 정	9	火	火
柾	바를 정	9	木	木
酊	술취할 정	9	酉	金
亭	정자 정	9	亠	火
穽	함정 정	9	穴	水
泟	붉을 정	9	水	水
庭	뜰 정	10	广	木
釘	못 정	10	金	金
眐	바라볼 정	10	目	木
娗	모양낼 정	10	女	土
淨	찰 정	10	氵	水
靘	청정할 정	11	靑	木
胜*	새이름 정//비릴 성	11	肉	水
涏	곧을 정	11	水	水
旌	기 정	11	方	木*

한자	뜻,음[검색어]	원획수	부수	자원오행	한자	뜻,음[검색어]	원획수	부수	자원오행
桯	안석 정	11	木	木	珵	패옥 정	12	玉	金
婧*	날씬한 정//날씬한 청	11	女	土	晸	해뜨는모양 정	12	日	火
梃	막대기 정	11	木	木	寊	사람이름 정	12	宀	木
停	머무를 정	11	人	火	崝	산이름 정	12	山	土
埩	밭갈 정	11	土	土	裎	성씨 정	12	示	木
挺	빼어날 정	11	手	木	綎	가죽띠 정	13	糸	木
偵	염탐할 정	11	人	火	楨	광나무 정	13	木	木
頂	정수리 정	11	頁	火	筳	가는대 정	13	竹	木
掟	가릴 정	11	手	木	睛	눈동자 정	13	目	木
証	간할 정	12	言	金	碇	닻 정	13	石	金
幀	책꾸밀 정	12	巾	木	淳	물괼 정	13	水	水
程	한도 정	12	禾	木	湞	물이름 정	13	水	水
淨	깨끗할 정	12	水	水	艇	배 정	13	舟	木
掟	벌릴 정	12	手	木	鼎	솥 정	13	鼎	火
情	뜻 정	12	心	火	莛	풀줄기 정	13	艸	木
晶	맑을 정	12	日	火	鉦	징소리 정	13	金	金
棖	문설주 정	12	木	木	靖	편안할 정	13	靑	木
淀	앙금 정	12	水	水	揗	당길 정	13	手	木
婷	예쁠 정	12	女	土	棖	문배나무 정	13	木	木
珽	옥이름 정	12	玉	金	阸	언덕이름 정	13	阜	土

한자	뜻,음[검색어]	원획수	부수	자원오행
婙	편안할 정	13	立	金
靘	검푸른빛 정/단장할 정	14	靑	木
静	고요할 정	14	靑	木
禎	상서로울 정	14	示	木
酲	숙취 정	14	酉	金
精	정할 정	14	米	木
聙	잘들을 정	14	耳	火
碇	돌정자 정	14	石	金
靚	단장할 정	15	靑	木
鋌	쇳덩이 정	15	金	金
霆	천둥소리 정	15	雨	水
鋥	칼날세울 정	15	金	金
葶	꽃다지 정	15	艸	木
誔	분부 정	15	言	金
整	가지런할 정	16	攴	金
靜	고요할 정	16	靑	木
頲	곧을 정	16	頁	火
錠	덩이 정	16	金	金
遉	엿볼 정	16	辵	土
諪	조정할 정	16	言	金

한자	뜻,음[검색어]	원획수	부수	자원오행
赬	붉을 정	16	赤	火
鶭	매 정	16	鳥	火
穎	아름다울 정	17	頁	火
檉	위성류 정	17	木	木
窀	널찍한모양 정	17	穴	水
顁	이마 정	17	頁	火
鄭	정나라 정	19	邑	土
瀞	깨끗할 정	20	水	水
瀞	깨끗할 정	20	水	水
제	金 52字			
弟	아우 제	7	弓	水*
制	절제할 제/지을 제	8	刀	金
娣	예쁠 제	9	女	土
帝	임금 제	9	巾	木
偙	용모 제	9	人	火
娣	손아래누이 제	10	女	土
晢*	별반짝반짝할 제//밝을 절	11	日	火
悌	공손할 제	11	心	火
梯	사다리 제	11	木	木
祭*	제사 제//나라이름 채	11	示	土*

한자	뜻,음[검색어]	원획수	부수	자원오행	한자	뜻,음[검색어]	원획수	부수	자원오행
偖	준걸 제	11	人	火	濟	물가 제	15	水	水
第	차례 제	11	竹	木	蹄	굽 제	16	足	土
苐	차례 제/돌피 제	11	艸	木	醍	맑은술 제	16	酉	金
済	건널 제	12	水	水	諸	모두 제	16	言	金
稊	돌피 제	12	禾	木	儕	무리 제	16	人	火
堤	둑 제	12	土	土	劑	약제 제	16	刀	金
猘	미친개 제	12	犬	土	蹉	밟을 제	16	足	土
媞*	안존할 제//살필 시	12	女	土	蹏	굽 제	17	足	土
啼	울 제	12	口	水	隄	둑 제	17	阜	土
睼	흘깃볼 제	12	目	木	鯷	메기 제	17	魚	水
湜	강이름 제	12	水	水	鍗	큰가마 제	17	金	金
提	끌 제	13	手	木	濟	건널 제	18	水	水
儕	준걸 제	13	人	火	擠	밀칠 제	18	手	木
渧	울 제	13	水	水	題	제목 제	18	頁	火
齊	가지런할 제	14	齊	土	際	이음새 제	19	阜	土
瑅	옥이름 제	14	玉	金	韲	무침 제	19	韭	木
製	지을 제	14	衣	木	薺	냉이 제	20	艸	木
禔*	복 제//복 시//복 지	14	示	木	鯷	메기 제	20	魚	水
除	덜 제	15	阜	土	臍	배꼽 제	20	肉	水
緹	붉을 제	15	糸	木	躋	오를 제	21	足	土

한자	뜻,음[검색어]	원획수	부수	자원오행
霽	비갤 제	22	雨	水
隮	오를 제	22	阜	土
조	金 93字			
刁	조두 조	2	刀	金
爪	손톱 조	4	爪	金
弔	조상할 조	4	弓	土*
早	이를 조	6	日	火
兆	조 조	6	儿	火*
助	도울 조	7	力	土
皁	하인 조	7	白	水*
枣	대추 조	8	二	木
徂	갈 조	8	彳	火
佻	경박할 조	8	人	火
找	채울 조	8	手	木
昭*	비출 조//밝을 소	9	日	火
俎	도마 조	9	人	火
殂	죽을 조	9	歹	水
炤*	비출 조//밝을 소	9	火	火
曺	무리 조	10	日	土*
蚤	벼룩 조	10	虫	水

한자	뜻,음[검색어]	원획수	부수	자원오행
厝	둘 조	10	厂	金*
祚	복 조	10	示	金*
凋	시들 조	10	冫	水
晁	아침 조	10	日	火
笊	조리 조	10	竹	木
祖	할아버지 조/조상 조	10	示	金*
租	조세 조	10	禾	木
晀	밝을 조	10	日	火
珇	옥홀장식 조	10	玉	金
條	가지 조	11	木	木
粗	거칠 조	11	米	木
釣	낚을 조/낚시 조	11	金	金
曹	무리 조	11	曰	土*
眺	바라볼 조	11	目	木
鳥	새 조	11	鳥	火
彫	새길 조	11	彡	火
窕	으늑할 조	11	穴	水
胙	제육 조	11	肉	水
祧	천묘 조	11	示	土*
組	짤 조	11	糸	木

한자	뜻,음[검색어]	원획수	부수	자원오행	한자	뜻,음[검색어]	원획수	부수	자원오행
奝	클 조	11	大	木	銚	가래 조	14	金	金
嘲*	비웃을 조//새소리 주	11	口	水	蜩	쓰르라미 조	14	虫	水
鉨	낚을 조/낚시 조	12	金	金	肇	비롯할 조	14	聿	火
棗	대추 조	12	木	木	嘈	들렐 조	14	口	水
措	둘 조	12	手	木	造	지을 조	14	辵	土
絩	실의수효 조	12	糸	木	嫐	예쁠 조	14	女	土
朝	아침 조	12	月	水	調*	고를 조//아침 주	15	言	金
詔	조서 조	12	言	金	槽	구유 조	15	木	木
退	갈 조	12	辵	土	漕	배로실어나를 조	15	水	水
誂	꾈 조	13	言	金	嘲	비웃을 조	15	口	水
條	끈 조	13	糸	木	雕	독수리 조/새길 조	16	隹	火
阻	험할 조	13	阜	土	噪	떠들썩할 조	16	口	水
傮	마칠 조	13	人	火	銚	조광 조	16	金	金
照	비칠 조	13	火	火	潮	밀물 조/조수 조	16	水	水
稠	빽빽할 조	13	禾	木	艚	거룻배 조	17	舟	木
琱	아로새길 조	13	玉	金	懆	근심할 조	17	心	火
覜	뵐 조	13	見	火	嬥	날씬할 조	17	女	土
碉	돌집 조	13	石	金	薸	담쟁이 조	17	艸	木
嵪	깊을 조	14	山	土	燥	마를 조	17	火	火
趙	나라이름 조/찌를 조	14	走	火	糙	매조미쌀 조	17	米	木

한자	뜻,음[검색어]	원획수	부수	자원오행	한자	뜻,음[검색어]	원획수	부수	자원오행
澡	씻을 조	17	水	水	簇	가는대 족	17	竹	木
操	잡을 조	17	手	木	鏃	화살촉 족	19	金	金
糟	지게미 조	17	米	木	존	金 3字			
璪	면류관드리울옥 조	18	玉	金	存	있을 존	6	子	水
遭	만날 조	18	辵	土	拵	의거할 존	10	手	木
鼂	아침 조/바다거북 조	18	黽	土	尊	높을 존	12	寸	木*
繰	야청통견 조	19	糸	木	졸	金 3字			
臊	누릴 조	19	肉	水	卒	마칠 졸	8	十	金*
鯛	도미 조	19	魚	水	拙	옹졸할 졸	9	手	木
鵰	독수리 조	19	鳥	火	猝	갑자기 졸	12	犬	土
譟	떠들 조	20	言	金	종	金 39字			
躁	조급할 조	20	足	土	伀	허겁지겁할 종	6	人	火
鄵	땅이름 조	20	邑	土	宗	마루 종	8	宀	木
竈	부엌 조	21	穴	水	烁	녹일 종	8	火	火
藻	마름 조	22	艸	木	柊	나무이름 종	9	木	木
糶	쌀팔 조	25	米	木	倧	상고신인 종	10	人	火
족	金 5字				終	끝 종	11	糸	木
足	발 족	7	足	土	從	좇을 종	11	彳	火
族	겨레 족	11	方	木*	倧	자손번성할 종	11	子	水
瘯	옴 족	16	疒	水	徖	편안할 종	11	彳	火

한자	뜻,음[검색어]	원획수	부수	자원오행	한자	뜻,음[검색어]	원획수	부수	자원오행
淙	물소리 종	12	水	水	踵	발꿈치 종/이을 종	16	足	土
椶	종려나무 종	12	木	木	瑽	패옥소리 종	16	玉	金
悰	즐길 종	12	心	火	鍐	금빛털 종	16	金	金
徖	갈 종	12	彳	火	潨*	물모일 종//물모일 총	16	水	水
嵕	산이름 종	12	山	土	蝑	메뚜기 종	17	虫	水
堫	못둑 종	12	土	土	縱	세로 종	17	糸	木
琮	옥홀 종	13	玉	金	鍾	쇠북 종/술병 종	17	金	金
椶	종려나무 종	13	木	木	蹤	발자취 종	18	足	土
熜	탈 종	13	火	火	鬷	가마솥 종	19	鬲	土
瘇	수중다리 종	14	疒	水	鐘	쇠북 종	20	金	金
綜	모을 종	14	糸	木	**좌**	金 9字			
種	씨 종	14	禾	木	左	왼 좌	5	工	火
嵷	산홀로우뚝할 종	14	山	土	佐	도울 좌	7	人	火
嵸	산홀로우뚝할 종	14	山	土	坐	앉을 좌	7	土	土
慫	권할 종	15	心	火	剉	꺾을 좌	9	刀	金
憁	생각할 종	15	心	火	座	자리 좌	10	广	木
踪	발자취 종	15	足	土	挫	꺾을 좌	11	手	木
樅	전나무 종	15	木	木	痤	부스럼 좌	12	疒	水
腫	종기 종	15	肉	水	莝	여물 좌	13	艸	木
褈*	거듭 종//짧은홑옷 중	15	衣	木	髽	북상투 좌	17	髟	火

한자	뜻,음[검색어]	원획수	부수	자원오행	한자	뜻,음[검색어]	원획수	부수	자원오행
죄	金 1字				拄	버틸 주	9	手	木
罪	허물 죄	14	网	木	炷	심지 주	9	火	火
주	金 92字				奏	아뢸 주	9	大	木
主	임금 주/주인 주/심지 주	5	丶	木	姝	예쁠 주	9	女	土
州	고을 주	6	巛	水	冑	투구 주	9	冂	水*
舟	배 주	6	舟	木	咮	부리 주	9	口	水
朱	붉을 주	6	木	木	株	그루 주	10	木	木
丟	아주갈 주	6	一	水*	洲	물가 주	10	水	水
走	달릴 주	7	走	火	酎	전국술 주	10	酉	水*
住	살 주	7	人	火	酒	술 주	10	酉	水*
侜	자손 주	7	人	火	洀	파문 주	10	水	水
侏	난쟁이 주	8	人	火	肘*	팔꿈치 주//장부 부	11	肉	水
周	두루 주	8	口	水	珘	구슬 주	11	玉	金
呪	빌 주	8	口	水	珠	구슬 주	11	玉	金
妵	사람이름 주	8	女	土	蛀	나무굼벵이 주	11	虫	水
侜	가릴 주	8	人	火	晝	낮 주	11	日	火
宙	집 주	8	宀	木	紸	댈 주	11	糸	木
柱	기둥 주/버틸 주	9	木	木	紬	명주 주	11	糸	木
紂	껑거리끈 주	9	糸	木	硃	주사 주	11	石	金
注	부을 주/주달 주/병 주	9	水	水	做	지을 주	11	人	火

한자	뜻,음[검색어]	원획수	부수	자원오행
胄	자손 주	11	肉	水
湊	모일 주	11	冫	水
婤	예쁜모양 주	11	女	土
粙	벼여물 주	11	米	木
啁*	새소리 주//비웃을 조	11	口	水
註	글뜻풀 주	12	言	金
椆	영수목 주	12	木	木
絑	붉을 주	12	糸	木
詋	방자 주	12	言	金
尌	멈출 주	12	寸	木*
貯	재물 주	12	貝	金
晭	햇빛 주	12	日	火
晭	밝을 주	12	日	火
蛛	거미 주	12	虫	水
詯	빌 주	12	言	金
週	물돌릴 주	12	水	水
湊	모일 주	13	水	水
晭	밝을 주	13	白	金
誅	벨 주	13	言	金
趎	뛰어가는모양 주	13	走	火

한자	뜻,음[검색어]	원획수	부수	자원오행
鉒	쇳돌 주	13	金	金
邾	나라이름 주	13	邑	土
輈	끌채 주	13	車	火
睭	깊을 주	13	目	木
詶*	저주할 주//대답할 수	13	言	金
椆	나무이름 주	13	木	木
喉	부추길 주	14	口	水
綢	얽을 주	14	糸	木
裯	홑이불 주	14	衣	木
聤	귀 주	14	耳	火
逎	닥칠 주	14	辶	土
銂	금장도 주	14	金	金
駐	머무를 주	15	馬	火
廚	부엌 주/휘장 주	15	广	木
腠	살결 주	15	肉	水
賙	진휼할 주	15	貝	金
調*	아침 주//고를 조	15	言	金
週	돌 주	15	辶	土
輖	낮을 주	15	車	火
輳	몰려들 주	16	車	火

한자	뜻,음[검색어]	원획수	부수	자원오행
霝	운우모양 주	16	雨	水
霔	단비 주	16	雨	水
儔	무리 주	16	人	火
遒	닥칠 주	16	辵	土
澍	단비 주	16	水	水
麈	큰사슴 주	16	鹿	土
蔟	대주 주	17	艸	木
幬	휘장 주	17	巾	木
燽	밝을 주	18	火	火
鼄	거미 주	19	黽	水*
疇	이랑 주/누구 주	19	田	土
籌	살 주	20	竹	木
躊	머뭇거릴 주	21	足	土
籒	주문 주	21	竹	木
鑄	불릴 주	22	金	金
죽	金 2字			
竹	대 죽	6	竹	木
粥	죽 죽	12	米	木
준	金 53字			
夋	천천히걷는모양 준	7	夊	土

한자	뜻,음[검색어]	원획수	부수	자원오행
俊	준걸 준	9	人	火
後	물러날 준	10	彳	火
純*	가선 준//순수할 순	10	糸	木
埈	높을 준	10	土	土
峻	높을 준/준엄할 준	10	山	土
隼	송골매 준	10	隹	火
准	준할 준	10	冫	水
埻	과녁 준	11	土	土
焌	구울 준	11	火	火
浚	깊을 준	11	水	水
晙	밝을 준	11	日	火
偆	가멸 준	11	人	火
捘	밀칠 준	11	手	木
畯	농부 준	12	田	土
竣	마칠 준	12	立	土*
睃	볼 준	12	目	木
皴	틀 준	12	皮	金
準	준할 준	12	冫	水
睿*	준설할 준//밝을 예	12	谷	水
迿	앞설 준	13	辵	土

한자	뜻,음[검색어]	원획수	부수	자원오행	한자	뜻,음[검색어]	원획수	부수	자원오행
惷	어수선할 준	13	心	火	蹲	기쁠 준	17	立	金
雋*	영특할 준//살찐고기 전	13	隹	火	憁	똑똑할 준	17	心	火
稕	짚단 준	13	禾	木	駿	준마 준	17	馬	火
踆	마칠 준	14	足	土	雋	뛰어날 준	18	門	木
逡	뒷걸음질칠 준	14	辵	土	鵔	금계 준	18	鳥	火
僔	모일 준	14	人	火	濬	칠 준	18	水	水
準	준할 준	14	水	水	罇	술두루미 준	18	缶	土
綧	어지러울 준	14	糸	木	蹲	쭈구릴 준	19	足	土
僎*	돕는사람 준//갖출 선	14	人	火	遵	좇을 준	19	辵	土
趚	빨리걸을 준	14	走	火	鐏	창물미 준	20	金	金
賌	더할 준	14	貝	金	蠢	꿈틀거릴 준	21	虫	水
陖	가파를 준	15	阜	土	鱒	송어 준	23	魚	水
葰	클 준	15	艸	木	**줄**		金 2字		
墫	술그릇 준	15	土	土	乼	줄칼 줄	9	乙	木
儁	준걸 준	15	人	火	茁	싹 줄	11	艸	木
嶟	가파를 준	15	山	土	**중**		金 7字		
撙	누를 준	16	手	木	中	가운데 중	4	丨	土*
餕	대궁 준	16	食	水	仲	버금 중	6	人	火
寯	모일 준	16	宀	木	重	무거울 중	9	里	土
樽	술통 준	16	木	木	眾	무리 중	11	目	木

한자	뜻,음[검색어]	원획수	부수	자원오행	한자	뜻,음[검색어]	원획수	부수	자원오행
衆	무리 중	12	血	水	症	증세 증	10	疒	水
褈*	짧은홑옷 중//거듭 종	15	衣	木	曾	일찍 증	12	日	火
緟	더할 중	15	糸	木	增	더할 증	15	土	土
즉	金 3字				嶒	높을 증	15	山	土
即	곧 즉	7	卩	水	憎	미울 증	16	心	火
卽	곧 즉	9	卩	水	蒸	찔 증	16	艸	木
喞	두런거릴 즉	12	口	水	甑	시루 증	17	瓦	土
즐	金 2字				矰	주살 증	17	矢	金
櫛	빗 즐	19	木	木	繒	비단 증	18	糸	木
騭	안정시킬 즐	20	馬	火	罾	그물 증	18	网	木
즙	金 6字				贈	줄 증	19	貝	金
汁	즙 즙	6	水	水	證	증거 증	19	言	金
楫*	노 즙//노 집	13	木	木	鄫	나라이름 증	19	邑	土
葺	기울 즙	15	艸	木	**지**	金 75字			
檝	노 즙	17	木	木	之	갈 지	4	丿	土*
濈*	화목할 즙//사람이름 집	17	水	水	止	그칠 지	4	止	土
蕺	삼백초 즙	19	艸	木	支	지탱할 지	4	支	土
증	金 15字				只	다만 지	5	口	水
拯	건질 증	10	手	木	劧	굳건할 지	6	力	土
烝	김오를 증	10	火	火	地	땅 지	6	土	土

한자	뜻,음[검색어]	원 획수	부수	자원 오행
旨	뜻 지	6	日	火
至	이를 지	6	至	土
吱	가는소리 지	7	口	水
志	뜻 지	7	心	火
坁	머무를 지	7	土	土
池	못 지	7	水	水
厎	숫돌지/부들 지	7	厂	土*
址	터 지	7	土	土
枝	가지 지	8	木	木
坻	모래톱 지	8	土	土
沚	물가 지	8	水	水
忯*	믿을지//사랑할 기	8	心	火
汦	붙을 지	8	水	水
扺	칠 지	8	手	木
知	알 지	8	矢	金
杫	도마 지	8	木	木
汥	물모이는곳 지	8	水	水
泜	물이름 지	9	水	水
祉	복 지	9	示	木
咫	여덟치 지	9	口	水

한자	뜻,음[검색어]	원 획수	부수	자원 오행
枳	탱자 지	9	木	木
祇*	다만 지//땅귀신 기	9	示	木
秖	다만 지/시작할 지	9	禾	木
矨	알 지	10	矢	金
指	가리킬 지	10	手	木
持	가질 지	10	手	木
祗	공경할 지	10	示	金*
秪	다만 지/시작할 지	10	禾	木
洔	섬 지	10	水	水
砥	숫돌 지	10	石	金
芷	어수리 지	10	艸	木
紙	종이 지	10	糸	木
芝	지초 지	10	艸	木
肢	팔다리 지	10	肉	木*
舐	핥을 지	10	舌	火
衹	마침 지	10	衣	木
𢻱	많을 지	10	支	土
衼	가사 지	10	衣	木
觗	술잔 지	11	角	木
趾	발 지	11	足	土

한자	뜻,음[검색어]	원획수	부수	자원오행	한자	뜻,음[검색어]	원획수	부수	자원오행
軹	굴대머리 지	12	車	火	漬	젓을 지	16	水	水
脂	기름 지	12	肉	水	穦	슬기 지	16	矢	金
痣	사마귀 지	12	疒	水	簏	피리 지	16	竹	木
智	슬기 지	12	日	火	鮨	어장 지	17	魚	水
阯	터 지	12	阜	土	贄	폐백 지	18	貝	金
輊	이를 지	12	至	土	遲	더딜지/늦을 지	19	辵	土
禔*	복 지//복 제//복 시	14	示	木	識*	적을지//알 식	19	言	金
蜘	거미 지	14	虫	水	躓	넘어질 지	22	足	土
駤	굳셀 지	14	馬	火	鷙	맹금 지	22	鳥	火
誌	기록할 지	14	言	金	**직**	金 6字			
搘	버틸 지	14	手	木	直	곧을 직	8	目	木
榰	주춧돌 지	14	木	木	稙	올벼 직	13	禾	木
實*	이를지//열매 실	14	宀	木	禝	사람이름 직	15	示	木
覩	자세히볼 지	14	見	火	稷	피 직	15	禾	木
墀	지대뜰 지	15	土	土	職	직분 직	18	耳	火
鋕	기록할 지	15	金	金	織	짤 직	18	糸	木
漬	담글 지	15	水	水	**진**	金 77字			
踟	머뭇거릴 지	15	足	土	尽	다할 진	6	尸	金*
摯	잡을 지	15	手	木	辰*	별이름 진//때 신	7	辰	土
鷙	새매 지	15	鳥	火	杓	바디 진	8	木	木

한자	뜻,음[검색어]	원획수	부수	자원오행	한자	뜻,음[검색어]	원획수	부수	자원오행
殄	다할 진	9	歹	水	臤	밝을 진	11	臣	火
侲	아이 진	9	人	火	珒	옥이름 진	11	玉	金
抮	되돌릴 진	9	手	木	桭	평고대 진	11	木	木
昣	밝을 진	9	日	火	袗	홑옷 진	11	衣	木
秦	나라이름 진	10	禾	木	敒	기뻐하는모양 진	11	攴	金
津	나루 진	10	水	水	殄	칠 진	11	殳	金
唇	놀랄 진	10	口	水	紾	비틀 진	11	糸	木
畛	두둑 진	10	田	土	聇	고할 진	11	耳	火
疹	마마 진	10	疒	水	脣	입술틀 진	11	肉	水
珍	보배 진	10	玉	金	軫	수레뒤턱가로장 진	12	車	火
珒	보배 진	10	玉	金	趁	쫓을 진	12	走	火
晉	나아갈 진/진나라 진	10	日	火	診	진찰할 진	12	言	金
晋	나아갈 진/진나라 진	10	日	火	塡*	진정할 진//메울 전	13	土	土
眞	참 진	10	目	木	靖	바를 진	13	靑	木
真	참 진	10	目	木	鉁	보배 진	13	金	金
眕	진중할 진	10	目	木	嗔	성낼 진	13	口	水
砄	돌울퉁불퉁할 진	10	石	金	愼	땅이름 진	13	心	火
俶	다스릴 진	11	攴	金	裖	홑옷 진	13	衣	木
眹	눈동자 진	11	目	木	滇*	고을이름 진//사람이름 신	14	水	水
振	떨칠 진	11	手	木	誫	움직일 진	14	言	金

한자	뜻,음[검색어]	원획수	부수	자원오행	한자	뜻,음[검색어]	원획수	부수	자원오행
槇	결고울 진	14	木	木	縝	고을 진	16	糸	木
榛	개암나무 진	14	木	木	儘	다할 진	16	人	火
賑	구휼할 진	14	貝	金	陳	베풀 진/묵을 진	16	阜	土
搢	꽂을 진	14	手	木	縉	붉은비단 진	16	糸	木
盡	다할 진	14	皿	金	蓁	우거질 진	16	艸	木
溱	많을 진/강이름 진	14	水	水	臻	이를 진	16	至	土
塵	티끌 진	14	土	土	轃	이를 진	17	車	火
慎*	땅이름 진//삼갈 신	14	心	火	蔯	더워지기 진	17	艸	木
榗	모을 진	14	手	木	螴	설렐 진	17	虫	水
溍	물이름 진	14	水	水	璡	옥돌 진	17	玉	金
瑨	아름다운돌 진	15	玉	金	鎭	진압할 진	18	金	金
瑱	누를 진	15	玉	金	濜*	급히흐를 진//물이름 신	18	水	水
進	나아갈 진	15	辵	土	鬒	숱많고검을 진	20	髟	火
禛	복받을 진	15	示	木	鷐	백로 진	21	鳥	火
瞋	부릅뜰 진	15	目	木	**질**	金 22字			
稹	빽빽할 진	15	禾	木	叱	꾸짖을 질	5	口	水
瑨	아름다운돌 진	15	玉	金	侄	어리석을 질/조카 질	8	人	火
震	우레 진	15	雨	水	帙	책권차례 질	8	巾	木
陣	진칠 진	15	阜	土	姪*	조카 질//방탕할 일	8	女	土
敶	진열할 진	15	攴	金	垤	개밋둑 질	9	土	土

한자	뜻,음[검색어]	원획수	부수	자원오행
姪	조카 질	9	女	土
疾	병 질	10	疒	水
桎	차꼬 질	10	木	木
秩	차례 질	10	禾	木
晊	클 질	10	日	火
窒	막힐 질	11	穴	水
跌	꺼꾸러질 질	12	足	土
蛭	거머리 질	12	虫	水
迭	번갈아들 질	12	辵	土
絰	질 질	12	糸	木
郅	고을이름 질	13	邑	土
嫉	미워할 질	13	女	土
質	바탕 질	15	貝	金
蒺	남가새 질	16	艸	木
膣	음도 질	17	肉	水
瓆	사람이름 질	20	玉	金
鑕	도끼 질	23	金	金
짐	金 3字			
朕	나 짐	10	月	水
斟	짐작할 짐	13	斗	火

한자	뜻,음[검색어]	원획수	부수	자원오행
鴆	짐새 짐	15	鳥	火
집	金 14字			
什*	세간 집//열사람 십	4	人	火
咠	소곤거릴 집	9	口	水
執	잡을 집	11	土	土
戢	많을 집	11	十	水
集	모을 집	12	隹	火
楫*	노 집//노 즙	13	木	木
戢	거둘 집	13	戈	金
緝	모을 집	15	糸	木
堭	샘솟을 집	15	土	土
輯	모을 집	16	車	火
潗	샘솟을 집	16	水	水
潗	샘솟을 집	16	水	水
濈*	사람이름 집//화목할 즙	17	水	水
鏶	판금 집	20	金	金
징	金 7字			
徵	부를 징	15	彳	火
澂	맑을 징	16	水	水
澄	맑을 징	16	水	水

한자	뜻,음[검색어]	원획수	부수	자원오행	한자	뜻,음[검색어]	원획수	부수	자원오행
瞪	바로볼 징	17	目	木					
澂	맑을 징	19	水	水					
懲	징계할 징	19	心	火					
癥	적취 징	20	广	水					
	ㅈ 끝								

한자	뜻,음[검색어]	원획수	부수	자원오행
차	金 28字			
叉	갈래 차/비녀 차	3	又	水
且	또 차	5	一	木
次	버금 차/머뭇거릴 차	6	欠	火
此	이 차	6	止	土
岔	갈림길 차	7	山	土
車*	수레 차//수레 거	7	車	火
扠	집을 차/작살 차	7	手	木
佽	잴 차	8	人	火
侘	낙망할 차	8	人	火
姹	자랑할 차	9	女	土
借	빌릴 차	10	人	火
差	다를 차	10	工	火
挓	벌릴 차	10	手	木
偨	빌릴 차	11	彳	火
茶	차 차//차 다	12	艸	木
硨	옥돌 차	12	石	金
嗟	탄식할 차	13	口	水
嵯	우뚝솟을 차	13	山	土
箚	찌를 차	14	竹	木
槎	나무벨 차	14	木	木
瑳	고울 차	15	玉	金
磋	갈 차	15	石	金
蹉	미끄러질 차	17	足	土
遮	가릴 차	18	辵	土
鄌	고을이름 차	18	邑	土
鎈	금빛 차	18	金	金
醝	소금 차	21	鹵	水
奲	관대할 차	24	大	木
착	金 10字			
窄	좁을 착	10	穴	水
捉	잡을 착	11	手	木
着	붙을 착	12	目	木
斲	깎을 착	14	斤	金
搾	짤 착	14	手	木
錯	어긋날 착	16	金	金
擉	작살 착	17	手	木
戳	찌를 착	18	戈	金
齼	악착할 착	22	齒	金
鑿	뚫을 착	28	金	金

한자	뜻,음[검색어]	원획수	부수	자원오행	한자	뜻,음[검색어]	원획수	부수	자원오행
찬	金 31字				巑	산뾰족할 찬	22	山	土
粲	정미 찬	13	米	木	欑	모을 찬	23	木	木
贊	도울 찬	15	貝	金	攢	모일 찬	23	手	木
餐	밥 찬	16	食	水	灒	뿌릴 찬	23	水	水
篡	빼앗을 찬	16	竹	木	瓚	옥잔 찬	24	玉	金
撰	지을 찬	16	手	木	穳	볏가리 찬	24	禾	木
澯	맑을 찬	17	水	水	纘	이을 찬	25	糸	木
儹	모을 찬	17	人	火	讃	기릴 찬	26	言	金
燦	빛날 찬	17	火	火	趲	재촉할 찬	26	走	火
簒	빼앗을 찬	17	竹	木	酇	고을이름 찬	26	邑	土
竄	숨을 찬	18	穴	水	鑽	뚫을 찬	27	金	金
璨	옥빛 찬/빛날 찬	18	玉	金	爨	부뚜막 찬	29	火	火
賛	도울 찬	19	貝	金	**찰**	金 6字			
纂	모을 찬	20	糸	木	扎	편지 찰/패 찰	5	手	木
劗	깍을 찬	21	刀	金	札	편지 찰/뽑을 찰	5	木	木
儧	모을 찬	21	人	火	刹	절 찰	8	刀	金
饌	반찬 찬	21	食	水	紮	감을 찰	11	糸	木
孱	희고환할 찬	22	女	土	察	살필 찰	14	宀	木
攛	던질 찬	22	手	木	擦	문지를 찰	18	手	木
讃	기릴 찬	22	言	金	**참**	金 27字			

한자	뜻,음[검색어]	원획수	부수	자원오행	한자	뜻,음[검색어]	원획수	부수	자원오행
昆	햇살비칠 참	7	日	火	攙	찌를 참	21	手	木
站	역마을 참/ 우두커니설 참	10	立	金	驂	곁마 참	21	馬	火
欨	기쁠 참	10	欠	火	黲	검푸르죽죽할 참	23	黑	水
斬	벨 참	11	斤	金	讖	예언 참	24	言	金
參*	참여할 참//석 삼	11	厶	火*	讒	참소할 참	24	言	金
塹	구덩이 참	14	土	土	鑱	침 참	25	金	金
嶄	가파를 참	14	山	土	饞	탐할 참	26	食	水
僭	주제넘을 참	14	人	火	**창**	**金 48字**			
慙	부끄러울 참	15	心	火	刱	비롯할 창/다칠 창	8	刀	金
慘	참혹할 참	15	心	火	昌	창성할 창	8	日	火
槧	서판 참	15	木	木	昶	해길 창/트일 창	9	日	火
慚	부끄러워할 참	15	心	火	倉	곳집 창	10	人	火
憯	비통할 참	16	心	火	倡	광대 창	10	人	火
毚	약은토끼 참	17	比	木*	倀	갈팡질팡할 창/ 귀신이름 창	10	人	火
儳	어긋날 참	19	人	火	鬯	울창주 창	10	鬯	木
譖	참소할 참	19	言	金	唱	부를 창	11	口	水
鏨	새길 참	19	金	金	窓	창 창	11	穴	水
巉	가파를 참	20	山	土	娼	창녀 창	11	女	土
懺	뉘우칠 참	21	心	火	愴	경황없을 창	12	心	火
欃	살별이름 참	21	木	木	淐	물이름 창	12	水	水

한자	뜻,음[검색어]	원획수	부수	자원오행	한자	뜻,음[검색어]	원획수	부수	자원오행
猖	미쳐날뛸 창	12	犬	土	瑒*	옥잔 창//옥이름 탕	14	玉	金
創	비롯할 창/다칠 창	12	刀	金	畼	곡식나지않을 창	14	田	土
晿	사람이름 창	12	日	火	廠	공장 창	15	广	木
悵	원망할 창	12	心	火	漲	넘칠 창	15	水	水
敞	시원할 창	12	攴	金	瘡	부스럼 창	15	疒	水
凔	찰 창	12	冫	水	瑲	옥소리 창	15	玉	金
窓	창 창	12	穴	水	溹*	문지를 창//물맑을 상	15	水	水
傖	천할 창	12	人	火	誯	부를 창	15	言	金
淌	큰물결 창	12	水	水	鋹	날카로울 창	16	金	金
嵣	산형세 창	13	山	土	艙	부두 창	16	舟	木
琩	귀막이옥 창	13	玉	金	氅	새털 창	16	毛	火
戧	비롯할 창/다칠 창	14	戈	金	闖	문 창	16	門	木
搶	부딪힐 창	14	手	木	蒼	푸를 창	16	艸	木
彰	드러날 창	14	彡	火	鎗	그릇 창	16	金	金
脹	부을 창	14	肉	水	蹌	추창할 창	17	足	土
愴	슬플 창	14	心	火	鶬	재두루미 창	21	鳥	火
槍	창 창	14	木	木	**채**	金 19字			
菖	창포 창	14	艸	木	采	풍채 채/캘 채	8	采	木
滄	찰 창	14	水	水	砦	진터 채	10	石	金
暢	펼 창	14	日	火	寀	채지 채	11	宀	木

한자	뜻,음[검색어]	원획수	부수	자원오행
釵	비녀 채	11	金	金
埰	사패지 채	11	土	土
婇	여자의자 채	11	女	土
彩	채색 채	11	彡	火
責*	빚 채//꾸짖을 책	11	貝	金
祭*	나라이름 채//제사 제	11	示	土*
茝	궁궁이 채	12	艸	木
棌	참나무 채	12	木	木
採	캘 채	12	手	木
琗	주옥광채 채	13	玉	金
債	빚 채	13	人	火
睬	주목할 채	13	目	木
菜	나물 채	14	艸	木
寨	목책 채	14	宀	木
綵	비단 채	14	糸	木
蔡	풀 채	17	艸	木

책	金 11字			
冊	책 책	5	冂	木*
册	책 책	5	冂	木*
栅	울타리 책	9	木	木

한자	뜻,음[검색어]	원획수	부수	자원오행
責*	꾸짖을 책//빚 채	11	貝	金
蚱	메뚜기 책	11	虫	水
筞	책 책/대쪽 책	11	竹	木
策	대쪽 책	12	竹	木
幘	머리쓰개 책	14	巾	木
嘖	들렐 책	14	口	水
磔	찢을 책	15	石	金
簀	살평상 책	17	竹	木

처	金 10字			
処	곳 처	5	几	土*
竧	바를 처	7	立	金
妻	아내 처	8	女	土
凄	쓸쓸할 처	10	冫	水
處	곳 처	11	虍	土*
悽	슬퍼할 처	12	心	火
淒	쓸쓸할 처	12	水	水
萋	우거질 처	14	艸	木
郪	땅이름 처	15	邑	土
覷	엿볼 처	19	見	火

척	金 26字			

한자	뜻,음[검색어]	원획수	부수	자원오행	한자	뜻,음[검색어]	원획수	부수	자원오행
尺	자 척	4	尸	木*	陟	오를 척	15	阜	土
斥	물리칠 척	5	斤	金	摭	주울 척	15	手	木
刺*	찌를 척//찌를 자	8	刀	金	慼	근심할 척	15	心	火
坧	터 척	8	土	土	蹠	밟을 척	18	足	土
拓*	넓힐 척/주울 척//박을 탁	9	手	木	擲	던질 척	19	手	木
剔	바를 척	10	刀	金	躑	머뭇거릴 척	22	足	土
隻	외짝 척	10	隹	火	**천**	金 37字			
倜	기개있을 척	10	人	火	川	내 천	3	巛	水
捗	칠 척	11	手	木	千	일천 천/밭두둑 천/그네 천	3	十	水
戚	친척 척/근심할 척	11	戈	金	天	하늘 천	4	大	火*
脊	등마루 척	12	肉	水	仟	일천 천/밭두둑 천	5	人	火
跖	밟을 척	12	足	土	舛	어그러질 천	6	舛	木
惕	두려워할 척	12	心	火	玔	옥고리 천	8	玉	金
𥓢*	빼낼 척//빼낼 철	12	石	金	穿	뚫을 천	9	穴	水
堉	메마른땅 척	13	土	土	泉	샘 천	9	水	水
墌	터 척	14	土	土	芊	우거질 천	9	艸	木
蜴	도마뱀 척	14	虫	水	祆	하늘 천	9	示	木
慽	근심할 척	15	心	火	俴	얕을 천	10	人	火
滌	씻을 척	15	水	水	倩	예쁠 천	10	人	火
瘠	여윌 척	15	广	水	洊	이를 천	10	水	水

한자	뜻,음[검색어]	원획수	부수	자원오행
辿	천천히걸을 천	10	辵	土
阡	두렁 천	11	阜	土
釧	팔찌 천	11	金	金
臶	거듭 천	12	至	土
荐	깔개 천/천거할 천	12	艸	木
茜	꼭두서니 천	12	艸	木
喘	숨찰 천	12	口	水
淺	얕을 천	12	水	水
僢	등질 천	14	人	火
儃	머뭇거릴 천	15	人	火
踐	밟을 천	15	足	土
賤	천할 천	15	貝	金
蒨	꼭두서니 천	16	艸	木
燀*	밥지을 천//뜨거울 단	16	火	火
擅	멋대로할 천	17	手	木
蕆	신칙할 천	18	艸	木
蒨	하늘 천	18	靑	木
遷	옮길 천	19	辵	土
薦	천거할 천	19	艸	木
濺	흩뿌릴 천	19	水	水

한자	뜻,음[검색어]	원획수	부수	자원오행
闡	밝힐 천	20	門	木
韉	그네 천	24	革	金
瀳	물이름 천	24	水	水
灥	샘 천	28	水	水
철	金 28字			
凸	볼록할 철	5	凵	火*
剟	깍을 철	10	刀	金
垤	밝을 철	10	土	土
哲	밝을 철	10	口	水
啜	먹을 철	11	口	水
悊	공경할 철/밝을 철	11	心	火
炪	불탈 철	11	火	火
惙	근심할 철	12	心	火
喆	밝을 철	12	口	水
掇	주을 철	12	手	木
硩*	빼낼 철//빼낼 척	12	石	金
鉄	쇠 철	13	金	金
銕	쇠 철	14	金	金
綴	꿰맬 철	14	糸	木
飻	탐할 철	14	食	水

한자	뜻,음[검색어]	원획수	부수	자원오행	한자	뜻,음[검색어]	원획수	부수	자원오행
輟	그칠 철	15	車	火	憸	가락어지러울 첨	12	心	火
徹	통할 철	15	彳	火	僉	모두 첨	13	人	火
撤	거둘 철	16	手	木	詹	이를 첨	13	言	金
澈	맑을 철	16	水	水	燂*	불타오를 첨//불타오를 섬	13	火	火
鐵	쇠바늘 철	16	金	金	諂	아첨할 첨	15	言	金
橇	대추 철	16	木	木	幨	수레휘장 첨	16	巾	木
瞭	밝을 철	16	日	火	檐	처마 첨	17	木	木
瞮	눈밝을 철	17	目	木	瞻	볼 첨	18	目	木
餮	탐식할 철	18	食	水	簽	죽롱 첨	19	竹	木
歠	들이마실 철	19	欠	金*	簷	처마 첨	19	竹	木
轍	바퀴자국 철	19	車	火	襜	행주치마 첨	19	衣	木
鐵	쇠 철	21	金	金	櫼	쐐기 첨	21	木	木
驖	구렁말 철	23	馬	火	瀸	건수 첨/적실 첨	21	水	水
첨	金 21字				灊*	강이름 첨//강이름 심	22	水	水
尖	뾰족할 첨	6	小	金*	籤	제비 첨	23	竹	木
忝	더럽힐 첨	8	心	火	**첩**	金 16字			
沾	더할 첨	9	水	水	帖	문서 첩	8	巾	木
甜	달 첨	11	甘	土	呫	소곤거릴 첩	8	口	水
甛	달 첨	11	甘	土	妾	첩 첩	8	女	土
添	더할 첨	12	水	水	怗	고요할 첩	9	心	火

한자	뜻,음[검색어]	원획수	부수	자원오행
倢	빠를 첩	10	人	火
婕	궁녀 첩	11	女	土
貼	붙일 첩	12	貝	金
捷	빠를 첩/이길 첩	12	手	木
堞	성가퀴 첩	12	土	土
喋	재재거릴 첩	12	口	水
睫	속눈썹 첩	13	目	木
牒	편지 첩	13	片	木
輒	문득 첩	14	車	火
諜	염탐할 첩	16	言	金
褺	겹옷 첩	17	**衣**	木
疊	겹쳐질 첩	22	田	土

청	金 17字			
靑	푸를 청	8	靑	木
青	푸를 청	8	青	木
凊	서늘할 청	10	冫	水
婧*	날씬할 청//날씬할 정	11	女	土
圊	뒷간 청	11	囗	木*
晴	갤 청	12	日	火
晴	갤 청	12	日	火

한자	뜻,음[검색어]	원획수	부수	자원오행
淸	맑을 청	12	水	水
清	맑을 청	12	水	水
蜻	잠자리 청	14	虫	水
菁	우거질 청	14	艸	木
請	청할 청	15	言	金
請	청할 청	15	言	金
鯖	청어 청	19	魚	水
鶄	푸른백로 청	19	鳥	火
聽	들을 청	22	耳	火
廳	관청 청	25	广	木

체	金 26字			
切*	온통 체//끊을 절	4	刀	金
杕*	홀로서있을 체//키 타	7	木	木
剃	머리털깍을 체	9	刀	金
砌	섬돌 체	9	石	金
玼	옥빛깨끗할 체	10	玉	金
涕	눈물 체	11	水	水
釱	차꼬 체/없앨 체	11	金	金
彘	돼지 체	12	彐	水*
替	바꿀 체	12	曰	火

한자	뜻,음[검색어]	원획수	부수	자원오행	한자	뜻,음[검색어]	원획수	부수	자원오행
棣	산앵두나무 체	12	木	木	初	처음 초	7	刀	金
睇*	힐끗볼 체//힐끗볼 절	12	目	木	杪	나무끝 초	8	木	木
嵽	산세편편해지는 모양 체	12	山	土	岧	높을 초	8	山	土
墆*	가릴 체//쌓을 절	14	土	土	炒	볶을 초	8	火	火
蒂	꼭지 체	15	艸	木	抄	뽑을 초	8	手	木
殢	나른할 체	15	歹	水	妱	여자의자 초	8	女	土
滯	막힐 체	15	水	水	肖	닮을 초/같을 초	9	肉	水
締	맺을 체	15	糸	木	招	부를 초	9	手	木
髢	머리털깍을 체	15	髟	火	俏	닮을 초	9	人	火
逮	잡을 체	15	辶	土	秒	분초 초	9	禾	木
掣	당길 체	15	手	木	怊	슬퍼할 초	9	心	火
諟*	살필 체//이 시	16	言	金	欨	튼튼한모양 초	9	欠	火
諦	살필 체	16	言	金	峭	가파를 초	10	山	土
蔕	꼭지 체	17	艸	木	哨	망볼 초	10	口	水
遰	마들 체	17	辶	土	耖	써레 초	10	耒	金*
體	몸 체	23	骨	金	袑	사람이름 초	10	衣	木
靆	구름낄 체	24	雨	水	俶	인정없을 초	11	人	火
초	金 66字				悄	근심할 초	11	心	火
艸	풀 초	6	艸	木	梢	우듬지 초	11	木	木
炒*	더울 초//말릴 효	6	火	火	苕	완두 초	11	艸	木

한자	뜻,음[검색어]	원획수	부수	자원오행	한자	뜻,음[검색어]	원획수	부수	자원오행
釥	좋은쇠 초	11	金	金	嶕	높을 초	15	山	土
訬*	재빠를 초//가냘플 묘	11	言	金	髫	단발머리 초	15	髟	火
稍	점점 초/끝 초	12	禾	木	噍	먹을 초	15	口	水
鈔	노략질할 초	12	金	金	趠	넘을 초	15	走	火
貂	담비 초	12	豸	水	嫶	야윌 초	15	女	土
超	뛰어넘을 초	12	走	火	醋	초 초	15	酉	金
迢	멀 초	12	辵	土	陗	험준할 초	15	阜	土
椒	산초나무 초	12	木	木	樵	나무할 초	16	木	木
軺	수레 초	12	車	火	鞘	칼집 초	16	革	金
酢	초 초	12	酉	金	憔	파리할 초	16	心	火
焦	탈 초	12	火	火	燋	그을릴 초	16	火	火
草	풀 초	12	艸	木	鍫	가래 초	17	金	金
硝	화약 초	12	石	金	鍬	가래 초	17	金	金
剿	죽일 초	13	刀	金	礁	암초 초	17	石	金
勦	노곤할 초	13	力	土	澩	물이름 초	17	水	水
綃	생사 초	13	糸	木	襒*	선명할 초//옷새뜻한모양 축	17	衣	木
愀	근심할 초	13	心	火	礎	주춧돌 초	18	石	金
楚	초나라 초/회초리 초	13	木	木	蕉	파초 초	18	艸	木
誚	꾸짖을 초	14	言	金	譙	꾸짖을 초	19	言	金
僬	밝게볼 초	14	人	火	醮	제사지낼 초	19	酉	金

한자	뜻,음[검색어]	원획수	부수	자원오행	한자	뜻,음[검색어]	원획수	부수	자원오행
齠	이갈 초	20	齒	金	村	마을 촌	7	木	木
顦	야윌 초	21	頁	火	忖	헤아릴 촌	7	心	火
髝	선명할 초	23	黹	木	邨	마을 촌	11	邑	土
鷦	뱁새 초	23	鳥	火	**총**	金 19字			
촉	金 12字				冢	무덤 총	10	冖	土*
促	재촉할 촉	9	人	火	悤	바쁠 총	11	心	火
蜀	애벌레 촉/나라이름 촉	13	虫	水	塚	무덤 총	13	土	土
燭	촛불 촉	17	火	火	聡	귀밝을 총	14	耳	火
蜀	접시꽃 촉	19	艸	木	総	합할 총	14	糸	木
觸	닿을 촉	20	角	木	銃	총 총	14	金	金
躅	머뭇거릴 촉	20	足	土	憁	분주할 총	15	心	火
髑	해골 촉	23	骨	金	葱	파 총	15	艸	木
囑	부탁할 촉	24	口	水	摠	다 총	15	手	木
矗	우거질 촉	24	目	木	淞	합류할 총	15	水	水
曯	비출 촉	25	日	火	潨*	물모일 총//물모일 종	16	水	水
爥	비출 촉	25	火	火	聰	귀밝을 총	17	耳	火
矚	볼 촉	26	目	木	總	합할 총	17	糸	木
촌	金 5字				樷	우거질 총	17	艸	木
寸	마디 촌	3	寸	土	蔥	파 총	17	艸	木
吋	마디 촌	6	口	水	叢	떨기 총/모일 총	18	又	水

한자	뜻,음[검색어]	원획수	부수	자원오행	한자	뜻,음[검색어]	원획수	부수	자원오행
寵	사랑할 총	19	宀	木	秋	가을 추/밀치끈 추	9	禾	木
鏦	창 총	19	金	金	抽	뽑을 추	9	手	木
驄	총이말 총	21	馬	火	酋	우두머리 추	9	酉	金
찰	金 1字				怮	한할 추	9	心	火
撮	모을 찰/사진찍을 찰	16	手	木	芻	꼴 추	10	艸	木
최	金 11字				娵	별이름 추	11	女	土
崔	높을 최	11	山	土	埾	흙쌓을 추	11	土	土
最	가장 최	12	曰	水*	椎	쇠몽치 추/등골 추	12	木	木
膗	불알 최	13	肉	水	推	밀 추	12	手	木
催	재촉할 최	13	人	火	啾	읊조릴 추	12	口	水
榱	서까래 최	14	木	木	惆	실심할 추	12	心	火
漼	깊을 최/무너질 최	15	水	水	捶	때릴 추	12	手	木
摧	꺽을 최	15	手	木	楸	개오동나무 추	13	木	木
嘬	물 최	15	口	水	湫	다할 추	13	水	水
確	높을 최	16	石	金	揫	모을 추	13	手	木
縗	상복이름 최	16	糸	木	追	쫓을 추/따를 추	13	辵	土
璀	빛날 최	16	玉	金	搥	모을 추	13	手	木
추	金 54字				揪	모을 추	13	手	木
帚	비 추	8	巾	木	甃	벽돌 추	14	瓦	土
隹	새 추	8	隹	火	僦	품삯 추	14	人	火

한자	뜻,음[검색어]	원획수	부수	자원오행
箠	채찍 추	14	竹	木
搥	칠 추	14	手	木
墜	떨어질 추	15	土	土
諏	물을 추	15	言	金
萩	사철쑥 추	15	艸	木
皺	주름 추	15	皮	金
樞	지도리 추	15	木	木
趡*	움직일 추//달릴 유	15	走	火
蒭	꼴 추	16	艸	木
瘳	나을 추	16	疒	水
縋	매달 추	16	糸	木
陬	구석 추	16	阜	土
錐	송곳 추	16	金	金
錘	저울추 추	16	金	金
縐	주름질 추	16	糸	木
趨	달아날 추	17	走	火
簉	버금자리 추	17	竹	木
鄒	나라이름 추/좁을 추	17	邑	土
醜	추할 추	17	酉	金
鞦	밀치끈 추	18	革	金

한자	뜻,음[검색어]	원획수	부수	자원오행
魋	몽치머리 추	18	鬼	火
雛	병아리 추	18	隹	火
鎚	쇠망치 추	18	金	金
騅	오추마 추	18	馬	火
鵻	비둘기 추	19	鳥	火
騶	마부 추	20	馬	火
鶖	무수리 추	20	鳥	火
鰌	미꾸라지 추	20	魚	水
鰍	미꾸라지 추	20	魚	水
穐	가을 추	21	禾	木
鶵	난새 추	21	鳥	火
麤	거칠 추/매조미쌀 추	33	鹿	土
축	金 18字			
丑	소 축	4	一	土*
竺	대나무 축	8	竹	木
妯	동서 축	8	女	土
豕	발얽은돼지걸음 축	8	豕	水
祝	빌 축	10	示	金*
畜	짐승 축/쌓을 축	10	田	土
舳	고물 축	11	舟	木

한자	뜻,음[검색어]	원획수	부수	자원오행	한자	뜻,음[검색어]	원획수	부수	자원오행
軸	굴대 축	12	車	火	朮	차조 출	5	木	木
筑	악기이름 축	12	竹	木	泏*	물솟을 출//물고요할 굴	9	水	水
逐	쫓을 축	14	辶	土	秫	차조 출	10	禾	木
蓄	모을 축	16	艸	木	黜	내칠 출	17	黑	水
築	쌓을 축/악기이름 축	16	竹	木	충	金 12字			
縮	줄일 축	17	糸	木	充	채울 충	6	儿	木
襩*	옷새뜻한모양 축//선명할 초	17	衣	木	冲	찌를 충	6	冫	水
蹙	닥칠 축	18	足	土	虫	벌레 충	6	虫	水
鼀	두꺼비 축	18	黽	土	忡	근심할 충	8	心	火
蹜	종종걸음칠 축	18	足	土	沖	화할 충/빌 충/찌를 충	8	水	水
蹴	찰 축	19	足	土	忠	충성 충	8	心	火
춘	金 6字				衷	속마음 충	10	衣	木
杶	참죽나무 춘	8	木	木	流	샘 충	10	水	水
春	봄 춘	9	日	火	琉	귀고리옥 충	11	玉	金
媋	여자의자 춘	12	女	土	衝	찌를 충	15	行	火
椿	참죽나무 춘	13	木	木	漴	물소리 충	15	水	水
瑃	옥이름 춘	14	玉	金	蟲	벌레 충	18	虫	水
賰	넉넉할 춘	16	貝	金	췌	金 8字			
출	金 5字				悴	파리할 췌	12	心	火
出	날 출	5	凵	土*	惴	두려워할 췌	13	心	火

한자	뜻,음[검색어]	원획수	부수	자원오행	한자	뜻,음[검색어]	원획수	부수	자원오행
瘁	병들 췌	13	疒	水	醉	취할 취	15	酉	金
揣	헤아릴 췌	13	手	木	橇	썰매 취	16	木	木
萃	모을 췌	14	艸	木	鷲	독수리 취	23	鳥	火
顇	야윌 췌	17	頁	火	驟	달릴 취	24	馬	火
膵	췌장 췌	18	肉	水	**측**	金 7字			
贅	혹 췌	18	貝	金	仄	기울 측	4	人	火
취	金 17字				昃	기울 측	8	日	火
吹	불 취	7	口	水	側	곁 측	11	人	火
取	가질 취	8	又	水	厠	뒷간 측	11	厂	木*
炊	불땔 취	8	火	火	廁	뒷간 측	12	广	木
臭	냄새 취	10	自	水*	惻	슬퍼할 측	13	心	火
耴	모을 취	10	一	土*	測	헤아릴 측	13	水	水
娶	장가들 취	11	女	土	**층**	金 1字			
就	나아갈 취	12	尢	土	層	층 층	15	尸	木*
毳	솜털 취	12	毛	火	**치**	金 45字			
脆	연할 취	12	肉	水	卮	잔 치	5	卩	水
聚	모을 취	14	耳	火	豸	벌레 치	7	豸	水
翠	푸를 취/물총새 취	14	羽	火	侈	사치할 치	8	人	火
趣	뜻 취	15	走	火	刴	큰도량있을 치	8	卩	木*
嘴	부리 취	15	口	水	治	다스릴 치	9	水	水

한자	뜻,음[검색어]	원획수	부수	자원오행
峙	언덕 치	9	山	土
哆	입딱벌릴 치	9	口	水
値	값 치	10	人	火
恥	뿌끄러울 치	10	心	火
蚩	어리석을 치	10	虫	水
致	이를 치/빽빽할 치	10	至	土
峙	믿을 치	10	心	火
阤	비탈 치	11	阜	土
畤	제사터 치	11	田	土
梔	치자나무 치	11	木	木
痔	치질 치	11	广	水
痓	악할 치	11	广	水
庤	넓을 치	11	广	木
淄	검은빛 치	12	水	水
雉	꿩 치/성가퀴 치	13	隹	火
馳	달릴 치	13	馬	火
寘	둘 치	13	宀	木
跱	그칠 치	13	足	土
嗤	비웃을 치	13	口	水
痴	어리석을 치	13	广	水

한자	뜻,음[검색어]	원획수	부수	자원오행
稚	어릴 치	13	禾	木
絺	칡베 치	13	糸	木
緇	검을 치	14	糸	木
置	둘 치	14	网	木
菑	묵정밭 치	14	艸	木
郗	고을이름 치	14	邑	土
幟	기 치	15	巾	木
緻	빽빽할 치	15	糸	木
齒	이 치	15	齒	金
輜	짐수레 치	15	車	火
鴙	꿩 치	16	鳥	火
褫	빼앗을 치	16	衣	木
熾	성할 치	16	火	火
鴟	올빼미 치	16	鳥	火
錙	저울눈 치	16	金	金
穉	어릴 치	17	禾	木
鵄	올빼미 치	17	鳥	火
薙	목련 치	19	艸	木
鯔	숭어 치	19	魚	水
癡	어리석을 치	19	广	水

한자	뜻,음[검색어]	원획수	부수	자원오행	한자	뜻,음[검색어]	원획수	부수	자원오행
칙	金 4字				針	바늘 침	10	金	金
則	법칙 칙	9	刀	金	浸	잠길 침	11	水	水
勅	칙서 칙/신칙할 칙	9	力	土	梣*	우거질 침//무성할 림	12	木	木
敕	칙서 칙/신칙할 칙	11	攴	金	椹	모탕 침	13	木	木
飭	신칙할 칙	13	食	水	琛	보배 침	13	玉	金
친	金 4字				寖	잠길 침	13	宀	木
親	친할 친	16	見	火	寢	잘 침	14	宀	木
嚫	베풀 친	19	口	水	郴	고을이름 침	15	邑	土
櫬	무궁화나무 친	20	木	木	鋟	새길 침	15	金	金
襯	속옷 친	22	衣	木	賝	보배 침	15	貝	金
칠	金 3字				駸	달릴 침	17	馬	火
七	일곱 칠	7	一	金*	鍼	침 침	17	金	金
柒	옻 칠/일곱 칠	9	木	木	칩	金 1字			
漆	옻 칠/일곱 칠	15	水	水	蟄	동면할 칩	17	虫	水
침	金 17字				칭	金 2字			
枕	베개 침	8	木	木	秤	저울 칭	10	禾	木
沈*	잠길 침//즙 심	8	水	水	稱	일컬을 칭	14	禾	木
忱	정성 침	8	心	火	ㅊ 끝				
侵	침노할 침	9	人	火					
砧	다듬잇돌 침	10	石	金					

한자	뜻,음[검색어]	원획수	부수	자원오행	한자	뜻,음[검색어]	원획수	부수	자원오행
쾌	木 3字								부록
夬	터놓을 쾌	4	大	木					
快	쾌할 쾌	8	心	火					
噲	목구멍 쾌	16	口	水					
	ㅋ 끝								

한자	뜻,음[검색어]	원획수	부수	자원오행	한자	뜻,음[검색어]	원획수	부수	자원오행
타	火 33字				惰	게으를 타/아름다울 타	13	心	火
他	다를 타	5	人	火	楕	길고둥글 타	13	木	木
朶	늘어질 타	6	木	木	躱	감출 타	13	身	土*
打	칠 타	6	手	木	陀	비탈질 타	13	阜	土
妥	자랑할 타	6	女	土	馱	짐 타	13	馬	火
佗	다를 타	7	人	火	詑	속일 타	13	言	金
妥	온당할 타	7	女	土	隋*	오이 타//나라이름 수	14	阜	土
杕*	키 타//홀로서있을 체	7	木	木	馳	낙타 타	15	馬	火
坨	언덕 타	8	土	土	駝	낙타 타	15	馬	火
咤	꾸짖을 타	9	口	水	墮	떨어질 타	15	土	土
拕	끌 타	9	手	木	橢	길쭉할 타	16	木	木
拖	끌 타	9	手	木	鮀	문절망둑 타	16	魚	水
沱	물갈래 타	9	水	水	鴕	타조 타	16	鳥	火
柁	키 타	9	木	木	鼉	악어 타	25	黽	土
媠	헤아릴 타	9	女	土	**탁**	火 27字			
椯	그루 타	10	木	木	托	맡길 탁	7	手	木
唾	침 타	11	口	水	卓	높을 탁	8	十	木*
舵	키 타	11	舟	木	矺	찢어죽일 탁	8	石	金
詑	속일 타	12	言	金	坼	터질 탁	8	土	土
跎	헛디딜 타	12	足	土	柝	딱다기 탁	9	木	木

한자	뜻,음[검색어]	원획수	부수	자원오행	한자	뜻,음[검색어]	원획수	부수	자원오행
拓*	박을 탁//넓힐 척/주울 척	9	手	木	蘀	낙엽 탁	22	艸	木
沰	떨어뜨릴 탁	9	水	水	籜	대껍질 탁	22	竹	木
拆	터질 탁	9	手	木	**탄**	火 16字			
度*	헤아릴 탁//법도 도	9	广	木	呑	삼킬 탄	7	口	水
託	부탁할 탁	10	言	金	坦	평탄할 탄/너그러울 탄	8	土	土
倬	클 탁	10	人	火	炭	숯 탄	9	火	火
侘	헤아릴 탁	10	心	火	誕	낳을 탄/거짓 탄	14	言	金
啄	쫄 탁	11	口	水	嘆	탄식할 탄	14	口	水
涿	칠 탁	12	水	水	綻	터질 탄	14	糸	木
晫	밝을 탁	12	日	火	彈	탄알 탄	15	弓	金*
琢	다듬을 탁	13	玉	金	歎	탄식할 탄	15	欠	金*
琸	사람이름 탁	13	玉	金	殫	다할 탄	16	歹	水
槖	전대 탁	14	木	木	暺	밝을 탄	16	日	火
踔	뛰어날 탁	15	足	土	憚	꺼릴 탄	16	心	火
逴	멀 탁	15	辵	土	憻	평탄할 탄/너그러울 탄	17	心	火
橐	전대 탁	16	木	木	驒	연전총 탄	22	馬	火
濁	흐릴 탁	17	水	水	攤	펼 탄	23	手	木
擢	뽑을 탁	18	手	木	灘	여울 탄	23	水	水
濯	씻을 탁	18	水	水	癱	중풍 탄	24	广	水
鐸	방울 탁	21	金	金	**탈**	火 3字			

한자	뜻,음[검색어]	원 획수	부수	자원 오행
侻	가벼울 탈	9	人	火
脫*	벗을 탈//기뻐할 태	13	肉	水
奪	빼앗을 탈	14	大	木
탐	火 7字			
忐	마음허할 탐	7	心	火
眈	노려볼 탐	9	目	木
耽	처질 탐/즐길 탐	10	耳	火
酖	즐길 탐	11	酉	金
貪	탐낼 탐	11	貝	金
探	찾을 탐	12	手	木
嗿	여럿이먹는소리 탐	14	口	水
탑	火 5字			
傝	나쁠 탑	12	人	火
塌	애벌갈 탑/무너질 탑	13	土	土
塔	탑 탑	13	土	土
榻	걸상 탑	14	木	木
搨	베낄 탑	14	手	木
탕	火 10字			
帑	금고 탕	8	巾	木
宕	호탕할 탕	8	宀	金*

한자	뜻,음[검색어]	원 획수	부수	자원 오행
湯	끓일 탕	13	水	水
碭	무늬있는돌 탕	14	石	金
瑒*	옥이름 탕//옥잔 창	14	玉	金
燙	데울 탕	16	火	火
糖*	엿 탕//엿 당	16	米	木
盪	씻을 탕	17	皿	水*
蕩	방탕할 탕	18	艸	木
蘯	쓸 탕	23	艸	木
태	火 30字			
太	클 태	4	大	木
台	별 태/태풍 태	5	口	水
兌	바꿀 태/기쁠 태	7	儿	金*
忲*	사치할 태// 익숙해질 세	7	心	火
孡	아이밸 태	8	子	水
汰	일 태	8	水	水
怠	게으를 태	9	心	火
殆	거의 태/위태할 태	9	歹	水
泰	클 태	9	水	水
炱	그을음 태	9	火	火
娧	아름다울 태	10	女	土

한자	뜻,음[검색어]	원획수	부수	자원오행	한자	뜻,음[검색어]	원획수	부수	자원오행
珆*	옥무늬 태//옥돌 이	10	玉	金	宅*	집 택//댁 댁	6	宀	木
埭	둑 태	11	土	土	垞	사람이름 택	9	土	土
笞	볼기칠 태	11	竹	木	擇	가릴 택	17	手	木
胎	아이밸 태	11	肉	水	澤	못 택	17	水	水
苔	이끼 태	11	艸	木	**탱**	火 3字			
邰	나라이름 태	12	邑	土	牚	버틸 탱	12	牙	木*
迨	미칠 태	12	辵	土	撐	버틸 탱	16	手	木
跆	밟을 태	12	足	土	撑	버틸 탱	16	手	木
鈦	티타늄 태	12	金	金	**터**	火 1字			
詒*	속일 태//보낼 이	12	言	金	攄	펼 터	19	手	木
脫*	기뻐할 태//벗을 탈	13	肉	水	**토**	火 5字			
態	모습 태	14	心	火	土	흙 토	3	土	土
颱	태풍 태	14	風	木	吐	토할 토	6	口	水
溙	물에씻기는모양 태	14	水	水	兎	토끼 토	7	儿	木
駄	실을 태	14	馬	火	兔	토끼 토	8	儿	木
駘	둔마 태	15	馬	火	討	칠 토	10	言	金
鮐	복어 태	16	魚	水	**톤**	火 1字			
颴	산들바람 태	16	風	木	噋	느릿할 톤	15	口	水
鮣	땅이름 태	19	攴	金	**통**	火 11字			
택	火 4字				洞*	밝을 통//골 동	10	水	水

한자	뜻,음[검색어]	원획수	부수	자원오행	한자	뜻,음[검색어]	원획수	부수	자원오행
恫	상심할 통	10	心	火	投	던질 투	8	手	木
桶	통 통	11	木	木	妒	샘낼 투	8	女	土
捅	나아갈 통	11	手	木	套	씌울 투	10	大	木
統	거느릴 통	12	糸	木	偸	훔칠 투	11	人	火
筒	대통 통	12	竹	木	渝	변할 투	13	水	水
痛	아플 통	12	广	水	透	사무칠 투	14	辵	土
箇	대통 통	13	竹	木	骰	주사위 투	14	骨	金
通	통할 통	14	辵	土	鬪	싸울 투	20	鬥	金
樋	나무이름 통	15	木	木	**퉁**	火 1字			
慟	서러워할 통	15	心	火	佟	성씨 퉁	7	人	火
퇴	火 7字				**특**	火 3字			
堆	흙무더기 퇴/쌓을 퇴	11	土	土	忒	틀릴 특	7	心	火
退	물러날 퇴	13	辵	土	特	특별할 특/수컷 특	10	牛	土
槌	망치 퇴	14	木	木	慝	사특할 특	15	心	火
腿	넓적다리 퇴	16	肉	水	**틈**	火 1字			
頹	무너질 퇴	16	頁	火	闖	엿볼 틈	18	門	木
褪	바랠 퇴	16	衣	木		ㅌ 끝			
隤	무너질 퇴	20	阜	土					
투	火 9字								
妒	강샘할 투	7	女	土					

한자	뜻,음[검색어]	원획수	부수	자원오행
파	水 32字			
巴	바랄 파	4	己	土
叵	어려울 파	5	口	水
妑	새앙머리 파	7	女	土
爬	긁을 파/써레 파	8	爪	金
岥	비탈질 파	8	山	土
杷	밭고무래 파/비파나무 파	8	木	木
爸	아버지 파/아비 파	8	父	木
坡	언덕 파	8	土	土
把	잡을 파/긁을 파	8	手	木
怕	두려워할 파	9	心	火
波	물결 파	9	水	水
笆	가시대 파	10	竹	木
派	갈래 파	10	水	水
破	깨뜨릴 파	10	石	金
耙	써레 파	10	耒	金*
玻	유리 파	10	玉	金
芭	파초 파	10	艹	木
婆	할머니 파	11	女	土
跛	절룸발이 파	12	足	土
琶	비파 파	13	玉	金
菠	시금치 파	14	艹	木
頗	자못 파	14	頁	火
葩	꽃 파	15	艹	木
嶓	산이름 파	15	山	土
罷	마칠 파	16	网	木
播	뿌릴 파	16	手	木
皤	흴 파	17	白	木*
鄱	고을이름 파	19	阜	土
簸	까부를 파	19	竹	木
擺	열 파	19	手	木
壩*	방죽 파//방죽 패	24	土	土
灞	물이름 파	25	水	水
판	水 10字			
坂	언덕 판	7	土	土
判	판단할 판	7	刀	金
板	널빤지 판	8	木	木
版	판목 판	8	片	木
昄	클 판	8	日	火
販	팔 판	11	貝	金

한자	뜻,음[검색어]	원획수	부수	자원오행	한자	뜻,음[검색어]	원획수	부수	자원오행
鈑	금박 판	12	金	金	珮	찰 패	11	玉	金
阪	언덕 판	12	阜	土	敗	패할 패	11	攴	金
辦	힘들일 판	16	辛	金	牌	패 패	12	片	木
瓣	외씨 판	19	瓜	木	稗	피 패	13	禾	木
팔	水 5字				霈	비쏟아질 패	15	雨	水
叭	입벌릴 팔/나팔 팔	5	口	水	霸	으뜸 패/두목 패	19	襾	金
朳	고무래 팔	6	木	木	霸	으뜸 패/두목 패	21	雨	水
汃	물결치는소리 팔	6	水	水	壩*	방죽 패//방죽 파	24	土	土
八	여덟 팔	8	八	金	**팽**	水 9字			
捌	깨뜨릴 팔/여덟 팔	11	手	木	伻	부릴 팽	7	人	火
패	水 17字				祊	제사 팽	9	示	木
孛	살별 패	7	子	水	硑	돌구르는소리 팽	10	石	金
貝*	조개 패//성씨 배	7	貝	金	烹	삶을 팽	11	火	火
沛	늪 패	8	水	水	彭	나라이름 팽	12	彡	火
佩	찰 패	8	人	火	澎	물소리 팽	16	水	水
斾	기 패	10	方	木*	蟚	방게 팽	18	虫	水
唄	염불소리 패	10	口	水	蟛	방게 팽	18	虫	水
浿	강이름 패	11	水	水	膨	부를 팽	18	肉	土*
悖	거스를 패	11	心	火	**퍅**	水 1字			
狽	이리 패/낭패할 패	11	犬	土	愎	강퍅할 퍅	13	心	火

한자	뜻,음[검색어]	원획수	부수	자원오행
편	水 19字			
片	조각 편	4	片	木
扁	납작할 편/작을 편	9	戶	木
便*	편할 편//똥오줌 변	9	人	火
匾	납작할 편	11	匚	金*
偏	치우칠 편	11	人	火
徧	두루미칠 편/치우칠 편	12	彳	火
惼	편협할 편	13	心	火
艑	거룻배 편	15	舟	木
緶	꿰맬 편	15	糸	木
翩	나부낄 편	15	羽	火
萹	마디풀 편	15	艸	木
蝙	박쥐 편	15	虫	水
編	엮을 편	15	糸	木
褊	좁을 편	15	衣	木
篇	책 편	15	竹	木
遍	두루 편	16	辵	土
諞	말잘할 편	16	言	金
鞭*	채찍 편//단단할 경	18	革	金
騙	속일 편	19	馬	火

한자	뜻,음[검색어]	원획수	부수	자원오행
폄	水 3字			
砭	돌침 폄	10	石	金
窆	하관할 폄	10	穴	水
貶	낮출 폄	12	貝	金
평	水 12字			
平	평평할 평	5	干	木
匉	큰소리 평	7	勹	金
坪	들 평	8	土	土
泙	물소리 평	9	水	水
枰	바둑판 평	9	木	木
怦	곧을 평	9	心	火
抨	탄핵할 평	9	手	木
苹	개구리밥 평	11	艸	木
評	평할 평	12	言	金
萍	부평초 평	14	艸	木
鮃	넙치 평	16	魚	水
蓱	부평초 평	17	艸	木
폐	水 14字			
吠	짖을 폐	7	口	水
肺	허파 폐	10	肉	金*

한자	뜻,음[검색어]	원획수	부수	자원오행	한자	뜻,음[검색어]	원획수	부수	자원오행
閉	닫을 폐	11	門	木	匍	길 포	9	勹	木*
狴	감옥 폐	11	犬	土	泡	거품 포	9	水	水
敝	해질 폐	12	攴	金	抛	던질 포	9	手	木
陛	대궐섬돌 폐	15	阜	土	怖	두려워할 포	9	心	火
弊	폐단 폐/해질 폐	15	廾	水*	抱	안을 포/던질 포	9	手	木
廢	무너질 폐	15	广	木	炮	통째로구울 포/부엌 포/대포 포	9	火	火
幣	화폐 폐	15	巾	木	枹	떡갈나무 포	9	木	木
獘	넘어질 폐/짐승이름 폐	16	犬	土	砲	대포 포	10	石	金
嬖	사랑할 폐	16	女	土	哺	먹일 포	10	口	水
癈	고질병 폐	17	疒	水	疱	여드름 포	10	疒	水
蔽	덮을 폐	18	艸	木	圃	채마밭 포	10	囗	木*
斃	넘어질 폐	18	攴	金	浦	개 포	11	水	水
포	水 42字				袍	도포 포	11	衣	木
布	베 포/펼 포	5	巾	木	匏	박 포	11	勹	木*
包	쌀 포	5	勹	金	胞	세포 포/여드름 포	11	肉	水
佈	펼 포	7	人	火	晡	신시 포	11	日	火
咆	고함지를 포	8	口	水	苞	쌀 포	11	艸	木
庖	부엌 포	8	广	木	捕	잡을 포	11	手	木
抛	던질 포	8	手	木	鉋	대패 포	13	金	金
匏	통째로구울 포	9	火	火	脯	포 포	13	肉	水

한자	뜻,음[검색어]	원획수	부수	자원오행
莆*	부들 포//풀이름 보	13	艸	木
逋	도망갈 포	14	辵	土
誧	도울 포	14	言	金
飽	배부를 포	14	食	水
鞄	혁공 포	14	革	金
鋪	펼 포/가게 포	15	金	金
褒	기릴 포	15	衣	木
暴*	사나울 포//사나울 폭/쬘 폭	15	日	火
葡	포도 포	15	艸	木
餔	저녁밥 포	16	食	水
鮑	절인어물 포	16	魚	水
蒲	부들 포	16	艸	木
曝	갑자기 포	17	日	火
儤	번설 포	17	人	火
鯆	돌고래 포	18	魚	水
폭	水 6字			
幅	폭 폭	12	巾	木
暴*	사나울 폭/쬘 폭//사나울 포	15	日	火
輻*	바퀴살 폭//바퀴살 복	16	車	火
爆	터질 폭	19	火	火

한자	뜻,음[검색어]	원획수	부수	자원오행
曝	쬘 폭	19	日	火
瀑	폭포 폭	19	水	水
표	水 31字			
杓	북두자루 표	7	木	木
表	겉 표/시계 표	9	衣	木
髟	늘어질 표	10	髟	火
俵	나누어줄 표	10	人	火
豹	표범 표	10	豸	水
殍	주려죽을 표	11	歹	水
彪	범 표	11	彡	木*
票	표 표	11	示	火*
僄	날랠 표/가벼울 표	13	人	火
剽	겁박할 표	13	刀	金
勡	으를 표	13	力	土
嫖	날랠 표/음탕할 표	14	女	土
褾	목도리 표	14	衣	木
嘌	빠를 표	14	口	水
慓	급할 표	15	心	火
漂	떠다닐 표	15	水	水
熛	불똥 표	15	火	火

한자	뜻,음[검색어]	원획수	부수	자원오행
摽	칠 표	15	手	木
標	우듬지 표	15	木	木
諘	칭찬할 표	15	言	金
瓢	바가지 표	16	瓜	木
聸	겨우들을 표	17	耳	火
縹	옥색비단 표	17	糸	木
翲	나는모양 표	17	羽	火
鏢	칼집끝장식 표	19	金	金
飄	회오리바람 표	20	風	木
飈	폭풍 표	21	風	木
飆	폭풍 표	21	風	木
驃	황부르 표	21	馬	火
鰾	부레 표	22	魚	水
鑣	재갈 표	23	金	金

품	水 2字			
品	물건 품	9	口	水
稟	여쭐 품	13	禾	木

풍	水 7字			
風	바람 풍	9	風	木
馮	성씨 풍	12	馬	火

한자	뜻,음[검색어]	원획수	부수	자원오행
楓	단풍 풍	13	木	木
豊	풍년 풍	13	豆	木
瘋	두풍 풍	14	广	水
諷	풍자할 풍	16	言	金
豐	풍년 풍/부들 풍	18	豆	木

피	水 10字			
皮	가죽 피	5	皮	金
彼	저 피	8	彳	火
披	헤칠 피	9	手	木
疲	피곤할 피	10	广	水
被	입을 피	11	衣	木
詖	치우칠 피	12	言	金
陂	방죽 피	13	阜	土
鞁	가슴걸이 피	14	革	金
髲	다리 피	15	髟	火
避	피할 피	20	辵	土

픽	水 1字			
腷	답답할 픽	15	肉	水

필	水 29字			
匹	짝 필	4	匸	水

한자	뜻,음[검색어]	원획수	부수	자원오행
必	반드시 필	5	心	火
疋*	짝 필//바를 아	5	疋	土
佖	점잖을 필	7	人	火
呹	향내날 필	8	口	水
妼	단정할 필	8	女	土
泌*	물결부딪는모양 필//물졸졸흐를 비	9	水	水
柲*	자루 필//자루 비	9	木	木
珌	칼집장식 필	10	玉	金
畢	마칠 필/그물 필	11	田	土
苾	향기로울 필	11	艸	木
滭	샘용솟을 필	12	水	水
弼	도울 필	12	弓	金*
筆	붓 필	12	竹	木
邲	땅이름 필	12	邑	土
鉍	창자루 필	13	金	金
馝	좋은향내날 필	14	香	木
斁	다할 필	15	攴	金
駜	살찔 필	15	馬	火
潷	용솟음할 필	15	水	水
熚	불모양 필	15	火	火

한자	뜻,음[검색어]	원획수	부수	자원오행
觱	피리 필/샘솟는모양 필	16	角	水*
篳	사립짝 필	17	竹	木
罼	족대 필	17	网	木
蓽	콩 필/사립문 필	17	艸	木
蹕	벽제할 필	18	足	土
鸊	직박구리 필	19	鳥	火
鞸	슬갑 필	20	革	金
韠	슬갑 필	20	韋	金
핍	水 4字			
乏	모자랄 핍	5	丿	金
畐*	막을 핍//가득할 복	9	田	土
偪	핍박할 핍	11	人	火
逼	핍박할 핍	16	辵	土
	ㅍ 끝			

한자	뜻,음[검색어]	원획수	부수	자원오행	한자	뜻,음[검색어]	원획수	부수	자원오행
하	土 34字				瑕	허물 하	14	玉	金
下	아래 하	3	一	水*	菏*	늪이름 하//늪이름 가	14	艹	木
岈	산골휑할 하	7	山	土	蝦	두꺼비 하/새우 하	15	虫	水
何	어찌 하/꾸짖을 하/멜 하	7	人	火	憀	뜻이없을 하	15	心	火
呀	입딱벌릴 하	7	口	水	嗃	웃을 하	16	口	水
欱	웃음소리 하	9	欠	金*	遐	멀 하	16	辵	土
河	물 하	9	水	水	赮	붉을 하	16	赤	火
昰	여름 하	9	日	火	霞	노을 하	17	雨	水
抲	지휘할 하	9	手	木	嚇*	웃음소리 하/으를 하//성낼 혁	17	口	水
夏	여름 하	10	夊	火*	鍜	경개 하	17	金	金
呵	꾸짖을 하	10	口	水	罅	틈 하	17	缶	土
厦	문간방 하	12	厂	木	懗	속일 하	18	心	火
賀	하례할 하	12	貝	金	諕	대답할 하	19	言	金
荷	멜 하/꾸짖을 하	13	艹	木	藬	연잎 하	19	艹	木
廈	큰집 하	13	广	木	鰕	새우 하	20	魚	水
煆	데울 하	13	火	火	**학**	土 17字			
閜	활짝열릴 하	13	門	木	学	배울 학	8	子	水
瘕	기생충병 하	14	疒	水	虐	모질 학	9	虍	木
碬	숫돌 하	14	石	金	狢	오소리 학	10	犬	土
嘏*	클 하//클 가	14	口	水	隺*	두루미 학//고상할 각	10	隹	火

한자	뜻,음[검색어]	원획수	부수	자원오행	한자	뜻,음[검색어]	원획수	부수	자원오행
确	자갈땅 학	12	石	金	邗	땅이름 한	10	邑	土
嗃	엄할 학	13	口	水	捍	막을 한	11	手	木
郝	땅이름 학	14	邑	土	悍	사나울 한	11	心	火
瘧	학질 학	14	广	水	閈	이문 한	11	門	土*
學	배울 학	16	子	水	釬	활팔찌 한/급할 한	11	金	金
謔	희롱할 학	16	言	金	晘	가물 한	11	日	火
翯	함츠르르할 학	16	羽	火	寒	찰 한	12	宀	水*
壆	흙굳을 학	16	土	土	閑	한가할 한/막을 한	12	門	水*
壑	골 학	17	土	土	閒	한가할 한	12	門	土*
譃	간특할 학	17	言	金	邯*	조나라서울 한//땅이름 감	12	邑	土
鶴	학 학	21	鳥	火	僩	굳셀 한	14	人	火
皬	흴 학	21	白	金	限	한할 한	14	阜	土
鸑	비둘기 학	24	鳥	火	暵	마를 한	15	日	火
한	土 37字				嫻	우아할 한	15	女	土
忓*	아름다울 한//방해할 간	7	心	火	嫺	우아할 한	15	女	土
旱	가물 한	7	日	火	漢	한수 한/한나라 한	15	水	水
汗	땀 한	7	水	水	熯	말릴 한	15	火	火
扞	막을 한	7	手	木	銲	활팔찌 한	15	金	金
罕	드물 한	9	网	木	澖	넓을 한	16	水	水
恨	한할 한	10	心	火	嫻	익힐 한	16	門	木

한자	뜻,음[검색어]	원획수	부수	자원오행	한자	뜻,음[검색어]	원획수	부수	자원오행
橌	큰나무 한	16	木	木	咸	다 함/짤 함	9	口	水
翰	깃 한	16	羽	火	肣*	혀 함//거둘 금	10	肉	水
憪	안온할 한/불안할 한	16	心	火	唅	재갈 함	11	口	水
巑	높을 한	17	山	土	喊	소리칠 함	12	口	水
韓	한국 한/나라 한	17	韋	金	涵	젓을 함	12	水	水
澣	빨래할 한/열흘 한	17	水	水	菡	꽃술 함	13	艸	木
駻	사나울 한	17	馬	火	菡	연꽃 함	14	艸	木
鼾	코고는소리 한	17	鼻	金	銜	재갈 함	14	金	金
鵫	메까치 한	18	隹	火	瑊*	옥돌 함//옥돌 감	14	玉	金
瀚	넓고큰모양 한	20	水	水	緘	봉할 함	15	糸	木
鷳	백한 한	23	鳥	火	陷	빠질 함	16	阜	土
할	土 4字				諴	화동할 함	16	言	金
硈*	견고할 할//견고할 갈	11	石	金	檻	난간 함	18	木	木
割	벨 할	12	刀	金	闞	범소리 함	20	門	木
瞎	애꾸눈 할	15	目	木	鹹	짤 함	20	鹵	水
轄	다스릴 할/비녀장 할	17	車	火	艦	싸움배 함	20	舟	木
함	土 20字				轞	함거 함	21	車	火
含	머금을 함	7	口	水	**합**	土 15字			
函	지닐 함/함 함	8	凵	木*	合	합할 합/쪽문 합	6	口	水
欦	빙그레웃을 함	8	欠	火	匌	돌 합	8	勹	金

한자	뜻,음[검색어]	원획수	부수	자원오행	한자	뜻,음[검색어]	원획수	부수	자원오행
哈	마실 합	9	口	水	沆	넓을 항	8	水	水
柙	우리 합	9	木	木	炕	마를 항	8	火	火
盍	덮을 합	10	皿	金	巷	거리 항	9	己	土
盒	합 합	11	皿	金	肛	항문 항	9	肉	水
蛤	대합조개 합	12	虫	水	姮	항아 항	9	女	土
郃	고을이름 합	13	邑	土	缸	항아리 항	9	缶	土
嗑	입다물 합	13	口	水	航	배 항	10	舟	木
詥	화할 합	13	言	金	桁	차꼬 항/배다리 항	10	木	木
溘	갑자기 합	14	水	水	恒	항상 항	10	心	火
閤	쪽문 합	14	門	木	恆	항상 항	10	心	火
榼	통 합	14	木	木	肮	큰자개 항	11	貝	金
陜	땅이름 합	15	阜	土	缿	벙어리저금통 항	12	缶	土
闔	문짝 합	18	門	木	項	항목 항	12	頁	火
항	土 23字				頏	날아내릴 항/목 항	13	頁	火
亢	높을 항/목구멍 항	4	亠	水*	港	항구 항	13	水	水
夯	멜 항	5	大	木	降*	항복할 항//내릴 강	14	阜	土
伉	짝 항	6	人	火	嫦*	항아 항//항아 상	14	女	土
行*	항렬 항//다닐 행	6	行	火	**해**	土 45字			
杭	건널 항	8	木	木	亥	돼지 해	6	亠	水*
抗	겨룰 항	8	手	木	咍	비웃을 해	8	口	水

한자	뜻,음[검색어]	원획수	부수	자원오행
侅	이상할 해	8	人	火
祄	도울 해	9	示	木
咳	어린아이웃을 해/기침 해	9	口	水
孩	어린아이 해	9	子	水
垓	지경 해/층계 해	9	土	土
姟	백조 해	9	女	土
海	바다 해	10	水	水
晐	갖출 해	10	日	火
欬	기침 해	10	欠	金*
奚	어찌 해	10	大	水*
害	해할 해	10	宀	木
袔*	잠방이 해//바지 개	10	衣	木
欯	웃음소리 해	10	欠	火
海	바다 해	11	水	水
痎	학질 해	11	疒	水
偕	함께 해	11	人	火
眩	눈큰모양 해	11	目	木
絯	묶을 해	12	糸	木
荄	풀뿌리 해	12	艸	木
該	갖출 해	13	言	金

한자	뜻,음[검색어]	원획수	부수	자원오행
楷	본보기 해	13	木	木
解	풀 해	13	角	木
賅	갖출 해	13	貝	金
郂	마을이름 해	13	邑	土
湝*	차가울 해//출렁출렁흐를 개	13	水	水
瑎	검은옥돌 해	14	玉	金
陔	층계 해	14	阜	土
頦	아래턱 해	15	頁	火
嶰	골짜기 해	16	山	土
廨	공해 해	16	广	木
駭	놀랄 해	16	馬	火
骸	뼈 해	16	骨	金
諧	화할 해	16	言	金
懈	게으를 해	17	心	火
澥	바다이름 해	17	水	水
鮭	어채 해	17	魚	水
醢	육장 해	17	酉	金
獬	해태 해	17	犬	土
蟹	게 해	19	虫	水
薤	염교 해	19	艸	木

한자	뜻,음[검색어]	원획수	부수	자원오행	한자	뜻,음[검색어]	원획수	부수	자원오행
邂	만날 해	20	辵	土	享	누릴 향	8	亠	火
瀣	이슬기운 해	20	水	水	香	향기 향	9	香	木
龤	조화될 해	26	龠	火	晑	밝을 향	10	日	火
핵	土 4字				珦	옥이름 향	11	玉	金
劾	꾸짓을 핵	8	力	水*	楿	계수나무 향	13	木	木
核	씨 핵	10	木	木	稌	향기 향	14	禾	木
翮	깃촉 핵	16	羽	火	餉	건량 향	15	食	水
覈	핵실할 핵	19	襾	金	蕃	나물국 향	15	艸	木
행	土 9字				鄕	시골 향	17	邑	土
行*	다닐 행//항렬 항	6	行	火	曏	접때 향/향할 향	17	日	火
杏	살구 행	7	木	木	薌	곡식향내 향	19	艸	木
幸	다행 행	8	干	木	嚮	향할 향	19	口	水
倖	요행 행	10	人	火	麝	사양사슴 향	20	鹿	土
烆	횃불 행	10	火	火	響	울릴 향	22	音	金
婞	강직할 행	11	女	土	饗	잔치할 향	22	食	水
涬	기운 행	12	水	水	**허**	土 6字			
悻	성낼 행	12	心	火	許	허락할 허/나라이름 허	11	言	金
荇	노랑어리연꽃 행	12	艸	木	虛	빌 허	12	虍	木
향	土 16字				噓	불 허	15	口	水
向	향할 향	6	口	水	墟	터 허	15	土	土

한자	뜻,음[검색어]	원획수	부수	자원오행
歔	흐느낄 허	16	欠	金*
鄦	나라이름 허	19	邑	土
헌	土 11字			
旳*	밝을 헌//밝을 훤	8	日	火
軒	집 헌	10	車	火
輨	초헌 헌	16	車	火
憲	법 헌	16	心	火
幰	수레휘장 헌	19	巾	木
憲	총명할 헌	20	心	火
櫶	나무이름 헌	20	木	木
獻	드릴 헌	20	犬	土
攇	죌 헌	20	手	木
巚	봉우리 헌	23	山	土
巘	봉우리 헌	23	山	土
헐	土 1字			
歇	쉴 헐	13	欠	金*
험	土 5字			
嶮	험할 험	16	山	土
獫	오랑캐이름 험	17	犬	土
險	험할 험	21	阜	土

한자	뜻,음[검색어]	원획수	부수	자원오행
驗	시험 험	23	馬	火
玁	오랑캐이름 험	24	犬	土
혁	土 16字			
侐	고요할 혁	8	人	火
革	가죽 혁	9	革	金
弈	바둑 혁	9	廾	火*
奕	클 혁	9	大	木
洫	붓도랑 혁	10	水	水
焃	빛날 혁	11	火	火
赥	붉을 혁	11	赤	火
焱	불꽃 혁	12	火	火
爀	불사를 혁	13	火	火
赩	붉을 혁	13	赤	火
赫	빛날 혁	14	赤	火
覡	볼 혁	14	見	火
嚇*	성낼 혁//웃음소리 하/으를 하	17	口	水
鬩	다툴 혁	18	鬥	金
爀	불빛 혁	18	火	火
赩	진한붉은빛 혁	21	赤	火
현	土 55字			

한자	뜻,음[검색어]	원획수	부수	자원오행	한자	뜻,음[검색어]	원획수	부수	자원오행
玄	검을 현	5	玄	火	晛	햇살 현	11	日	火
伭	가벼이움직이는 모양 현	5	人	火	弲	활 현	11	弓	金*
見*	뵈올 현//볼 견	7	見	火	嫙	수절할 현	11	女	土
呟	소리 현	8	口	水	袨	나들이옷 현	11	衣	木
弦	활시위 현	8	弓	木*	脧	소처녑 현	11	肉	水
姛	절개있을 현	8	女	土	椪	땅이름 현	12	木	木
炫	밝을 현	9	火	火	現	나타날 현	12	玉	金
俔	염탐할 현	9	人	火	絢	무늬 현	12	糸	木
泫	이슬빛날 현	9	水	水	睍	불거진눈 현	12	目	木
怰	팔 현	9	心	火	琄	옥모양 현	12	玉	金
昡	햇빛 현	9	日	火	衒	자랑할 현	12	貝	金
痃	현벽 현	10	广	水	鉉	솥귀 현	13	金	金
峴	고개 현	10	山	土	蜆	도롱이벌레 현	13	虫	水
眩	어지러울 현	10	目	木	莧	비름 현	13	艸	木
玹	옥돌 현	10	玉	金	誢	말다툼할 현	14	言	金
娹	허리가늘 현	10	女	土	㬎	드러날 현	14	日	火
埍	감옥 현	10	土	土	鋧	작은끌 현	15	金	金
舷	뱃전 현	11	舟	木	儇	영리할 현	15	人	火
衒	자랑할 현	11	行	火	限	한정할 현	15	阜	土
絃	줄 현	11	糸	木	賢	어질 현	15	貝	金

한자	뜻,음[검색어]	원획수	부수	자원오행	한자	뜻,음[검색어]	원획수	부수	자원오행
銷	노구솥 현	15	金	金	絜	헤아릴 혈	12	糸	木
縣	매달 현/고을 현	16	糸	木	趐	나아갈 혈	13	走	火
嬛	산뜻할 현	16	女	土	**혐**	土 1字			
鷳*	제비 현//솔개 연	16	鳥	火	嫌	싫어할 혐	13	女	土
巆	범성낼 현	16	虍	木	**협**	土 23字			
騽	돗총이 현	17	馬	火	叶	맞을 협	5	口	水
顕	나타날 현	18	頁	火	劦	합할 협	6	力	土
翲	날 현	19	羽	火	夾	낄 협	7	大	木
繯	맬 현	19	糸	木	冹	화할 협	8	冫	水
懸	달 현	20	心	火	協	화합할 협	8	十	水
譞	영리할 현	20	言	金	匧	상자 협	9	匚	木*
瞔*	볼 현//볼 형	20	目	木	俠	의기로울 협	9	人	火
譴	구할 현	22	言	金	峽	골짜기 협	10	山	土
顯	나타날 현	23	頁	火	恊	화합할 협	10	心	火
灦	물깊고맑을 현	27	水	水	埉	물가 협	10	土	土
혈	土 6字				挟	꺾을 협	10	手	木
孑	외로울 혈	3	子	水	挾	낄 협	11	手	木
穴	구멍 혈	5	穴	水	浹	두루미칠 협	11	水	水
血	피 혈	6	血	水	悏	생각하는모양 협	11	心	火
頁	머리 혈	9	頁	火	狹	좁을 협	11	犬	土

한자	뜻,음[검색어]	원 획수	부수	자원 오행
脇	겨드랑이 협	12	肉	水
脅	겨드랑이 협	12	肉	水
硤	고을이름 협	12	石	金
莢	꼬투리 협	13	艸	木
悏	쾌할 협	13	心	火
篋	상자 협	15	竹	木
鋏	집게 협	15	金	金
頰	뺨 협	16	頁	火

형	土 32字			
兄	형 형	5	儿	木
刑	형벌 형/탕기 형	6	刀	金
形	모양 형	7	彡	火
亨	형통할 형	7	亠	土*
侀	거푸집 형	8	人	火
妔	기뻐할 형	8	女	土
泂	멀 형	9	水	水
型	모형 형	9	土	土
炯	빛날 형	9	火	火
姰	여관 형	10	女	土
珩	노리개 형	11	玉	金

한자	뜻,음[검색어]	원 획수	부수	자원 오행
邢	나라이름 형	11	邑	土
洄	소용돌이칠 형	11	水	水
荊	가시나무 형	12	艸	木
迥	멀 형	12	辵	土
詗	염탐할 형	12	言	金
逈	멀 형	13	辵	土
嵤	산깊은모양 형	13	山	土
脝	배불룩할 형	13	肉	水
熒	등불 형	14	火	火
夐	멀 형	14	夂	土
滎	실개천 형	14	水	水
瑩*	의혹할 형//밝을 영	15	玉	金
陘	지레목 형	15	阜	土
螢	반딧불이 형	16	虫	水
衡	저울대 형	16	行	火
鑅	줄 형	18	金	金
瀅	물맑을 형	19	水	水
瞷*	볼 형//볼 현	19	目	木
馨	꽃다울 형	20	香	木
瀯	물이름 형	22	水	水

한자	뜻,음[검색어]	원획수	부수	자원오행	한자	뜻,음[검색어]	원획수	부수	자원오행
蘅	족두리풀 형	22	艸	木	憓	사랑할 혜	16	心	火
혜	土 28字				潓	물결 혜	16	水	水
兮	감출 혜	2	匸	水	橞	나무이름 혜	16	木	木
兮	어조사 혜	4	八	金	蹊	좁은길 혜	17	足	土
盻	흘겨볼 혜	9	目	木	謑	꾸짖을 혜	17	言	金
惠	은혜 혜	10	心	火	蕙	풀이름 혜	18	艸	木
訬	농담할 혜	11	言	金	譓	슬기로울 혜	19	言	金
彗*	비 혜//비 세	11	彐	火	醢	식혜 혜	19	酉	金
傒	기다릴 혜/가둘 혜	12	人	火	鏸	날카로울 혜	20	金	金
惠	은혜 혜	12	心	火	譓	슬기로울 혜	22	言	金
徯	기다릴 혜/샛길 혜	13	彳	火	호	土 81字			
嘒	작은소리 혜	14	口	水	互	서로 호	4	二	水*
傮	은혜 혜	14	人	火	戶	집 호/지게호	4	戶	木
撔	바꿀 혜	14	手	木	乎	어조사 호	5	丿	金
榽	나무이름 혜	14	木	木	号	이름 호/부르짖을 호	5	口	水
槥	널 혜	15	木	木	夰*	놓을 호//놓을 고	5	大	木
寭	밝힐 혜	15	宀	火*	好	좋을 호	6	女	土
暳	별반짝일 혜	15	日	火	冱	얼 호	6	冫	水
慧	슬기로울 혜	15	心	火	虎	호피무늬 호	6	虍	木
鞋	신 혜	15	革	金	虎	범 호	8	虍	木

한자	뜻,음[검색어]	원획수	부수	자원오행
呼	부를 호	8	口	水
岵	산 호	8	山	土
沍	막힐 호/얼 호	8	水	水
昊	하늘 호	8	日	火
弧	활 호	8	弓	木*
昈	환히 호	8	日	火
杲*	밝을 호//밝을 고	8	木	木
坪	번거로울 호	8	土	土
栎	가로막이 호	8	木	木
芐	지황 호	9	艸	木
怙	믿을 호/아버지 호	9	心	火
狐	여우 호	9	犬	土
瓳	반호 호	10	瓦	土
祜	복 호	10	示	金*
芦	지황 호	10	艸	木
峼*	산모양 호//산모양 곡	10	山	土
唔	말많을 호	10	口	水
浩	넓을 호	11	水	水
扈	따를 호	11	戶	木
瓠	박 호	11	瓜	木
晧	밝을 호	11	日	火
胡	오랑캐이름 호/수염 호	11	肉	水
毫	터럭 호	11	毛	火
娎*	재치있을 호//재치있을 효	11	女	土
唬	부르짖을 호	11	口	水
淏	맑을 호	12	水	水
壺	병 호	12	士	金*
皓	흴 호	12	白	金
聑	들을 호	13	耳	火
猢	원숭이 호	13	犬	土
號	이름 호/부르짖을 호	13	虍	木
琥	호박 호	13	玉	金
湖	호수 호	13	水	水
楛	나무이름 호	13	木	木
楜	후추 호	13	木	木
瑚	산호 호	14	玉	金
嫭	아름다울 호	14	女	土
嫮	아름다울 호	14	女	土
滈	장마 호	14	水	水
豪	호걸 호	14	豕	水

한자	뜻,음[검색어]	원획수	부수	자원오행
犒	호궤할 호	14	牛	土
暤	밝을 호	14	日	火
滬	대어살 호	15	水	水
蝴	나비 호	15	虫	水
葫	마늘 호	15	艸	木
滸	물가 호	15	水	水
皞	밝을 호	15	白	火*
熩	빛날 호	15	火	火
嘷	울부짖을 호	15	口	水
皜	흴 호	15	白	火*
糊	죽 호	15	米	木
滹	물가 호	15	水	水
縞	명주 호	16	糸	木
蒿	쑥 호	16	艸	木
儫	호걸 호	16	人	火
醐	우락더껑이 호	16	酉	金
澔	넓을 호	16	水	水
蔰	채색모양 호	17	艸	木
壕	해자 호	17	土	土
鄗*	땅이름 호//산이름 교	17	邑	土

한자	뜻,음[검색어]	원획수	부수	자원오행
嚎	큰소리 호	17	口	水
鍸	제기 호	17	金	金
濩	퍼질 호	18	水	水
濠	호주 호	18	水	水
鎬	땅이름 호	18	金	金
餬	풀칠할 호	18	食	水
鬍	수염 호	19	髟	火
顥	클 호	21	頁	火
護	도울 호	21	言	金
譹	부르짖을 호	21	言	金
頀	구할 호	23	音	金
灝	넓을 호	25	水	水
혹	土 4字			
或	혹 혹	8	戈	金
惑	미혹할 혹	12	心	火
酷	독할 혹	14	酉	金
熇*	뜨거울 혹//뜨거운모양 효	14	火	火
혼	土 13字			
昏	어두울 혼	8	日	火
俒	완전할 혼	9	人	火

한자	뜻,음[검색어]	원획수	부수	자원오행
圂	뒷간 혼	10	囗	木*
婚	혼인할 혼	11	女	土
焜	빛날 혼	12	火	火
混	섞을 혼	12	水	水
溷	어지러울 혼	13	水	水
渾	흐릴 혼	13	水	水
魂	넋 혼	14	鬼	火
潳	어지러울 혼	14	水	水
琿	아름다운옥 혼	14	玉	金
閽	문지기 혼	16	門	木
顚*	둥글 혼//둥굴 운	19	頁	火
홀	土 4字			
囫	온전할 홀	7	囗	土
忽	갑자기 홀	8	心	火
笏	홀 홀	10	竹	木
惚	황홀할 홀	12	心	火
홍	土 20字			
弘	클 홍	5	弓	火
仜	배클 홍	5	人	火
汞	수은 홍	7	水	水
灴	화톳불 홍	7	火	火
哄	떠들썩할 홍	9	口	水
虹	무지개 홍	9	虫	水
泓	물깊을 홍	9	水	水
紅	붉을 홍	9	糸	木
洪	넓을 홍	10	水	水
晎	날밝으려할 홍	10	日	火
訌	어지러울 홍	10	言	金
烘	화톳불 홍	10	火	火
谼*	깊은골짜기 홍//골짜기이름 강	10	谷	水
洚	큰물 홍	10	水	水
鈜	쇠뇌고동 홍	14	金	金
篊	통발 홍	15	竹	木
鋐	종소리 홍	15	金	金
澒	수은 홍	16	水	水
鬨	싸울 홍	16	鬥	金
鴻	큰기러기 홍	17	鳥	火
화	土 27字			
化	될 화	4	匕	火*
火	불 화	4	火	火

한자	뜻,음[검색어]	원획수	부수	자원오행	한자	뜻,음[검색어]	원획수	부수	자원오행
禾	벼 화	5	禾	木	澕	물깊은모양 화	16	水	水
夾	불타는소리 화	6	火	火	譁	시끄러울 화	19	言	金
伙	세간 화	6	人	火	鏵	삽 화	19	金	金
和	화할 화	8	口	水	驊	준마 화	22	馬	火
妠	여자의자 화	8	女	土	龢	화할 화	22	龠	火
枡	부용 화	8	木	木	**확**		土 11字		
花	꽃 화	10	艸	木	廓*	클 확//둘레 곽	14	广	木
俰	화할 화	10	人	火	確	굳을 확	15	石	金
貨	재물 화	11	貝	金	碻	굳을 확	15	石	金
畫	그림 화	12	田	木*	穫	거둘 확	19	禾	木
誂	화할 화	12	言	金	擴	넓힐 확	19	手	木
畵	그림 화	13	田	木*	矍	두리번거릴 확	20	目	木
話	말씀 화	13	言	金	曜	밝을 확	20	日	火
靴	신 화	13	革	金	礭	회초리 확	21	石	金
鉌	방울 화	13	金	金	鑊	가마솥 확	22	金	金
華	빛날 화	14	艸	木	攫	움킬 확	24	手	木
禍	재앙 화	14	示	木	戄	창 확	25	矛	金
嘩	떠들썩할 화	15	口	水	**환**		土 39字		
嫿	탐스러울 화	15	女	土	丸	둥글 환	3	丶	土*
樺	자작나무 화	16	木	木	幻	헛보일 환/변할 환	4	幺	火*

한자	뜻,음[검색어]	원획수	부수	자원오행
宦	벼슬 환	9	宀	木
奐	빛날 환	9	大	木
紈	흰비단 환	9	糸	木
峘	높은작은산 환	9	山	土
芄	왕골 환	9	艹	木
洹*	세차게흐를 환// 물이름 원	10	水	水
桓	굳셀 환	10	木	木
患	근심 환	11	心	火
晥	환할 환	11	日	火
睆	가득찬모양 환	12	目	木
絙	끈 환	12	糸	木
喚	부를 환	12	口	水
皖	환할 환	12	白	火*
豢	기를 환	13	豕	水
換	바꿀 환	13	手	木
煥	불꽃 환/빛날 환	13	火	火
渙	흩어질 환	13	水	水
悷	거스를 환	13	心	火
瑍	환옥 환	14	玉	金
鋎	칼 환	15	金	金

한자	뜻,음[검색어]	원획수	부수	자원오행
圜	두를 환	16	囗	土
寰	경기고을 환	16	宀	木
鍰	여섯냥쭝 환	17	金	金
擐	꿸 환	17	手	木
懁	성급할 환	17	心	火
澴	소용돌이칠 환	17	水	水
環	고리 환	18	玉	金
還	돌아올 환	20	辶	土
轘	거열할 환	20	車	土*
鐶	고리 환	21	金	金
鰥	환어 환/홀아버지 환	21	魚	水
懽	기뻐할 환/재앙 환	22	心	火
歡	기쁠 환	22	欠	金
鬟	쪽 환	23	髟	火
瓛	옥홀 환	25	玉	金
讙*	시끄러울 환// 시끄러울 훤	25	言	金
驩	기뻐할 환	28	馬	火
활	土 7字			
活	살 활	10	水	水
蛞	올챙이 활	12	虫	水

한자	뜻,음[검색어]	원획수	부수	자원오행	한자	뜻,음[검색어]	원획수	부수	자원오행
猾	교활할 활	14	犬	土	貺	줄 황	12	貝	金
滑*	미끄러울 활// 어지러울 골	14	水	水	徨	헤맬 황	12	彳	火
闊	넓을 활	17	門	木	楻	깃대 황	13	木	木
豁	뚫린골짜기 활	17	谷	水	惶	두려울 황	13	心	火
濶	넓을 활	18	水	水	煌	빛날 황	13	火	火
황	土 40字				湟	성지 황	13	水	水
怳	어슴푸레할 황	9	心	火	幌	휘장 황	13	巾	木
肓	명치끝 황	9	肉	水	熀*	이글거릴 황// 환희비칠 엽	14	火	火
況	상황 황/하물며 황	9	水	水	滉	깊을 황	14	水	水
皇	임금 황	9	白	金	愰	마음밝을 황	14	心	火
晃	밝을 황	10	日	火	慌	어리둥절할 황	14	心	火
晄	밝을 황	10	日	火	瑝	옥소리 황	14	玉	金
恍	황홀할 황	10	心	火	榥	책상 황/차양 황	14	木	木
凰	봉황 황	11	几	木*	篁	대숲 황	15	竹	木
奛	밝고훤할 황	11	大	木	蝗	메뚜기 황	15	虫	水
荒	거칠 황	12	艸	木	皝	엄숙할 황	15	白	金
黃	누를 황	12	黃	土	葟	무성할 황	15	艸	木
堭	당집 황	12	土	土	遑	급할 황	16	辵	土
喤	울음소리 황	12	口	水	潢	웅덩이 황	16	水	水
媓	어머니 황	12	女	土	爌	빛날 황	16	火	火

한자	뜻,음[검색어]	원획수	부수	자원오행	한자	뜻,음[검색어]	원획수	부수	자원오행
璜	패옥 황	17	玉	金	蚘	회충 회	12	虫	水
隍	해자 황	17	阜	土	茴	회향풀 회	12	艸	木
鍠*	종고소리 황// 종고소리 굉	17	金	金	賄	재물 회	13	貝	金
鐄	종소리 황	18	金	金	迴	돌아올 회	13	辵	土
簧	서 황	18	竹	木	會	모일 회	13	曰	木*
爌	불밝을 황	21	儿	木	匯	물돌아나갈 회	13	匚	水*
회	**土 31字**				詼	조롱할 회	13	言	金
回	돌아올 회	6	口	水*	誨	가르칠 회	14	言	金
会	모일 회	6	人	木*	頮	세수할 회	16	頁	火
灰	재 회	6	火	火	獪	교활할 회	17	犬	土
佪	노닐 회	8	人	火	澮	봇도랑 회	17	水	水
廻	돌 회	9	廴	水*	檜	전나무 회	17	木	木
徊	머뭇거릴 회	9	彳	火	繪	그림 회	19	糸	木
恢	넓을 회	10	心	火	膾	회 회	19	肉	水
洄	돌아흐를 회	10	水	水	懷	품을 회	20	心	火
晦	그믐 회	11	日	火	瀤	내이름 회	20	水	水
悔	뉘우칠 회	11	心	火	鄶	나라이름 회	20	邑	土
盔	주발 회	11	皿	金	鱠	회 회	24	魚	水
絵	그림 회	12	糸	木	**획**	**土 4字**			
淮	물이름 회	12	水	水	画	그을 획	8	田	木*

한자	뜻,음[검색어]	원획수	부수	자원오행	한자	뜻,음[검색어]	원획수	부수	자원오행
劃	그을 획	14	刀	金	效	본받을 효	10	攴	金
嚄	깜짝놀라는소리 획	17	口	水	哮	으르렁거릴 효	10	口	水
獲	얻을 획	18	犬	土	肴	안주 효	10	肉	水
횡	土 8字				唬	범부르짓을 효	10	虍	木
宖	집울릴 횡	8	宀	木	庨	집높은모양 효	10	广	木
竑	넓을 횡	9	立	金	烋*	거들먹거릴 효// 아름다울 휴	10	火	火
鈜	쇳소리 횡	12	金	金	恔*	쾌할 효//쾌할 교	10	心	火
橫	가로 횡	16	木	木	娹*	재치있을 효// 재치있을 호	11	女	土
潢	물뼁돌아나갈 횡	16	水	水	洨	물이름 효	11	水	水
鐄	종 횡	20	金	金	崤	산이름 효	11	山	土
鑅	종소리 횡	22	金	金	梟	올빼미 효/목매달 효	11	木	木
黌	학교 횡	25	黃	土	窙	높은기운 효	12	穴	水
효	土 38字				淆	뒤섞일 효	12	水	水
爻	사귈 효	4	爻	火	傚	본받을 효	12	人	火
炒*	말릴 효//더울 초	6	火	火	殽	섞일 효/안주 효	12	殳	金
孝	효도 효	7	子	水	椊	치자나무 효	12	木	木
効	본받을 효	8	力	金*	詨	부르짖을 효	13	言	金
恔	쾌할 효	8	心	火	熇*	뜨거운모양 효// 뜨거울 혹	14	火	火
俲	점잖을 효	9	人	火	酵	삭힐 효	14	酉	金
洨	강이름 효	10	水	水	歊	오를 효	14	欠	金*

한자	뜻,음[검색어]	원획수	부수	자원오행
皛	나타날 효	15	白	火*
鄡	땅이름 효	15	邑	土
嘵	두려워할 효	15	口	水
曉	새벽 효	16	日	火
餚	익힌요리 효	17	食	水
嚆	울릴 효	17	口	水
譹	울 효	18	言	金
濦	물펀할 효	19	水	水
斅	가르칠 효	20	攴	金
囂	들렐 효	21	口	水
驍	날랠 효	22	馬	火
후	土 30字			
朽	썩을 후	6	木	木
后	임금 후/뒤 후	6	口	水
吼	울부짖을 후	7	口	水
吽	소울 후	7	口	水
姁	아름다울 후	8	女	土
芋*	클 후//토란 우	9	艸	木
厚	두터울 후	9	厂	土*
垕	두터울 후	9	厂	土
後	뒤 후	9	彳	火
侯	제후 후/과녁 후	9	人	火
垕	두터울 후	9	土	土
矦	임금 후	9	矢	金
候	기후 후/살필 후	10	人	火
欨	즐거워할 후	10	欠	火
酗	주정할 후	11	酉	金
珝	옥이름 후	11	玉	金
堠	돈대 후	12	土	土
煦	불 후	12	口	水
喉	목구멍 후	12	口	水
帿	과녁 후	12	巾	木
嗅	맡을 후	13	口	水
猴	원숭이 후	13	犬	土
詡	자랑할 후	13	言	金
逅	만날 후	13	辵	土
煦	따듯하게할 후	13	火	火
郈	고을이름 후	13	邑	土
篌	공후 후	15	竹	木
鄇	땅이름 후	16	邑	土

한자	뜻,음[검색어]	원획수	부수	자원오행	한자	뜻,음[검색어]	원획수	부수	자원오행
餱	건량 후	18	食	水	薫	향초 훈	20	艸	木
譃	거짓말 후	19	言	金	蘍	향초 훈	21	艸	木
훈	土 21字				鑂	금빛투색할 훈	22	金	金
訓	가르칠 훈	10	言	金	蘏	향초 훈	22	艸	木
焄	김쐴 훈	11	火	火	**훌**	土 1字			
勛	공 훈	12	力	火*	欻	문득 훌	12	欠	金*
熏	불길 훈	13	火	火	**훙**	土1字			
暈*	무리 훈//어지러울 운	13	日	火	薨	훙서할 훙	19	艸	木
塤	질나발 훈	13	土	土	**훤**	土 10字			
煇*	태울 훈//빛날 휘	13	火	火	晅*	밝을 훤//밝을 헌	8	日	火
熏	불길 훈	14	火	火	烜	마를 훤	10	火	火
勲	공 훈	15	力	火*	喧	지껄일 훤	12	口	水
葷	훈채 훈	15	艸	木	愃*	너그러울 훤//잊을 선	13	心	火
勳	공 훈	16	力	火*	煊	따뜻할 훤	13	火	火
壎	질나발 훈	17	土	土	暄	온난할 훤	13	日	火
曛	어스레할 훈	18	日	火	萱	원추리 훤	15	艸	木
燻	연기낄 훈	18	火	火	諼	속일 훤	16	言	金
獯	오랑캐이름 훈	18	犬	土	諠	잊을 훤/지껄일 훤	16	言	金
薰	향초 훈	19	艸	木	譁*	시끄러울 훤//시끄러울 환	25	言	金
纁	분홍빛 훈	20	糸	木	**휘**	土 8字			

한자	뜻,음[검색어]	원획수	부수	자원오행
卉	풀 훼	5	十	木*
卉	풀 훼	6	十	木*
虺	살무사 훼	9	虫	水
芔	풀 훼	9	艸	木
喙	부리 훼/괴로워할 훼	12	口	水
毁	헐 훼	13	殳	金
毀	헐 훼	13	殳	金
燬	불 훼	17	火	火
휘	土 12字			
煒*	빛 휘//빨갈 위	13	火	火
彙	무리 휘/고슴도치 휘	13	彑	火
暉	빛 휘	13	日	火
輝*	빛날 휘//태울 훈	13	火	火
揮	휘두를 휘/표기 휘	13	手	木
楎	옷걸이 휘	13	木	木
麾	기 휘	15	麻	木
輝	빛날 휘	15	車	火
翬	훨훨날 휘	15	羽	火
諱	숨길 휘/꺼릴 휘	16	言	金
撝	찢을 휘	16	手	木

한자	뜻,음[검색어]	원획수	부수	자원오행
徽	아름다울 휘	17	彳	火
휴	土 11字			
休	쉴 휴	6	人	火
庥	그늘 휴	9	广	木
咻	신음소리 휴	9	口	水
烋*	아름다울 휴//거들먹거릴 효	10	火	火
畦	밭두둑 휴	11	田	土
携	이끌 휴	14	手	木
髹	검붉은빛 휴	16	髟	火
鵂	수리부엉이 휴	17	鳥	火
虧	이지러질 휴	17	虍	水*
攜	이끌 휴	22	手	木
隳	무너질 휴	23	阜	土
휵	土 1字			
慉	기를 휵	14	心	火
휼	土 7字			
卹	진휼할 휼	8	卩	火*
恤	불쌍할 휼	10	心	火
遹	비뚤 휼	19	辵	土
譎	속일 휼	19	言	金

한자	뜻,음[검색어]	원획수	부수	자원오행
鐍	걸쇠 휼	20	金	金
霱*	상서로운구름 휼//상서로운구름 율	20	雨	水
鷸	도요새 휼	23	鳥	火
흉	土 7字			
凶	흉할 흉	4	凵	水
匈	오랑캐 흉/가슴 흉	6	勹	金
兇	흉악할 흉	6	儿	木
恟	두려워할 흉	10	心	火
洶	용솟음칠 흉	10	水	水
胸	가슴 흉	12	肉	水
胷	가슴 흉	12	肉	水
흑	土 1字			
黑	검을 흑	12	黑	水
흔	土 14字			
妡	여자의자 흔	7	女	土
欣	기뻐할 흔	8	欠	火
忻	기뻐할 흔	8	心	火
昕	새벽 흔	8	日	火
炘	화끈거릴 흔/기뻐할 흔	8	火	火
很	패려궂을 흔	9	彳	火

한자	뜻,음[검색어]	원획수	부수	자원오행
俽	기뻐할 흔	10	人	火
掀	당길 흔	10	手	木
痕	흔적 흔	11	疒	水
惞	기뻐할 흔	12	心	火
掀	번쩍들 흔	12	手	木
焮	태울 흔	12	火	火
誛*	자랑할 흔//말소리 희	14	言	金
釁	피칠할 흔/틈 흔	25	酉	金
흘	土 9字			
仡	날랠 흘	5	人	火
吃	말더듬을 흘	6	口	水
屹	우뚝솟을 흘	6	山	土
汔	거의 흘	7	水	水
疙	쥐부스럼 흘	8	疒	水
紇	묶을 흘	9	糸	木
迄	이를 흘	10	辵	土
訖	이를 흘	10	言	金
齕	깨물 흘	18	齒	金
흠	土 5字			
欠	하품 흠	4	欠	火

한자	뜻,음[검색어]	원획수	부수	자원오행
欽	공경할 흠	12	欠	金*
歆	흠향할 흠	13	欠	金*
廞	벌여놓을 흠	15	广	木
鑫	기쁨 흠	24	金	金
흡	土 8字			
吸	마실 흡	7	口	水
恰	흡사할 흡	10	心	火
洽	흡족할 흡	10	水	水
翕	합할 흡	12	羽	火
翖	합할 흡	12	羽	火
噏	숨들이쉴 흡	15	口	水
潝	물빨리흐르는 소리 흡	15	水	水
歙	들이쉴 흡	16	欠	金*
흥	土 1字			
興	일 흥	15	臼	土
희	土 51字			
希	바랄 희	7	巾	木
姬	여자 희	9	女	土
俙	비슷할 희	9	人	火
姫	여자 희	9	女	土

한자	뜻,음[검색어]	원획수	부수	자원오행
咥	웃을 희	9	口	水
屺*	즐거워할 희// 아름다울 이	9	己	土
唏	훌쩍훌쩍울 희/ 웃을 희	10	口	水
烯	불빛 희	11	火	火
悕	원할 희	11	心	火
欷	한숨쉴 희	11	欠	金*
晞	마를 희	11	日	火
桸	국자 희	11	木	木
稀	드물 희	12	禾	木
喜	기쁠 희	12	口	水
瑎	사람이름 희	12	玉	金
睎	바라볼 희	12	目	木
熙	빛날 희/복 희	13	火	火
莃	토규 희	13	艸	木
豨	돼지 희	14	豕	水
僖	기쁠 희	14	人	火
熙	빛날 희	14	火	火
凞	빛날 희	14	冫	水
熙	빛날 희	14	火	火
誒*	말소리 희//자랑할 흔	14	言	金

한자	뜻,음[검색어]	원획수	부수	자원오행	한자	뜻,음[검색어]	원획수	부수	자원오행
熹	야화 희	14	火	火	譆	감탄하는소리 희	19	言	金
誒	탄식할 희	14	言	金	饎	보낼 희	19	食	水
嬉	아름다울 희	15	女	土	爔	불 희	20	火	火
嘻	화락할 희	15	口	水	曦	햇빛 희	20	日	火
憙	기뻐할 희	16	心	火	犧	희생 희	20	牛	土
憘	기쁠 희	16	心	火	囍	쌍희 희	22	口	水
橲	나무이름 희	16	木	木	屭	힘들일 희	24	尸	水
羲	복희씨 희	16	羊	土	히	土 1字			
熺	빛날 희	16	火	火	屎*	끙끙거릴 히//똥 시	9	尸	水
晞	빛날 희	16	日	火	힐	土 7字			
熙	빛날 희/지을 희	16	火	火	犵	오랑캐이름 힐	7	犬	土
噫	한숨쉴 희	16	口	水	欯	기뻐할 힐	10	欠	火
戱	희롱할 희	16	戈	金	詰	물을 힐	13	言	金
歖	기쁠 희	16	欠	火	頡	곧은목 힐	15	頁	火
嬇	부인호칭 희	17	女	土	黠	약을 힐	18	黑	水
戲	놀 희	17	戈	金	纈	홀치기염색 힐	21	糸	木
禧	복 희	17	示	木	襭	옷자락걷을 힐	21	衣	木
歔	시시덕거릴 희	17	欠	火		ㅎ 끝			
爔	야화 희	18	火	火					
繥	웃을 희	18	糸	木					

Ⅱ 부수색인-자음별

ㄱ, ㄴ, ㄷ...순

본부수 214자, 파생부수 43자

음구분	본부수	뜻,음 [검색어]	획수	자원 오행	비고	파생 부수	뜻,음 [검색어]	획수
ㄱ	丨	뚫을 곤	1	木				
	亅	갈고리 궐	1	金				
	凵	입벌릴 감	2	水	위튼입구몸			
	冂	멀 경	2	土	멀경몸			
	几	안석 궤	2	水				
	干	방패 간	3	木				
	巾	수건 건	3	木				
	己	몸 기	3	土	巳 뱀사			
	彐	돼지머리 계	3	火	튼가로왈	彑	돼지머리 계 튼가로왈	3
	廾	받들 공	3	木	스물입발			
	工	장인 공	3	火				
	口	입 구	3	水				
	囗	나라 국	3	土	큰입구몸			
	弓	활 궁	3	火				
	犬	개 견	4	土		犭	개사슴록변 견	3
	戈	창 과	4	金				
	斤	근 근/도끼 근	4	金	날근			
	气	기운 기	4	水				
	甘	달 감	5	土				
	瓜	오이 과	5	木				

음구분	본부수	뜻,음 [검색어]	획수	자원 오행	비고	파생 부수	뜻,음 [검색어]	획수
	艮	괘이름 간/ 그칠 간	6	土				
	臼	절구 구	6	土		臼	깍지길 국 절구구변	7
	谷	골 곡	7	水				
	角	뿔 각	7	木				
	見	볼 견	7	火				
	金	쇠 금	8	金				
	韭	부추 구	9	木				
	高	높을 고	10	火				
	骨	뼈 골	10	金				
	鬼	귀신 귀	10	火				
	鼓	북 고	13	金				
	龜	거북 귀	16	水				
ㄴ	女	여자 녀	3	土				
	疒	병들어기댈 녁	5	水	병질엄			
ㄷ	刀	칼 도	2	金		刂	선칼도방 도	2
	亠	돼지해머리 두	2	火				
	大	클 대	3	木				
	斗	말 두	4	火				
	豆	콩 두	7	木				
		공 란						

음구분	본부수	뜻,음 [검색어]	획수	자원 오행	비고	파생 부수	뜻,음 [검색어]	획수
ㄹ	力	힘 력	2	土				
	立	설 립	5	金				
	老	늙을 로	6	土		耂	늙을로엄 로	4
	耒	가래 뢰	6	木				
	里	마을 리	7	土				
	鬲	솥 력	10	土	다리굽은솥력			
	鹵	소금 로	11	水	소금밭로			
	鹿	사슴 록	11	土				
	龍	용 룡	16	土				
ㅁ	冖	덮을 멱	2	水	민갓머리			
	宀	집 면	3	木	갓머리			
	毛	터럭 모	4	火				
	木	나무 목	4	木				
	毋	말 무	4	土				
	无	없을 무	4	火	이미기방	旡	목멜 기 [水] 이미기방	4
	文	글월 문	4	木				
	皿	그릇 명	5	金				
	矛	창 모	5	金				
	目	눈 목	5	木		罒	눈목 목	5
	米	쌀 미	6	木				

음구분	본부수	뜻,음 [검색어]	획수	자원 오행	비고	파생 부수	뜻,음 [검색어]	획수
	网	그물 망	6	木		罔	그물망 망	4
						㓁	그물망 망	4
						罒	그물망 망 그물망머리	5
	門	문 문	8	木				
	面	낯 면	9	火				
	馬	말 마	10	火				
	麻	삼 마	11	木				
	麥	보리 맥	11	木				
	黽	맹꽁이 맹	13	土				
ㅂ	丿	삐침 별	1	金				
	匚	상자 방	2	土	튼입구몸			
	卜	점 복	2	火				
	匕	비수 비	2	金				
	冫	얼음 빙	2	水	이수변			
	方	모 방	4	土				
	攴	칠 복	4	金		攵	칠 복 등글월문	4
	父	아비 부	4	木				
	比	견줄 비	4	火				
	癶	등질 발	5	水	필발머리			
	白	흰 백	5	金				

음구분	본부수	뜻,음 [검색어]	획수	자원 오행	비고	파생 부수	뜻,음 [검색어]	획수
	缶	장군 부	6	土				
	釆	분변할 변	7	火				
	阜	언덕 부	8	土		阝	좌부변 부	3
	非	아닐 비	8	水				
	飛	날 비	9	火				
	鼻	코 비	14	金				
ㅅ	厶	사사 사	2	木	마늘모			
	十	열 십	2	水				
	士	선비 사	3	木				
	山	뫼 산	3	土				
	彡	터럭 삼	3	火				
	夕	저녁 석	3	水				
	小	작을 소	3	水				
	夊	천천히걸을 쇠	3	土				
	尸	주검 시	3	水				
	殳	몽둥이 수	4	金	갖은등글월문			
	手	손 수	4	木		扌	재방변 수	3
	水	물 수	4	水		氵	삼수변 수	3
						氺	물 수 아래물수	5
	心	마음 심	4	火		忄	심방변 심	3

음구분	본부수	뜻,음 [검색어]	획수	자원 오행	비고	파생 부수	뜻,음 [검색어]	획수
						小	마음 심 마음심밑	4
	氏	각시 씨	4	火				
	生	날 생	5	木				
	石	돌 석	5	金				
	示	보일 시	5	木		礻	보일시변 시	4
	矢	화살 시	5	金				
	糸	실 사	6	木				
	色	빛 색	6	土				
	舌	혀 설	6	火				
	臣	신하 신	6	火				
	辛	매울 신	7	金				
	身	몸 신	7	火				
	豕	돼지 시	7	水				
	首	머리 수	9	水				
	食	밥 식	9	水		食	밥식 식	8
						𩙿	밥식 식	9
	黍	기장 서	12	木				
	鼠	쥐 서	13	水				
ㅇ	乙	새 을	1	木		ㄴ	숨을 은 새을	1
	一	한 일	1	木				

음구분	본부수	뜻,음 [검색어]	획수	자원 오행	비고	파생 부수	뜻,음 [검색어]	획수
	厂	기슭 엄	2	水	민엄호			
	又	또 우	2	水				
	二	두 이	2	木				
	儿	어진사람 인	2	木	어진사람 인발			
	人	사람 인	2	火		亻	사람인변 인	2
	入	들 입	2	木				
	广	집 엄	3	木	엄호			
	尢	절름발이 왕	3	土		兀	절름발이 왕	3
						尣	절름발이 왕	4
	幺	작을 요	3	水				
	弋	주살 익	3	金				
	廴	길게걸을 인	3	木	민책받침			
	牙	어금니 아	4	金				
	歹	살바른뼈 알	4	水	죽을사변	歺	살바른뼈 알 죽을사변	5
	曰	가로 왈	4	火				
	牛	소 우	4	土				
	月	달 월	4	水				
	日	날 일	4	火				
	玉	구슬 옥	5	金		王	구슬옥변 옥	4
	瓦	기와 와	5	土				

음구분	본부수	뜻,음 [검색어]	획수	자원 오행	비고	파생 부수	뜻,음 [검색어]	획수
	用	쓸 용	5	水				
	內	발자국 유	5	木	짐승발자국유			
	襾	덮을 아	6	金		覀	덮을 아	6
	羊	양 양	6	土		𦍌	양 양	6
	羽	깃 우	6	火				
	聿	붓 율	6	火		肀	붓 율	4
	肉	고기 육	6	水		月	육달월 월	4
	衣	옷 의	6	木		衤	옷의변 의 옷 의	4
						衤	옷의변 의	5
	耳	귀 이	6	火				
	而	말이을 이	6	水				
	言	말씀 언	7	金				
	酉	닭 유	7	金				
	邑	고을 읍	7	土		阝	우부방 읍	3
	雨	비 우	8	水				
	隶	미칠 이	8	水				
	韋	가죽 위	9	金	다룸가죽위			
	音	소리 음	9	金				
	魚	물고기 어	11	水				
	龠	피리 약	17	火				

음구분	본부수	뜻,음 [검색어]	획수	자원 오행	비고	파생 부수	뜻,음 [검색어]	획수
ㅈ	丶	점 주	1	木				
	卩	병부 절	2	水		㔾	병부 절	2
	子	아들 자	3	水				
	屮	왼손 좌	3	木				
	爿	나뭇조각 장	4	木	장수장변			
	爪	손톱 조	4	金		爫	손톱조 조	4
	支	지탱할 지	4	土				
	止	그칠 지	4	土				
	田	밭 전	5	土				
	自	스스로 자	6	木				
	舟	배 주	6	木				
	竹	대 죽	6	木		⺮	대죽 죽	6
	至	이를 지	6	土				
	赤	붉을 적	7	火				
	足	발 족	7	土		𧾷	발족 족	7
	走	달릴 주	7	火				
	辰	별 진	7	土				
	長	길 장	8	木		镸	길 장	7
	鳥	새 조	11	火				
	鼎	솥 정	13	火				

음구분	본부수	뜻,음 [검색어]	획수	자원 오행	비고	파생 부수	뜻,음 [검색어]	획수
	齊	가지런할 제	14	土				
ㅊ	彳	조금걸을 척	3	火	두인변			
	巛	내 천	3	水	개미허리	川	내 천 개미허리	3
	寸	마디 촌	3	土				
	夊	뒤쳐져올 치	3	水				
	舛	어그러질 천	6	木				
	艸	풀 초	6	木		⺾	초두머리 초	3
						⺿	초두머리 초	4
	虫	벌레 충	6	水	벌레 훼			
	車	수레 차	7	火	수레 거			
	辵	쉬엄쉬엄갈 착	7	土	갖은책받침	辶	쉬엄쉬엄갈 착 책받침	4
	豸	벌레 치	7	水	갖은돼지시변			
	靑	푸를 청	8	木				
	隹	새 추	8	火				
	鬯	울창주 창	10	木	술창			
	黹	바느질할 치	12	木				
	齒	이 치	15	金				
ㅌ	土	흙 토	3	土				
	鬥	싸울 투	10	金				
ㅍ	八	여덟 팔	2	金				

음구분	본부수	뜻,음 [검색어]	획수	자원 오행	비고	파생 부수	뜻,음 [검색어]	획수
	勹	쌀 포	2	金				
	片	조각 편	4	木				
	皮	가죽 피	5	金				
	疋	짝 필	5	土				
	貝	조개 패	7	金				
	風	바람 풍	9	木				
	髟	늘어질 표	10	火	터럭발			
ㅎ	匚	감출 혜	2	水	터진에운담			
	戶	지게 호	4	木				
	火	불 화	4	火		灬	연화발 화	4
	爻	사귈 효	4	火	점괘효			
	欠	하품 흠	4	火				
	玄	검을 현	5	火				
	穴	구멍 혈	5	水				
	禾	벼 화	5	木				
	行	다닐 행	6	火				
	血	피 혈	6	水				
	虍	호피무늬 호	6	木	범호엄			
	香	향기 향	9	木				
	革	가죽 혁	9	金				

음구분	본부수	뜻,음 [검색어]	획수	자원 오행	비고	파생 부수	뜻,음 [검색어]	획수
	頁	머리 혈	9	火				
	黃	누를 황	12	土				
	黑	검을 흑	12	水				
		끝						
음구분	본부수	뜻,음 [검색어]	획수	자원 오행	비고	파생 부수	뜻,음 [검색어]	획수

1, 2, 3...획순

본부수 214자, 파생부수 43자

– 파생부수는 괄호( )로 본부수 하단에 표기.

획수	부수 (파생부수)	뜻,음[검색어]	자음 구분	획수	부수 (파생부수)	뜻,음[검색어]	자음 구분
1획	一	한 일	ㅇ		刀	칼 도	ㄷ
	丨	뚫을 곤	ㄱ		(刂)	선칼도방 도	ㄷ
	丶	점 주	ㅈ		勹	쌀 포	ㅍ
	丿	삐침 별	ㅂ		匕	비수 비	ㅂ
	乙	새 을	ㅇ		匚	상자 방 튼입구몸	ㅂ
	(乚)	숨을 은 새을	ㅇ		匸	감출 혜 터진에운담	ㅎ
	亅	갈고리 궐	ㄱ		十	열 십	ㅅ
2획	二	두 이	ㅇ		卜	점 복	ㅂ
	亠	돼지해머리 두	ㄷ		卩	병부 절	ㅈ
	人	사람 인	ㅇ		(㔾)	병부 절	ㅈ
	(亻)	사람인변 인	ㅇ		厂	기슭 엄 민엄호	ㅇ
	儿	어진사람 인 어진사람인발	ㅇ		厶	사사 사 마늘모	ㅅ
	入	들 입	ㅇ		又	또 우	ㅇ
	八	여덟 팔	ㅍ	3획	口	입 구	ㄱ
	冂	멀 경 멀경몸	ㄱ		囗	나라 국 큰입구몸	ㄱ
	冖	덮을 멱 민갓머리	ㅁ		土	흙 토	ㅌ
	冫	얼음 빙 이수변	ㅂ		士	선비 사	ㅅ
	几	안석 궤	ㄱ		夂	뒤쳐져올 치	ㅊ
	凵	입벌릴 감 위튼입구몸	ㄱ		夊	천천히걸을 쇠	ㅅ
	力	힘 력	ㄹ		夕	저녁 석	ㅅ

획수	부수 (파생부수)	뜻,음[검색어]	자음 구분
	大	클 대	ㄷ
	女	여자 녀	ㄴ
	子	아들 자	ㅈ
	宀	집 면 갓머리	ㅁ
	寸	마디 촌	ㅊ
	小	작을 소	ㅅ
	尢	절름발이 왕	ㅇ
	(兀)	절름발이 왕	ㅇ
	(尣)	절름발이 왕 4획	ㅇ
	尸	주검 시	ㅅ
	屮	왼손 자	ㅈ
	山	뫼 산	ㅅ
	巛	내 천 개미허리	ㅊ
	(川)	내 천 개미허리	ㅊ
	工	장인 공	ㄱ
	己	몸 기	ㄱ
	巾	수건 건	ㄱ
	干	방패 간	ㄱ
	幺	작을 요	ㅇ
	广	집 엄 엄호	ㅇ

획수	부수 (파생부수)	뜻,음[검색어]	자음 구분
	廴	길게걸을 인 민책받침	ㅇ
	廾	받들 공 스물입발	ㄱ
	弋	주살 익	ㅇ
	弓	활 궁	ㄱ
	彐	돼지머리 계 튼가로왈	ㄱ
	(彑)	돼지머리 계 튼가로왈	ㄱ
	彡	터럭 삼	ㅅ
	彳	조금걸을 척 두인변	ㅊ
4획	心	마음 심	ㅅ
	(忄)	심방변 심 3획	ㅅ
	(⺗)	마음 심 마음심밑	ㅅ
	戈	창 과	ㄱ
	戶	지게 호	ㅎ
	手	손 수	ㅅ
	(扌)	재방변 수 3획	ㅅ
	支	지탱할 지	ㅈ
	攴	칠 복	ㅂ
	(攵)	칠 복 등글월문	ㅂ
	文	글월 문	ㅁ
	斗	말 두	ㄷ

획수	부수 (파생부수)	뜻,음[검색어]	자음 구분	획수	부수 (파생부수)	뜻,음[검색어]	자음 구분
	斤	근 근/도끼 근 날근	ㄱ		(氺)	물 수 5획 아래물수	ㅅ
	方	모 방	ㅂ		火	불 화	ㅎ
	无	없을 무	ㅁ		(灬)	연화발 화	**ㅎ**
	(旡)	목멜 기 이미기방	ㄱ		爪	손톱 조	ㅈ
	日	날 일	ㅇ		(爫)	손톱조 조	ㅈ
	曰	가로 왈	ㅇ		父	아비 부	ㅂ
	月	달 월	ㅇ		爻	사귈 효 점괘효	ㅎ
	木	나무 목	ㅁ		爿	나뭇조각 장 장수장변	ㅈ
	欠	하품 흠	ㅎ		片	조각 편	ㅍ
	止	그칠 지	ㅈ		牙	어금니 아	ㅇ
	歹	살바른뼈 알 죽을사변	ㅇ		牛	소 우	ㅇ
	(歺)	살바른뼈 알 5획 죽을사변	ㅇ		犬	개 견	ㄱ
	殳	몽둥이 수 갖은등글월문	ㅅ		(犭)	개사슴록변 견 3획	ㄱ
	毋	말 무	ㅁ	5획	玄	검을 현	ㅎ
	比	견줄 비	ㅂ		玉	구슬 옥	ㅇ
	毛	터럭 모	ㅁ		(王)	구슬옥변 옥 4획	ㅇ
	氏	각시 씨	ㅅ		瓜	오이 과	ㄱ
	气	기운 기	ㄱ		瓦	기와 와	ㅇ
	水	물 수	ㅅ		甘	달 감	ㄱ
	(氵)	삼수변 수 3획	ㅅ		生	날 생	ㅅ

획수	부수 (파생부수)	뜻,음[검색어]	자음 구분	획수	부수 (파생부수)	뜻,음[검색어]	자음 구분
	用	쓸 용	ㅇ		(ᑄ)	대죽 죽	ㅈ
	田	밭 전	ㅈ		米	쌀 미	ㅁ
	疋	짝 필	ㅍ		糸	실 사	ㅅ
	疒	병들어기댈 녁 병질엄	ㄴ		缶	장군 부	ㅂ
	癶	등질 발 필발머리	ㅂ		网	그물 망	ㅁ
	白	흰 백	ㅂ		(罒)	그물망 망 5획 그물망머리	ㅁ
	皮	가죽 피	ㅍ		(罓)	그물망 망 4획	ㅁ
	皿	그릇 명	ㅁ		(冈)	그물망 망 4획	ㅁ
	目	눈 목	ㅁ		羊	양 양	ㅇ
	(罒)	눈목 목	ㅁ		(⺶)	양 양	ㅇ
	矛	창 모	ㅁ		羽	깃 우	ㅇ
	矢	화살 시	ㅅ		老	늙을 로	ㄹ
	石	돌 석	ㅅ		(耂)	늙을로엄 로 4획	ㄹ
	示	보일 시	ㅅ		而	말이을 이	ㅇ
	(礻)	보일시변 시 4획	ㅅ		耒	가래 뢰	ㄹ
	内	발자국 유 짐승발자국유	ㅇ		耳	귀 이	ㅇ
	禾	벼 화	ㅎ		聿	붓 율	ㅇ
	穴	구멍 혈	ㅎ		(⺻)	붓 율 4획	ㅇ
	立	설 립	ㄹ		肉	고기 육	ㅇ
6획	竹	대 죽	ㅈ		(⺼)	육달월 월 4획	ㅇ

획수	부수 (파생부수)	뜻,음[검색어]	자음 구분	획수	부수 (파생부수)	뜻,음[검색어]	자음 구분
	臣	신하 신	ㅅ		襾	덮을 아	ㅇ
	自	스스로 자	ㅈ		(西)	덮을 아	ㅇ
	至	이를 지	ㅈ	7획	見	볼 견	ㄱ
	臼	절구 구	ㄱ		角	뿔 각	ㄱ
	(臼)	깍지낄 국 7획 절구구변	ㄱ		言	말씀 언	ㅇ
	舌	혀 설	ㅅ		谷	골 곡	ㄱ
	舛	어그러질 천	ㅊ		豆	콩 두	ㄷ
	舟	배 주	ㅈ		豕	돼지 시	ㅅ
	艮	괘이름 간/그칠 간	ㄱ		豸	벌레 치 갖은돼지시변	ㅊ
	色	빛 색	ㅅ		貝	조개 패	ㅍ
	艸	풀 초	ㅊ		赤	붉을 적	ㅈ
	(艹)	초두머리 초 3획	ㅊ		走	달릴 주	ㅈ
	(艹)	초두머리 초 4획	ㅊ		足	발 족	ㅈ
	虍	호피무늬 호 범호엄	ㅎ		(足)	발족 족	ㅈ
	虫	벌레 충//벌레 훼	ㅊ		身	몸 신	ㅅ
	血	피 혈	ㅎ		車	수레 차//수레 거	ㅊ
	行	다닐 행	ㅎ		辛	매울 신	ㅅ
	衣	옷 의	ㅇ		辰	별 진	ㅈ
	(衣)	옷의변 의 4획 옷의	ㅇ		辵	쉬엄쉬엄갈 착 갖은책받침	ㅊ
	(衤)	옷의변 의 5획	ㅇ		(辶)	쉬엄쉬엄갈 착 4획 책받침	ㅊ

획수	부수 (파생부수)	뜻,음[검색어]	자음 구분	획수	부수 (파생부수)	뜻,음[검색어]	자음 구분
	邑	고을 읍	ㅇ		音	소리 음	ㅇ
	(阝)	우부방 읍 3획	ㅇ		頁	머리 혈	ㅎ
	酉	닭 유	ㅇ		風	바람 풍	ㅍ
	釆	분별할 변	ㅂ		飛	날 비	ㅂ
	里	마을 리	ㄹ		食	밥 식	ㅅ
8획	金	쇠 금	ㄱ		(飠)	밥식 식 8획	ㅅ
	長	길 장	ㅈ		(飠)	밥식 식 9획	ㅅ
	(镸)	길 장 7획	ㅈ		首	머리 수	ㅅ
	門	문 문	ㅁ		香	향기 향	ㅎ
	阜	언덕 부	ㅂ	10획	馬	말 마	ㅁ
	(阝)	좌부변 부 3획	ㅂ		骨	뼈 골	ㄱ
	隶	미칠 이	ㅇ		高	높을 고	ㄱ
	隹	새 추	ㅊ		髟	늘어질 표 터럭발	ㅍ
	雨	비 우	ㅇ		鬥	싸울 투	ㅌ
	靑	푸를 청	ㅊ		鬯	울장주 창	ㅊ
	非	아닐 비	ㅂ		鬲	솥 력 다리굽은솥력	ㄹ
9획	面	낯 면	ㅁ		鬼	귀신 귀	ㄱ
	革	가죽 혁	ㅎ	11획	魚	물고기 어	ㅇ
	韋	가죽 위 다룸가죽위	ㅇ		鳥	새 조	ㅈ
	韭	부추 구	ㄱ		鹵	소금 로 소금밭로	ㄹ

획수	부수 (파생부수)	뜻,음[검색어]	자음 구분	획수	부수 (파생부수)	뜻,음[검색어]	자음 구분
	鹿	사슴 록	ㄹ				부록
	麥	보리 맥	ㅁ				
	麻	삼 마	ㅁ				
12획	黃	누를 황	ㅎ				
	黍	기장 서	ㅅ				
	黑	검을 흑	ㅎ				
	黹	바느질할 치	ㅊ				
13획	黽	맹꽁이 맹	ㅁ				
	鼎	솥 정	ㅈ				
	鼓	북 고	ㄱ				
	鼠	쥐 서	ㅅ				
14획	鼻	코 비	ㅂ				
	齊	가지런할 제	ㅈ				
15획	齒	이 치	ㅊ				
16획	龍	용 룡	ㄹ				
	龜	거북 귀	ㄱ				
17획	龠	피리 약	ㅇ				
		끝					

동자이음자 242자(字) 수록

자음(ㄱ, ㄴ, ㄷ..) 순 / 자음내(內) 모음(ㅏ, ㅑ, ㅓ..) 순.

* 이음자 목록 순서는 ㄱ, ㄴ, ㄷ.. 자음 순이며

자음내에서는 ㅏ, ㅑ, ㅓ.. 모음 순으로 배열하였다.

* 대부분이 두 이음(異音)이나 세 이음의 자도 있다.

* 인명용한자에 해당하는 이음자만을 수록하였으며

인명용한자음에 해당하는 음만을 수록하였다.

* 이음자의 음은 NAVER 한자사전에 먼저 표기되는

주음(主音)의 자음을 첫 란에 표기하였다.

* 이음자의 뜻은 NAVER 한자사전의 뜻을 그대로

적용하였다.

음구분	한자	뜻,음	뜻,음	뜻,음
ㄱ	賈	값 가	장사 고	
	寉	고상할 각	두루미 학	
	忓	방해할 간	아름다울 한	
	硈	견고할 갈	견고할 할	
	璊	옥돌 감	옥돌 함	
	玪	옥이름 감	옥 림	
	邯	땅이름 감	조나라서울 한	
	降	내릴 강	항복할 항	
	祄	바지 개	잠방이 해	
	湝	출렁출렁흐를 개	차가울 해	
	拷	협박할 겁	잡을 거	
	見	볼 견	뵈올 현	
	槏	문설주 겸	난간 염	
	更	고칠 경	다시 갱	
	契	맺을 계	부족이름 글	사람이름 설
	杲	밝을 고	밝을 호	
	峼	산모양 곡	산모양 호	
	汩	골몰할 골	흐를 율	
	串	곶 곶	익을 관	
	廓	둘레 곽	클 확	

음구분	한자	뜻,음	뜻,음	뜻,음
	梡	도마 관	도마 완	
	鍠	종고소리 굉	종고소리 황	
	恔	쾌할 교	쾌할 효	
	句	글귀 구	글귀 귀	
	佉	나라이름 구	물리칠 거	
	龜	거북 귀	땅이름 구	터질 균
	勻	고를 균	나눌 윤	
	均	고를 균	따를 연	
	肣	거둘 금	혀 함	
	金	쇠 금	성씨 김	
	柭	길마 급	극진할 극	
	亘	뻗칠 긍	베플 선	
	伶	자랑할 긍	풍류이름 금	
	圻	경기 기	지경 은	
	祇	땅귀신 기	다만 지	
	竒	실을 기	사람이름 궤	
	豈	어찌 기	개가 개	
ㄴ	說	떠볼 나	엿볼 예	
	拏	붙잡을 나	붙잡을 라	
	娘	여자 낭	여자 랑	

음구분	한자	뜻,음	뜻,음	뜻,음	음구분	한자	뜻,음	뜻,음	뜻,음
	奈	어찌 내	어찌 나			掄	가릴 륜	가릴 론	
	柰	능금나무 내	어찌 나			潦	큰비 료	큰비오는 모양 로	
	瀰	많을 니	물가득할 미			孋	나라이름 리	짝 려	
ㄷ	茶	차 다	차 차			灕	스며들 리	물질펀히 흐를 라	
	丹	붉을 단	붉을 란			棽	무성할 림	우거질 침	
	鄲	조나라서울 단	조나라 다		ㅁ	眠	잘 면	성씨 민	
	糖	엿 당	엿 탕			橅	법 모	어루만질 무	
	旲	햇빛 대	클 영			畝	이랑 묘	이랑 무	
	宅	댁 댁	집 택		ㅂ	珀	호박 박	호박 백	
	樀	더기 덕	망치 적			磻	강이름 반	강이름 번	
	度	법도 도	헤아릴 탁			炦	불기운 발	불기운 별	
	讀	읽을 독	구절 두			莆	풀이름 보	부들 포	
	焞	귀갑지지는불 돈	밝을 순			畐	가득할 복	막을 핍	
	洞	골 동	밝을 통			復	회복할 복	다시 부	
ㄹ	濼	강이름 락	강이름 록			輻	바퀴살 복	바퀴살 폭	
	剌	발랄할 랄	수라 라			跗	장부 부	팔꿈치 주	
	駺	꼬리흰말 랑	꼬리흰말 량			溥	펼 부	넓을 보	
	沴	해칠 려	흐트러질 전			北	북녘 북	달아날 배	
	梸	산밤나무 렬	산밤나무 례			盼	머리클 분	구실매길 반	
	漻	맑고깊을 료	맑고깊을 류			不	아닐 불	아닐 부	

음구분	한자	뜻,음	뜻,음	뜻,음
	泌	물졸졸흐를 비	물결부딪는 모양 필	
	柲	자루 비	자루 필	
	豳	나라이름 빈	얼룩 반	
	贇	예쁠 빈	예쁠 윤	
ㅅ	索	노 삭	찾을 색	
	殺	죽일 살	빠를 쇄	
	瀺	물맑을 상	문지를 창	
	狀	형상 상	문서 장	
	塞	변방 새	막힐 색	
	舄	신 석	까치 작	
	褯	자리 석	포대기 자	
	僎	갖출 선	돕는사람 준	
	愃	잊을 선	너그러울 훤	
	枻	도지개 설	노 예	
	說	말씀 설	달랠 세	기뻐할 열
	挈	손에들 설	새길 계	
	胜	비릴 성	새이름 정	
	省	살필 성	덜 생	
	洗	씻을 세	깨끗할 선	
	洒	씻을 세	엄숙할 선	

음구분	한자	뜻,음	뜻,음	뜻,음
	昭	밝을 소	비출 조	
	炤	밝을 소	비출 조	
	釗	볼 소	사람이름 쇠	
	衛	깨끗할 소	멈출 어	
	率	거느릴 솔	비율 률	
	揀	공경할 송	차릴 수	묶을 속
	需	기다릴 수	연할 유	
	詶	대답할 수	저주할 주	
	杸	팔모진창 수	사람이름 대	
	數	셈 수	자주 삭	
	瑈	옥이름 수	아름다운 옥 선	
	帥	장수 수	거느릴 솔	
	宿	잘 숙	별자리 수	
	純	순수할 순	가선 준	
	拾	주울 습	열 십	
	屎	똥 시	끙끙거릴 히	
	諟	이 시	살필 체	
	愢	책선할 시	마음맞지 않을 새	
	識	알 식	적을 지	
	愼	삼갈 신	땅이름 진	

음구분	한자	뜻,음	뜻,음	뜻,음	음구분	한자	뜻,음	뜻,음	뜻,음
	實	열매 실	이를 지			柍	매화나무 영	가운데 앙	
	什	열사람 십	세간 집			蕊	꽃술 예	사람이름 쇄	
ㅇ	兒	아이 아	어릴 예			豫	미리 예	펼 서	
	樂	노래 악	즐길 락	좋아할 요		睿	밝을 예	준설할 준	
	惡	악할 악	미워할 오			宛	완연할 완	맺힐 울	
	姸	깨끗할 안	깨끗할 간			婉	순할 완	순할 원	
	饐	배부를 안	접대할 온			阮	나라이름 완	나라이름 원	
	艾	쑥 애	다스릴 예			娃	예쁠 왜	예쁠 와	
	若	같을 약	반야 야			芋	토란 우	클 후	
	約	맺을 약	부절 요			燠	따듯할 욱	따듯할 오	위로할 우
	樣	모양 양	상수리나무 상			顒	둥글 운	둥글 혼	
	舙	음차자 얼	음차자 늘			芸	평지 운	재주 예	
	悆	기뻐할 여	느슨해질 서			杬	나무이름 원	어루만질 완	
	易	바꿀 역	쉬울 이			洹	물이름 원	세차게흐를 환	
	沇	강이름 연	흐를 윤			蒝	애기풀 원	성씨 위	
	涆	물창일할 연	물이름 계			員	인원 원	더할 운	
	漹	침 연	침 선			鋺	저울판 원	주발 완	
	炎	불꽃 염	아름다울 담			煒	빨갈 위	빛 휘	
	葉	잎 엽	땅이름 섭			玧	귀막이구슬 윤	붉은구슬 문	
	瑩	맑을 영	의혹할 형			逮	걸어가는모양 율	세울 건	

음구분	한자	뜻,음	뜻,음	뜻,음
	昤	오직 율	기뻐할 일	
	憖	그칠 은	생각할 언	
	儗	기댈 은	안올할 온	
	猗	불깐개 의	부드러운 아	
	医	의원 의	동개 예	
	羡	고을이름 이	부러워할 선	
	詒	보낼 이	속일 태	
	阺	아름다울 이	즐거워할 희	
	珆	옥돌 이	옥무늬 태	
	咽	목구멍 인	목멜 열	
	戭	창 인	창 연	
ㅈ	炙	구울 자	구울 적	
	刺	찌를 자	찌를 척	
	塼	같을 전	같을 단	
	填	메울 전	진정할 진	
	切	끊을 절	온통 체	
	晳	밝을 절	별반짝반짝할 제	
	晣	힐끗볼 절	힐끗볼 체	
	湔	나아갈 점	나아갈 전	
	媞	안존할 제	살필 시	

음구분	한자	뜻,음	뜻,음	뜻,음
	祭	제사 제	나라이름 채	
	調	고를 조	아침 주	
	褈	거듭 종	짧은홋옷 중	
	雋	영특할 준	살찐고기 전	
	楫	노 즙	노 집	
	濈	화목할 즙	사람이름 집	
	恀	믿을 지	사랑할 기	
	禔	복 지	복 제	복 시
	滇	고을이름 진	사람이름 신	
	濜	급히흐를 진	물이름 신	
	辰	별이름 진	때 신	
	姪	조카 질	방탕할 일	
ㅊ	奲	관대할 차	풍부할 다	
	車	수레 차	수레 거	
	參	참여할 참	석 삼	
	瑒	옥잔 창	옥이름 탕	
	責	꾸짖을 책	빚 채	
	拓	넓힐 척	박을 탁	
	撦	빼낼 척	빼낼 철	
	燀	밥지을 천	뜨거울 단	

음 구분	한자	뜻,음	뜻,음	뜻,음
	炶	불타오를 첨	불타오를 섬	
	灊	강이름 첨	강이름 심	
	婧	날씬할 청	날씬할 정	
	墆	가릴 체	쌓을 절	
	杕	홀로 서 있을 체	키 타	
	訬	재빠를 초	가냘플 묘	
	潨	물모일 총	물모일 종	
	趡	움직일 추	달릴 유	
	[illegible]	옷새뜻한 모양 축	선명할 초	
	泏	물솟을 출	물고요할 굴	
	沈	잠길 침	즙 심	
ㅌ	脫	벗을 탈	기뻐할 태	
	忕	사치할 태	익숙해질 세	
	陏	오이 타	나라이름 수	
ㅍ	壩	방죽 파	방죽 패	
	貝	조개 패	성씨 배	
	便	편할 편	똥오줌 변	
	暴	사나울 폭	사나울 포	
	疋	짝 필	바를 아	
ㅎ	菏	늪이름 하	늪이름 가	

음 구분	한자	뜻,음	뜻,음	뜻,음
	嚇	웃음소리 하	성낼 혁	
	嘏	클 하	클 가	
	嫦	항아 항	항아 상	
	行	다닐 행	항렬 항	
	矎	볼 현	볼 형	
	[illegible]	제비 현	솔개 연	
	彗	비 혜	비 세	
	夰	놓을 호	놓을 고	
	鄗	땅이름 호	산이름 교	
	[illegible]	깊은골짜기 홍	골짜기이름 강	
	讙	씨끄러울 환	씨끄러울 훤	
	滑	미끄러울 활	어지러울 골	
	熀	이글거릴 황	환히비칠 엽	
	熇	뜨거운모양 효	뜨거울 혹	
	灱	말릴 효	더울 초	
	[illegible]	재치있을 효	재치있을 호	
	暈	무리 훈	어지러울 운	
	昍	밝을 훤	밝은 헌	
	煇	빛날 휘	태울 훈	
	烋	아름다울 휴	거들먹거릴 효	

음구분	한자	뜻,음	뜻,음	뜻,음	음구분	한자	뜻,음	뜻,음	뜻,음
	霱	상서로운 구름 휼	상서로운 구름 율						부록
	誩	말소리 희	자랑할 흔						
		끝							

21세기 작명론 증보판

1판 1쇄 발행 2024년 4월 5일
개정 2판 1쇄 발행 2026년 1월 20일

저자 김종률

교정 황윤　**편집** 김다인　**마케팅·지원** 이창민

펴낸곳 (주)하움출판사　**펴낸이** 문현광

이메일 haum1000@naver.com　**홈페이지** haum.kr
블로그 blog.naver.com/haum1000　**인스타그램** @haum1007

ISBN 979-11-7374-259-0(03180)